本书获得国家自然科学基金项目（71502007、72172

中国上市公司
高息委托贷款问题研究

余 琰 ● 著

RESEARCH ON THE ISSUE OF
HIGH-INTEREST ENTRUSTED LOANS OF
THE LISTED FIRMS IN CHINA

经济管理出版社
ECONOMY & MANAGEMENT PUBLISHING HOUSE

图书在版编目（CIP）数据

中国上市公司高息委托贷款问题研究/余琰著 . —北京：经济管理出版社，2022.7
ISBN 978-7-5096-8581-5

Ⅰ.①中…　Ⅱ.①余…　Ⅲ.①上市公司—委托贷款—研究—中国　Ⅳ.①F279.246

中国版本图书馆 CIP 数据核字（2022）第 120210 号

组稿编辑：张巧梅
责任编辑：张巧梅　白　毅
责任印制：黄章平
责任校对：王淑卿

出版发行：经济管理出版社
　　　　　（北京市海淀区北蜂窝 8 号中雅大厦 A 座 11 层　100038）
网　　址：www.E-mp.com.cn
电　　话：(010) 51915602
印　　刷：唐山昊达印刷有限公司
经　　销：新华书店
开　　本：720mm×1000mm/16
印　　张：15.5
字　　数：261 千字
版　　次：2022 年 8 月第 1 版　　2022 年 8 月第 1 次印刷
书　　号：ISBN 978-7-5096-8581-5
定　　价：88.00 元

目　录

第 1 章　导论

1.1　问题的缘起与研究问题的提出

1.1.1　全社会委托贷款高速发展

近几年来，作为影子银行系统的重要组成部分——委托贷款占社会融资总量的比例飞速提高。中国人民银行《2013 年 11 月社会融资规模统计数据报告》显示，2013 年 11 月社会融资规模为 1.23 万亿元，比上年同期增长 1053 亿元。其中，当月人民币贷款增加 6246 亿元，同比多增 1026 亿元；委托贷款增加 2704 亿元，同比多增 1486 亿元。图 1-1 描述了自 2007 年以来，社会委托贷款总额占全社会融资总额的比例。从图中可以看出，委托贷款总额占全社会融资总额的比例在 2007 年的数值为 5.65%，2012 年上升为 8.12%。虽然其间委托贷款总额占全社会融资总额的比例增长有所反复，但总体趋势上，这一数值在逐年上升。从历年全社会融资中委托贷款的比例情况来看，委托贷款在社会融资中占有越来越重要的地位。

1.1.2　上市公司越来越多地介入到委托贷款活动中

从 2007 年以来，上市公司也越来越多地介入到委托贷款活动中来，相关报

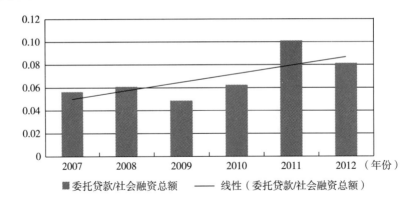

图1-1 全社会委托贷款占社会融资总额比例

道多见报端。例如2011年10月29日的《21世纪经济报道》显示[1]，据不完全统计，截至2011年10月18日，除金融类上市公司外，有79家上市公司发放委托贷款，金额合计超200亿元。上市公司发放委托贷款业务，不论是在发放的对象、发放委托贷款的利率，还是数额上都有新的特点。例如2011年武汉健民公告显示，上半年对外委托贷款的收益为1304.41万元，占同期净利润的36%，其向汉口饭店发放的委托贷款利息高达20%。上海证券交易所资本市场研究所年报专题小组2011年的调查结果显示，2011年委托贷款的年初余额为643.83亿元，借方发生额为860.14亿元，贷方发生额为416.43亿元，年末余额为1087.54亿元。此外，调查结果也显示，借给子公司或合营企业等公司的委托贷款利率大多在4%~7%，向独立第三方委托贷款的利率明显高于其他类型的委托贷款，最高能达到20%~25%。

图1-2显示了笔者从上市公司2007~2012年财务报表附注中收集的上市公司向合并报表范围外企业发放的委托贷款情况。从图中可以看到，2007年从事委托贷款业务的公司有12家，到2012年从事委托贷款业务的公司增长到73家，其中高息委托贷款（委托贷款的利率大于同期基准利率20%）的公司由2007年的2家上升到2012年的49家。

高息委托贷款公司占委托贷款公司的比例也逐年上升。图1-3记录了高息委托贷款公司与非高息委托贷款公司之间历年占比的变化情况。从图中可以看出，

---

① http：//finance. sina. com. cn/stock/s/20111019/232410652562. shtml.

2007 年高息委托贷款公司占委托贷款公司的总比例为 16.7%，这一比例在 2012 年上升到 67.1%。

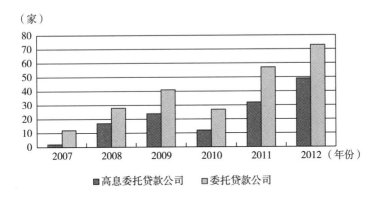

图 1-2　上市公司委托贷款家数

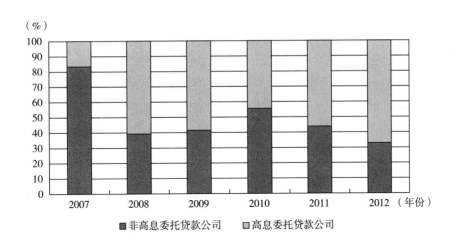

图 1-3　高息委托贷款公司占比①

　　委托贷款贷出数额占企业总资产的比例也在逐年上升。图 1-4 记录了企业向非合并报表范围企业每年新发放委托贷款总额占当年总资产比例的均值。如图所示，对于所有类型的委托贷款样本公司来说，这一比例从 2007 年的 1.23% 上升

---

① 笔者自行从上市公司的财务报表附注中搜集。

到 2012 年的 3.3%。而对于高息委托贷款公司来说，这一比例从 2007 年的 2.46%上升到 2012 年的 3.39%，其中在 2010 年达到最高峰值，其数值为总资产的 6.74%。

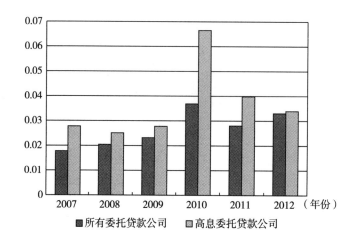

图 1-4　委托贷款金融占总资产比例①

由图 1-2～图 1-4 可以看出，对于上市公司而言，2007～2012 年从事高息委托贷款业务的上市公司不论是从总量还是从占委托贷款业务的总比例来说都在逐年上升，此外高息委托贷款公司所发放委托贷款的规模占总资产的比例也在逐年上升。

上述情况表明，除了成为上市公司充分发挥融资平台进行资金配置的重要手段或途径外，委托贷款活动中也存在部分资金通过委托贷款途径流入高风险领域，"倒卖"赚取利差的可能性。公司通过委托贷款"倒卖"赚取利差的可能性以及其带来的经济后果和会计后果是本书最为关注的核心话题。

---

① 笔者自行从上市公司的财务报表附注中搜集。

1.2　研究的目的、方法和基本逻辑

金融压抑是金融欠发达国家的典型特征，而政府对利率的管制又是金融压抑最重要的表现之一。利率管制下，行政机关对利率市场严格控制，政府将名义利率压制到均衡状态以下，造成贷款的需求大大超过供给。由于利率管制下的低利率带来的超额贷款需求，银行所拥有的信贷资源无法满足市场所有的需求，因此不可避免地产生信贷配给。而在此过程中，银行出于贷款的低风险偏好以及自身风控的限制，形成对贷款方风险的信贷歧视，造成不被歧视的企业会得到过量的信贷供给，被歧视企业却常常由于信贷歧视而出现融资约束（祝继高、陆正飞，2009）。Kornai 认为，政府和企业之间的隶属关系在市场经济条件下体现为企业内的所有权安排。当企业在社会中足够重要时，会出现"大而不倒"的现象，企业管理者产生了对政府援助的预期，企业破产可能性下降，这便表现为企业的预算软约束。而预算软约束主要是通过银行的政策性贷款或政府官员的干预性贷款来实现的。显然，这类不被歧视的企业在取得外部资源上有着无可比拟的优势，其握有冗余的信贷资源，怎么分配和使用是一个相当值得讨论的话题。

在利率市场化的浪潮下，低风险企业因为信贷企业，或有更多筹码来获取优惠贷款，而银行也将加大中小企业融资成本以平衡收益。这些都将加剧企业贷款利率的两极分化，更有可能出现有融资优势的企业将融得的资金挪作他用的现象。本书也在很大程度上基于此进行研究，希望对相关问题的研究能为现实监管和政策制定提供理论支持与决策依据。

这次研究的主要目的是试图通过使用历史数据进行实证检验，总结过去发生的事情的内在规律。本书通过对 2007～2014 年已发生的企业对外委托贷款，特别是高息委托贷款进行对比，着眼于其特点、市场认知价值、经济后果和会计后果，进行系统的认识和研究，得出相关规律。

本书的基本逻辑是，从市场角度总结不同违约风险的企业对外委托贷款的市场评价。在此基础上，将可能遭受信贷歧视的企业作为天然的对比样本，抓住对外委托贷款中会对企业价值产生影响的高息部分，从委托代理关系视角出发分析

企业从事高息委托贷款的行为的动机，并进一步考察企业从事高息委托贷款的经济后果。

1.3　概念界定以及研究主题

1.3.1　本书研究对象界定

中国人民银行 1992 年 13 号文件《中国人民银行关于以〈关于委托贷款有关问题的请示〉的复函》中对委托贷款给出了明确的定义。其中规定，委托贷款行为是金融机构根据委托人的委托，在委托贷款协议书所确定的权限内，按照委托人确定的金额、期限、用途、利率等，以金融机构自己的名义，同委托人指定的借款人订立借款合同的行为。此外，《贷款通则》中也给出了自己的定义，委托贷款系指由政府部门、企事业单位及个人等委托人提供资金，由贷款人（即受托人）根据委托人确定的贷款对象、用途、金额、期限、利率等代为发放、监督使用并协助收回的贷款。贷款人（受托人）只收取手续费，不承担贷款风险。

本书所研究的委托贷款，仅限于上市公司对非合并报表范围内法人发放的委托贷款，下文对于委托贷款问题的讨论，也都以发放对象为合并报表范围以外的公司为研究对象。如此确定研究对象主要在于：①委托贷款是上市公司充分发挥融资平台并进行资金配置的一个重要手段或途径，而发放给上市公司控制的下属企业（全资、控股子公司及其下属公司）的委托贷款大多具有数额高、利息低等特点。因此这类委托贷款的发放目的和发放利率与高息委托贷款之间存在本质上的区别。②对于全资、控股子公司或下属公司发放委托贷款所获得的收益属于报表合并的范围，上市公司无法通过这类委托贷款来增加自身的盈利。因此其放款动机和发放给非合并报表范围内法人的委托贷款动机完全不同。基于上述考虑，本书将研究的目标确定为发放对象为非合并报表范围内的公司的委托贷款。

委托贷款的动机可能来源于内部市场的资金调配，但也有可能是上市公司出于资金套利使然。两种不一样的动机伴随的是所倚重的获利来源的不同。以内部市场进行资金调配为目的的委托贷款，其获利来源是委托方与被委托方之间进行相互合作，提高两者作为整体的资金使用的协同效应。而以高息委托贷款为代表的资金套利动机，却是以获取贷款利息等资本利得为目的的。由于本书对以委托贷款"倒卖"赚取利差这类资金套利行为作为研究对象和问题讨论的主体，因此本书将特别关注上市公司委托贷款中的高息委托贷款问题。

对于高息委托贷款，本书将其定义为当年公司是否存在利率高于同期基准利率 20% 的委托贷款，是则取 1，否则为 0。这样定义主要出于两方面考虑：①央行在 1998 年曾作出相应规定，商业银行、城市信用社对小企业的贷款利率最高上浮幅度由现行的 10% 扩大为 20%；②企业在财务报表中所披露的利率大多在基准利率的±10% 的范围内，高于当期基准利率 20% 是极少出现的情况，因此本书采取这样的定义能更好地将高息委托贷款业务与非套利目的的委托贷款区分开来。

1.3.2 研究主题

企业对资金的使用效率一直以来是公司财务的核心话题，而探讨企业现金使用效率，其逻辑的起点是企业的现金持有水平。在过去的研究中，有学者总结了公司持有现金的公司预防和防御动机，该观点认为，即便上市公司能较为方便地取得资金的融通，但是资金取得的过程仍然会受到外部融资便利性的约束和常见的信息不对称的影响（Myers & Majluf, 1984），因此融资的过程并不是毫无摩擦的，在获得资金的过程中仍旧会存在各种交易成本，出现诸如需求和获得的时机上不匹配等问题。Opler 等（1999）发现，比行业平均现金流波动大的公司倾向于持有更多的现金。同时，由于各种监管政策以及市场情绪等的存在，制度上也存在各种障碍导致企业的最佳融资窗口和最佳投资窗口往往呈现为一种错配的状态（Han & Qiu, 2007）。当公司发现市场的新机会，准备大举投入资金研发或者开拓新市场，即真的只在公司需要时才向外部融资，而经过外部融资程序所需要的时间后，可能会错过最佳的投资窗口。所以公司会倾向于持有大笔的资金而不是将闲余的资金都分发给股东（Fazzari et al., 1998）。

Keynes（1936）将现金持有的动机总结为三点：现金持有的交易性动机、预防性动机和套利动机。如前文所述，过去的研究对现金持有的交易性动机和预防性动机多有论述，但是鲜有文献对现金持有的套利动机进行讨论。过去的文献也指出，企业的代理问题是影响企业现金持有水平以及持有资金使用效率的重要因素（Jensen & Meckling, 1976; Jensen, 1986）。因此高息委托贷款可能成为管理层挪用资金维持短期业绩、提高短期业绩的真实盈余管理活动的工具。本书所述研究之问题，即企业介入高息委托贷款业务的动机及其经济后果和会计后果。

本书对问题的讨论的逻辑起点是企业的现金持有水平和高息委托贷款之间的关系。之所以以企业现金持有水平作为逻辑的起点，是因为高息委托贷款就本质而言，也是企业现金使用的一种方式，而现金使用是以拥有现金为前提的。公司资金是留在企业内部还是应该分发给股东，一直是一个充满争议的话题（Keynes, 1936; Opler et al., 1999; Han & Qiu, 2007）。上市公司委托贷款数额和家数都在逐年上升，对于上市公司而言，高息委托贷款相当于一种资金套利行为。本书希望通过高息委托贷款业务，考察企业现金持有的资金套利动机。上市公司委托贷款行为是近几年出现的新现象，相信回答这些问题能更深入地了解上市公司委托贷款的成因，加深对上市公司对外高息委托贷款的理解，同时也能为相应的政策提供意见和建议。

接下来，本书将从高息委托贷款对企业创新活动影响的角度出发，讨论企业套利动机可能带来的经济后果。企业的创新能力和企业的未来发展息息相关，良好且持续的创新活动能降低企业的成本（Porter, 1992）。诸多研究表明，企业的管理者在企业创新中起到至关重要的作用（Schumpeter, 1934）。同时也有文献指出，管理者的短视行为是企业委托代理问题中存在的重要现象，不可忽视短视对企业创新活动的负面影响。Stein（1989）认为，即便在理性市场中，管理层由于业绩压力，短视也不可避免，而短视的程度取决于管理层关心短期绩效还是企业的长期价值。管理层偏好通过真实盈余管理活动（real earnings management）来提振短期绩效。Asker 等（2011）的研究表明，上市公司会倾向于牺牲当期的研发活动以维持短期业绩。这些都会造成管理者削减企业创新活动以提高短期业绩的真实盈余管理活动的现象出现。高收益率无疑增加了企业从事这项业务的动机，而创新活动的风险性高、投资周期长和投资规模大等特点，是否提高了企业管理者出现短视行为的可能，以及出现挪用企业的现金、牺牲企业创新活动以博取委托贷款的高收益的现象。本书将在第三部分对这些问题进行考察。

在现代经济生活中，会计信息已广泛应用于股票定价、债务契约和管理层报酬契约中。会计信息质量的降低，必然会导致相应的经济后果。企业的盈余持续性是会计质量的重要组成部分，盈余持续性强，意味着当期的盈利能在未来持续下去；而企业的盈余持续性弱，意味着企业的当期盈余更可能是一种短期现象，并不能在下一期维持下去。如果企业的盈余持续性较差，投资者也很难依据盈余对股票进行准确的定价，表现为盈余在股票中的定价作用较低。因此企业的会计盈余持续性、会计信息的定价作用以及会计信息的可比性对资本市场来说具有重要意义。代理问题对公司会计信息质量有着举足轻重的影响，高息委托贷款行为作为企业管理者短视行为的一个信号，虽然短期内高额利息收入会提高当期业绩，但是对于企业长期而言，或许并不是一件有益的事，同时这样的业绩波动也会对会计信息质量以及会计信息的价值相关性造成影响。因此，本书也将研究高息委托贷款企业的盈余持续性、企业盈余的价值相关性以及会计信息可比性的相关议题。

1.3.3　研究思路

本书的基本思路如下：

首先，本书系统梳理不同风险等级的企业委托贷款的特点以及市场反应。其次，以高息委托贷款为考察对象，从现金持有的套利动机出发，研究企业从事的影子银行业务与企业现金持有之间的关系，并讨论在不同代理问题的严重程度、不同货币政策时期、不同行业吸引度和企业产权性质下，二者之间的关系。在此基础上，进一步讨论高息委托贷款的决定因素。再次，从管理层短视和真实盈余管理的角度出发，讨论从事高息委托贷款和企业创新活动、未来业绩以及业绩构成变化之间的关系。最后，本书从盈余持续性、盈余价格定价作用和会计信息可比性的角度出发，分析上市公司介入高息委托贷款的经济后果。

1.4　研究的主要结论

（1）不同风险等级的企业对外委托贷款的规模、期限、利率和对象差异巨大。低风险企业对外委托贷款的规模更大、期限更长、利率更低，同时市场认同度也较低，表现为更负面的短期市场反应和长期中性的市场反应。从某种程度上而言，这种对外委托贷款更像是特定目的的资源调配，而不是纯粹的市场行为，其行为动机可能并非从盈利的角度考虑，而可能更多地出于企业自身属性以及在社会中所处的位置的考虑，向利益相关方"输血"或者向关联企业输送利益。所以市场对此并不认同，这种不认同在后面的会计信息的定价中也有所体现。

（2）现金持有的投机动机可以用来解释从事高息委托贷款的主要动机。具体表现为企业现金持有水平越高，越有动机参与委托贷款这类投机行为。如果将低风险企业作为一个整体，其套利动机和高风险企业没有显著不同。但是如果区分企业本身所具有的产权级别，更高产权级别的公司对外发放高息委托贷款的可能性越小，其原因可能是企业更高的级别带来的多重目标性直接相互约束制衡，削弱了自身的盈利动机，因此在对外投资行为中具有更大的独立性，即不会因为投机目的过多而出现发放高息委托贷款的行为。公司治理结构和外部特征都约束着现金持有的投机动机和从事高息委托贷款之间的关系。

（3）从事高息委托贷款的主要动机是现金持有的投机动机，但是不可否认其动机的多重性和复杂性，此类行为是企业内、外部因素综合作用的结果。高息委托贷款主要是以短期利润为目的，但是短期利润并不是高息委托贷款的唯一推动力，管理层的风险接受能力和风险承担行为、市场不完善与跨地区信贷资源的调配功能都会影响企业介入高息委托贷款的意愿。

（4）高息委托贷款具有牺牲企业创新活动的副作用，即存在"脱实向虚"的不良后果。对外委托贷款是一种博取短期收益的行为，而企业的研发活动是出于长期的考虑，因此二者之间存在权衡的可能。企业的产权性质并没能解决更多地参与高息委托贷款和更少的企业创新活动之间的负相关关系问题。同时企业从事高息委托贷款，降低了总体的未来营业内收入，但是会提升营业外收入。后续分析也显示，市场并未对这种营业外收入的提高给予认同。从某种程度上来说，从事高息委托贷款获得的高额利息收入得不偿失。

（5）从事高息委托贷款会降低企业会计信息质量。高息委托贷款企业从事相关业务之后，企业有着较低的盈余持续性，营业利润的价值相关性较低。其本质上是一种真实盈余管理行为，并且这种行为扭曲了企业会计信息的可比性，可能误导投资者对于会计信息有用性的理解。

总体而言，上市公司资金的使用效率与资本市场资源配置的效率密切相关。上市公司的融资便利能使其较为容易地获取资金，但是拥有现金的上市公司若同时存在资金的投机动机，短视的管理层有极大的可能从事高息委托贷款，博取高息回报。这种暴利行为背后，贷款能否如期收回的显性风险，以及企业可能偏离主业，造成创新活动降低、抑制企业正常投资乃至"主业空心化"的隐性风险值得我们注意。

1.5 相关政策思考

本书通过对中国高息委托贷款相关问题的研究，得到不少收获和启示，特别是：新常态下如何发挥企业这个市场主体的作用；混合所有制下，不同产权主体企业在市场经济中如何作为；资本市场的资源配置使用如何更高效、更有利，回答好以上问题至关重要。考虑到我国加快推动经济发展方式转变、全面建成小康社会、走向共同富裕的现实背景，在诸多可以选择的政策建议中，这里主要提出两点思考：

（1）严防融资资源优势企业充当"资金投机客"的现象。在党的十九大报告中，习近平总书记指出，要"深化金融体制改革，增强金融服务实体经济能力"。这为新时代中国特色社会主义市场经济的金融建设指明了方向。进一步深化金融体制改革，健全促进宏观经济稳定、支持实体经济发展的现代金融体系至关重要，资本市场堪称助力我国经济转型的重要基础设施。其中，深化金融体制改革最重要的一环就是利率市场化。上市企业本身会得到银行的信贷偏好，上市公司坐拥其上市地位和声誉光环，本身就具有极大的融资优势。利率市场化和上市注册制改革下，这类公司或有更多筹码来获取条件优惠的贷款，而银行也将加大中小企业融资成本以平衡收益，这些都将加剧企业贷款利率的两极分化，更有可能出现大企业将融得的资金挪作他用、当"资金投机客"的现象。

（2）发挥市场资源配置的决定性作用，有效约束企业对于资金的滥用。规范上市企业资金使用行为与优化资本市场资源配置息息相关。企业的委托贷款的动机可能来源于内部资本市场的资金调配，也有可能是上市公司资金投机使然。

对于子公司等发放的委托贷款是出于内部资本市场进行资金调配的考虑，通过委托方与被委托方之间相互合作，提高两者作为整体的资金使用的协同效应。但是报告分析表明，对外委托贷款有诸多不利，并会降低公司本身价值。

从上述分析中我们可以看到，其实市场在某种程度上能较为有效地对企业行为进行识别。所以对于企业的监管，不但要基于业绩结果，更要结合资本市场的实际情况，考虑公司股价变动对于企业价值的影响，建立配套内控机制，有效约束上市企业对于自身资金任意处置的行为。

第2章 文献综述与本书研究目标

2.1 国内外研究现状与评述

本书主要是从委托代理视角出发研究上市公司从事高息委托贷款的动机、驱动因素和经济后果，研究现状的回顾主要从以下两个方面展开：①委托贷款的研究综述；②本书涉及的理论概念的综述。

2.1.1 委托贷款的研究综述

委托贷款是中国特有的现象，因此国外针对委托贷款的研究几乎没有，与本书相关的国外研究中，只有少数几篇从企业融资的角度考察了中国的非正式金融系统的作用。Allen 等（2005）的文章表明，中国增长最快的私营部门融资常常来源于非正式金融系统中的委托贷款。Guariglia 等（2011）讨论了中国企业内部借贷行为对于中小企业经济增长的重要作用。Ayyagari 等（2010）认为基于声誉和关系型的非正式金融系统为发展中国家的经济增长做出了显著的贡献。

限于数据可获得性，与活跃的实践相比，国内学术界对委托贷款的研究显得相对滞后（钱雪松等，2013），已有文献中直接考察委托贷款行为关系机制及其后果的研究相对较少。国内关于委托贷款的研究方面，黄益平等（2012）分析了中美影子银行构成的异同，在此基础上考察了中国以委托贷款为代表的银行表外业务可能引致的风险。王本哲和邵志燊（2008）分析了委托贷款的利弊，指出委托贷款既能丰富投融资渠道、提高资本使用效率，也可能因信息披露不透明、缺乏监管而带来较高风险。陈剑和张晓龙（2012）运用 2000~2011 年的季度数据研究了委托贷款数额对我国经济增长和货币供给量的影响。钱雪松和李晓阳（2013）通过分析上市公司公告，发现我国委托贷款具有交易双方普遍存在股权关联关系、利率幅度和关联关系显著相关以及委托贷款期限较短等特点。钱雪松等（2013）则考察了发放贷款方和接受贷款方之间的股权关系对委托贷款利率的影响。

2.1.2 本书涉及的理论概念的综述

本书主要是从委托代理关系视角分析企业从事高息委托贷款的行为动机和驱动因素，并在此基础上进一步考察企业从事高息委托贷款之后的经济后果。因此，下面我们将结合本书的研究思路，从现金持有动机和影响因素、创新的激发因素和企业绩效、企业会计信息和市场资源配置三个方面进行文献综述。

2.1.2.1 现金持有动机和影响因素

企业的现金持有水平和高息委托贷款之间的关系是相关讨论的逻辑起点。之所以将企业现金持有水平作为逻辑的起点，是因为发放高息委托贷款本质上也是企业对其现金进行使用的一种方式，而现金使用是以拥有现金为前提的。

目前对于现金持有动机主要分为两大观点：现金持有的预防动机观、现金持有的代理成本观。

在现金持有的预防动机观下，企业的现金持有是对企业有利的事情，是持有成本收益和成本权衡后的结果。Opler 等（1999）认为，对于投资者而言，公司最优的现金持有水平是企业成本收益分析的产物，现金持有的收益方面包括了支付需求和维持流动性的需求，持有的成本方面包括了现金持有的低回报的机会成本或者税负上的不利等（Miller & Orr, 1966）。过去的研究表明，这种权衡的因素包括了满足企业融资并改善融资约束的诉求（Myers, 1984；Myers & Majluf, 1984；Han & Qiu, 2007；Fazzari et al., 1998）、内部资本市场安排（姚铮和金列, 2009；马金城和王磊, 2009；Fauver et al., 2003）、税务（Foley et al., 2007）、劳工报酬（Klasa et al., 2009）、企业产品市场竞争态势（张会丽和吴有红, 2012；Baskin, 1987）、多元化战略（王福胜和宋海旭, 2012）、宏观货币政策的影响（祝继高和陆正飞, 2009；江龙和刘笑松, 2011）等与公司经营和战略安排密切相关的原因。

现金持有的代理成本观则认为，现金作为一种稀缺和极易被代理人随意使用的资源（Myers & Rajan，1998；Dittmar & Mahrt-Smith，2007；Fresard & Salva，2010），极易成为企业资源配置中各级代理方的重要"寻租"目标（张会丽和吴有红，2012）。委托代理问题是影响持有资金使用效率的重要因素（Jensen & Meckling，1976；Jensen，1986）。Jensen 和 Meckling（1976）就认为，公司大笔资金的持有行为是源于管理层的自我保护和偏好，而并非是有利于股东的利益，现金持有成为管理者利己的工具。持这一观点的学者还认为，管理者往往会拥有过度的自信或者建立企业帝国的倾向，管理者会挥霍资金以满足自身建立企业帝国的欲望（Jensen，1986），并发起大量降低公司价值的并购或是投资，最后损害了公司股东的利益（杨华军和胡奕明，2007；王彦超，2009；俞红海等，2010）。国内许多研究也支持现金持有的代理成本观，认为在我国投资者保护水平较低和公司治理尚比较低效的制度背景下，现金持有的代理问题会愈加严重（罗琦和秦国楼，2009）。辛宇和徐莉萍（2006）的研究表明，公司治理水平和其现金持有水平之间呈现负相关关系。陆正飞和张会丽（2010）研究发现，集团内部的现金越分散在子公司，则企业整体的现金持有价值越低。张会丽和吴有红（2014）的研究则发现，内部控制质量改善能有效改善企业内部的代理问题，进而能够显著提高企业的现金持有价值。

2.1.2.2　创新的激发因素和企业绩效

委托贷款本质是企业对外投资行为的选择，其具有短期性的特征（钱雪松等，2013），而企业创新活动是企业长期投资的重要组成部分，是一种特殊的长期交易行为。企业从事高息委托贷款和企业研发投入之间存在可能的替代关系。创新驱动是中国经济的发展动力，因此需要研究企业从事高息委托贷款与企业创新活动之间的关系。

过去的研究认为，企业的创新活动具有资产专用性（David et al.，2008）、不确定性（温军等，2011）和弱排他性三种特征（Teece，1986）。针对企业创新活动的相关研究，大多结合研发活动的特性，从企业内部特征和外部市场特征两个维度进行研究。企业内部特征方面的研究关注于企业的内部特质对创新活动的影响，而市场特征方面的研究则针对企业的外部参与者与企业创新活动之间的关系展开。

现有的研究大多支持管理者特质会影响企业创新活动，强调管理者激发创新活动的作用。Schumpeter 在《经济发展理论》中论述到，企业家精神的本质是创新。Schumpeter 认为，企业的创新是具有企业家精神的管理者所主导的。Hambrick 和 Mason（1984）也认为，对创新这种非常规的组织行为，管理活动无法通过简单模仿或沿革旧方法来解决，而需要根据对环境的解释和判断制定新措施，决策者在其中起到重要作用。但有研究指出管理层的短视行为（myopia）会对企业的创新活动产生巨大影响，Asker 等（2011）的文章表明，由于上市公司需要满足资本市场对短期业绩的需求，相对于非上市公司，它们有更大的动机减少企业对创新活动的长期投资。

除了针对管理者个人特征的研究之外，也有学者从企业组织结构特征角度讨论企业特征对创新活动的影响。Schumpeter（1934）提出垄断有利于技术创新，认为企业的规模大小直接关系企业创新活动的多寡。股权性质方面，Atkinson 和 Stiglitz（1980）认为，由于创新活动本身具有外部性和巨大的不确定性，所以这种不完全独占性和高风险性会带来创新活动不足的市场失灵，而政府企业可以通过行政手段补贴克服这种市场失灵，以及通过政府对它们的直接干预得到缓解。国内的研究结论也大多支持这一观点（解维敏等，2009；吴延兵，2006）[1]，认为政府的补助和介入有助于解决创新过程中的市场失灵问题。

此外还有学者从资本市场、债务市场和宏观环境等几个方面考虑其对企业创新活动的影响。例如机构投资者的作用（Jensen，1993）、风险投资的影响（Tian & Wang，2014）、股票信息含量（Fang et al.，2014）、分析师关注（Benner，2010；Benner & Ranganathan，2012；He & Tian，2013）、借贷人的性质（David et al.，2008；温军等，2011）、资本市场和信贷市场的发展水平（Hsu et al.，2014；Cornaggia et al.，2015）等。

创新与企业的经营业绩存在显著的正相关关系。企业对研发的投入作为企业创新的主要手段（Nelson & Winter，1982），不但可以推动自身技术进步，取得领先同行业者的竞争优势，还能提高企业的盈利水平（Cyert & March，1969）。Lev 和 Sougiannis（1996）的研究发现，R&D 支出中能被资本化的部分和公司的经营

---

① 有学者提出公司的奖酬机制可以影响企业的创新活动，例如 Coles 等（2006）、Lerner 和 Wulf（2007）。

业绩密切相关。Hana 和 Manry（2004）通过对韩国企业的研究发现，R&D 支出和股价之间也有密切的相关关系，这意味着投资者认同 R&D 支出所创造的价值。国内的学者也大多支持这一观点，罗婷等（2009）的研究显示，企业研发投资对企业的经营业绩具有正向作用。董祺（2013）的研究表明，研发投入对企业利润增长存在显著的正向影响。

2.1.2.3　企业会计信息和市场资源配置

为投资者提供决策有用的会计信息，是现代经典会计学的基本假设。在此假设下，企业以定期财务报告（如年度报告）等方式向投资者提供会计信息，以降低投资者评估企业未来现金流及其风险时所面临的不确定性，从而改进其投资决策。企业的会计盈余是企业向外界传递的关于企业在会计区间内经营成果的信号，由盈余构成的会计信息是投资者分析公司投资价值最为基础的重要信息，进而影响股价形成，并通过股价影响资源配置效率（Francis et al.，2004）。因此企业从事高息委托贷款的经济后果也必然包括对企业的会计信息质量的影响，这种影响传导到资本市场，最终影响资本市场的资源配置。

在会计信息质量构成上，国内外的学者做出了诸多努力，也取得了诸多成果。国外学者方面，Jones（1991），Dechow、Sloan 和 Sweeney（1995），Dechow 和 Dichev（2002）都通过应计（Accrual）模型来考察公司盈利的持续性，他们认为，公司的应计可以分为操控性应计和非操控性应计，操控性应计的盈余有短期效应并且持续性相对较差，借此能度量公司盈余质量。Basu（1997）、Ball 等（2003）、Ball 和 Shivakumar（2005）、Khan 和 Watts（2009）通过会计稳健性衡量公司的盈余质量，他们认为，公司更及时地确认损失、更慢地确认收益这种及时性非对称的处理方法，也是会计信息质量的一个重要特征。Schipper 和 Vincent（2003）则从盈余的时间序列特性、收益与应计额、现金流量间的关联等方面，考察盈余质量和会计信息的质量。Dechow 等（2010）将企业盈余质量总结为以下八个方面：盈余的持续性、会计应计的幅度、应计利润模型残差、盈余平滑度、损失确认的及时性、盈余基准、盈余反应系数和盈余错报。

国内关于盈余质量的讨论始于葛家澍（1992）和于玉林（1990），他们认为，真实性意味着会计标准的经济业务必须符合客观实际，同时也是会计信息使用者的普遍要求，因此应当作为我国财务会计信息的总体质量特征。后续的研究者不断补充盈余质量特征的维度（陈晓等，1999；付磊和马元驹，2005；魏明海，2005；曲晓辉和邱月华，2007），包括了可靠性、相关性、可理解性、可比性、实质重于形式、重要性、谨慎性、及时性等。

自 Ball 和 Brown 将会计信息和资本市场相联系以来，会计信息的定价作用就一直是许多实证研究的主题。会计信息质量关系到会计盈余信息的决策有用性，进而影响资本市场资源的配置效率（Tobin，1982）。Ramakrishnan 和 Thomas（1998）的研究发现，相同大小盈余的公司中，盈余质量高的公司会有更高的股价。逯东等（2012）将其总结为"会计信息质量—主体决策有效—资源配置有效"的会计信息对资源配置宏观影响的金融市场微观实现机制。Ohlson（1995）、Feltham 和 Ohlson（1995）基于股利贴现模型，通过无风险套利、非正常盈余满足线性动态性等假设将账面净资产、未预期盈余等会计信息和股票市价直接联系起来，认为当期账面净资产、当期盈余与当期股利构成了影响股票价格的主要因素，并在此基础上建立了 Ohlson 模型。在此后的研究中，学者将某些难以被报表会计信息所反映的非财务信息也纳入 Ohlson 模型的分析框架，比如企业风险（Barth et al.，2012）、分析师预测（Frankel et al.，2006；朱红军等，2007）、研发（薛云奎和王志台，2001；邵红霞和方军雄，2006）、企业战略（叶康涛等，2014）、投资者情绪（Holthausen & Watts，2001；Landsman et a1.，2012；曲晓辉和黄霖华，2013）。

2.1.3 小结

结合国内外研究现状、现有研究和文献对本书研究问题进行了一系列的探讨，主要特点如下：

第一，关于委托贷款的研究，理论研究和实务结合较少，结合上市公司高息委托贷款现象的研究少之又少。李波和伍戈（2011）认为，由于委托贷款是规避金融监管的产物，实施行为具有隐蔽性的特点，其数据和相关信息难以获得，所以几乎没有基于数据的研究文献。人们对委托贷款的实施动机和影响知之不多（钱雪松和李晓阳，2013）。因此利用上市公司公开数据考察高息委托贷款发放的行为动机、驱动因素和经济后果方面值得做更多的研究。

第二，对于现金持有的投机动机的讨论比较匮乏。Keynes（1936）将个体持有现金的动机总结为三个方面：现金持有的交易性动机、预防性动机和投机动机。过去研究对于现金持有的动机包括：①预防动机和防御动机观，认为企业现金持有是各种因素的权衡安排；②现金持有的代理成本观，认为现金持有出于管理者自身偏好。但是对于现金持有的投机动机进行讨论的文献并不多。上市公司发放高息委托贷款的情境有助于我们分析和理解此类动机。

第三，现有文献强调了管理者个人在企业创新中的作用。企业的创新活动受到企业内因和外因的影响，但是究其根本，管理者的个人因素是决定企业创新活动最根本的因素，内因和外因都通过管理层或正向促进或负向抑制作用于企业的研发活动。由于管理者和股东之间利益不一致，往往导致管理者出于维护自身利益的目的，出现削减企业创新活动的短视行为，这样的行为虽然可能会在短期内降低企业成本，提高企业的营业外收入（比如出售固定资产、削减固定资产投资、削减研发等），但是对于企业长期发展却是不利的。相关思路为本书进一步分析高息委托贷款对企业创新活动以及对经营业绩的影响提供参考。

第四，现有文献强调了金融体系发展对于企业创新的激发作用。高息委托贷款源于非正式金融市场的繁荣发展，以往文献考虑了宏观因素对企业创新活动的正面影响（Hsu et al.，2014；Cornaggia et al.，2015），可是对于金融体系的变革，特别是以高息委托贷款为代表的影子银行的发展对企业创新行为的影响的讨论不多。参与其中的企业可能出现"主业空心化"等不良后果（钱雪松和李晓阳，2013），损害企业创新和不利于可持续发展。因此，忽视委托贷款不同参与方的异质性很难深入理解金融体系变革对于企业创新行为的影响，这一方面需要我们进行更深入的研究。

第五，高息委托贷款的会计信息后果和对企业价值的影响研究有待进一步加强。企业行为被会计记录后形成会计信息，而会计信息必然会导致相应的会计信息后果，进而影响企业价值。委托贷款不但涉及企业对于自己所拥有的资源的配置，也关系到经济后果传导到资本市场后市场的反应，传导的媒介就是企业的会计信息。因此现有文献为我们进一步研究高息委托贷款的会计信息后果和对企业价值的影响提供了有效的研究工具，有助于对相关研究的进一步深入。

2.2　研究目标

本书拟研究企业从事高息委托贷款的行为动机、驱动因素和经济后果，即分析企业从事高息委托贷款的经济动机和非经济动机，企业从事高息委托贷款对企业创新能力、投资水平、经营业绩、会计信息质量以及对企业价值的影响，这是本书的总体框架。

本书的具体研究框架如下：

（1）从证券市场的反应角度出发，采用事件研究法分析投资者对于企业公告其从事高息委托贷款时的市场反应和价值认知。当上市公司宣告对外发放委托贷款的时候，不同风险等级的公司的股票回报率是否受此影响。这种影响是正面的还是负面的？短期的看法和长期的看法是否一致？我们是否能从市场的角度理解这类行为是负面还是正面？

（2）研究企业从事高息委托贷款的行为动机和驱动因素。本书拟从现金持有的投机动机出发，并结合企业内部控制机制和外部宏观环境、行业机会成本和企业产权性质等经济和制度环境因素，还通过多角度对比分析从事高息委托贷款对企业的影响。

（3）研究企业从事高息委托贷款对于企业创新活动、投资水平和经营业绩的影响。本书拟结合管理层短视以及管理者创新相关理论，研究高息委托贷款和企业创新活动、未来业绩以及业绩构成变化之间的关系，也将考察从事高息委托贷款是否会带来投资不足，出现"主业空心化"的现象，并重点解决企业从事高息委托贷款的内生性问题。

（4）研究企业从事高息委托贷款后对企业会计信息质量的影响。本书拟从高息委托贷款的相应特征和造成的经济后果出发，分析其对于企业会计信息质量（盈余持续性和价值相关性）的影响。

（5）研究企业从事高息委托贷款后对企业价值的影响。本书拟结合"会计信息质量—主体决策有效—资源配置有效"（逯东等，2012）的会计信息资本市场传导路径，进一步考察高息委托贷款对会计信息的定价作用、会计信息质量以及会计信息可比性的影响。

2.3　研究内容

本书将从以下四个方面考察企业从事高息委托贷款的动机和行为后果。

2.3.1　高息委托贷款的行为动机和驱动因素分析

本书将从现金持有的投机动机出发,遵循"从事高息委托贷款—现金持有的水平—内外部驱动因素"的思路,结合现金持有的动机理论,尝试分析企业从事此类业务的行为动机。不同于以往对于现金持有动机的考察,本书将依据经济学的显示偏好(Revealed Preference)理论,把企业从事高息委托贷款视作企业投机动机的显示偏好,将其与现金持有水平联系起来分析,以考察现金持有的投机动机。此外,本书也会考虑其动机的多重性和复杂性,将企业内外部因素综合考虑。

上市公司的特殊地位能带来优于非上市公司的筹集资金的能力。上市公司往往是当地的经济支柱和重要组成部分,当地银行也较愿意为其提供贷款。资本市场的存在也给上市公司提供了各类直接融资和间接融资的渠道。所以无论是间接融资还是直接融资,上市公司都能较为便利和以较低成本获得资金融通,并形成较多的现金持有。

在目前的银行体系下,银行系统对自身风险拥有严格的控制程序,对贷款对象的借款资格有着严格的审查。在借贷双方信息不对称的情况下,企业和银行之间存在道德风险以及企业因此产生的逆向选择,形成了银行对某些企业信贷配给(Stiglitz & Weiss, 1981)的情况。同时制度上的信贷歧视(Brandt & Li, 2003;朱红军等,2007)现象的存在,使得某些企业即便提供远高于市场均衡利率的利息率也无法取得银行贷款。此外,国家宏观政策的严格管控降低了某些行业获得贷款的可能性并提高了其获得贷款的难度,因此出现了实体经济某些部门或者企业资金需求和正式金融体系资金供给上结构性的不匹配。

一方面,上市公司作为低成本融资平台,取得资金的能力较强、成本较低,可以形成大量的现金持有。另一方面，在正式金融系统内无法取得贷款的企业愿意以极高的利率从非正式金融系统中获得融资。因此上市公司在委托贷款高额回报的吸引下，愿意将资金贷出，以高息委托贷款的形式获取短期高额收益，做资金的投机（Speculation），以此获取利益。

现金持有的投机动机也是委托代理问题的产物，会受到各种内外因素的共同影响，在不同情境下，同样的动机会受到抑制或者促进，因此我们还需要寻找驱动该行为的内外部关键因素。关于内部驱动因素，本书重点考察公司的内部控制水平，良好的内部控制能抑制委托代理问题的严重程度，进而抑制管理者的现金持有投机动机。关于外部驱动因素，本书主要从三个方面重点考虑：宏观环境驱动、行业机会成本驱动和企业产权性质驱动。这三个方面从外部环境或者制度层面抑制或者促进管理者的现金持有投机动机。宏观环境驱动方面，本书将考虑地区市场化程度、年度货币政策的影响；行业机会成本驱动因素方面，本书将考虑企业所在行业的生命周期和行业利润率；企业产权性质驱动方面，产权性质的不同会带来预算约束的不同，企业面临着外部融资环境的异质性，本书也会将其纳入考察范围。

2.3.2 高息委托贷款、企业创新与经营业绩

高息委托贷款普遍具有利率远高于同期贷款基准利率、期限短的特征（钱雪松和李晓阳，2013），对于整体 ROA 水平只有 7%[①]左右的上市公司具有很大的吸引力。中国上市公司的 ST 制度和各类再融资政策都对企业的盈余水平做了相关规定，企业管理层有动机通过各类盈余管理以满足上述的规定（Chen & Yuan，2004；魏涛等，2007）。面对创新活动的风险性高、投资周期长和投资规模大等特点，高息委托贷款短期高收益的特征无疑增加了管理者从事这项业务的动机。而从事高息委托贷款业务后对于企业创新活动以及未来业绩水平和业绩结构的影响是本部分讨论的主要问题，具体而言，包括以下两个方面：

（1）企业是否因从事高息委托贷款提高了管理者出现短视行为、降低企业创新活动的可能？创新作为企业实力增长和基业长青的源泉，管理者在企业创新过程中起到至关重要的作用（Schumpeter，1934）。同时文献（Balkin et al.，

---

① 由项目组通过 CSMAR 中所有 A 股 2007~2012 年相关数据计算得到。

2000；Tosi et al.，2000；Lerner & Wulf，2007）也指出，管理者的短视是企业委托代理问题中存在的重要现象，不可忽视短视对企业创新活动的负面影响。Stein（1989）认为，即便在理性市场中，管理层由于业绩压力，短视也不可避免，而短视的程度取决于管理层关心短期绩效还是企业长期价值。Asker 等（2011）的研究也表明，上市公司会倾向于牺牲当期的研发活动以维持短期业绩：一方面是创新活动收益期较长、风险极大；另一方面是短期高息的诱惑。虽然不利于企业的长远发展，但委托贷款也许能使得短期绩效较好，这加剧了企业的管理层出现短视行为的可能性，以及在发放高息委托贷款的同时降低企业创新活动、牺牲将来的持续经营能力。因此，本书将分析企业从事高息委托贷款和之后企业创新活动之间的关系。

（2）企业是否因从事高息委托贷款影响企业未来业绩的增长，造成企业投资不足，业绩构成会有怎样的改变？学界一般认为，企业的创新活动与企业未来绩效以及企业竞争力之间有显著的正相关关系。企业对研发的投入可以推动自身技术进步，取得领先同行业者的竞争优势，提高企业的盈利水平。国内外许多研究都证实了这一点（Lev & Sougiannis，1996；Hana & Manry，2004；罗婷等，2009）。但是高息委托贷款短期高回报的特征可以以营业外收入的方式短期内充实上市公司的整体盈利能力。这种短期性的时间长度是多少？影响幅度有多大？对于业绩中营业收入和营业外收入比例构成的改变有着怎样的影响？对于企业而言，从事高息委托贷款是否会降低企业投资水平，使企业存在投资不足，乃至出现"主业空心化"的现象？这些都是加深理解高息委托贷款的经济后果急需回答的问题。因此本部分的研究主要分析在可能损害企业创新活动的情况下，从事高息委托贷款对企业业绩在时间维度和结构构成上的影响以及对投资水平的影响。

2.3.3 高息委托贷款与会计信息质量

过去的研究中，学者对于会计信息质量给予了多种定义。Francis 等（2004）将会计信息质量归纳为 7 类：应计质量（accrual quality）、持续性（persistence）、可预测性（predictability）、平滑性（smoothness）、价值相关性（value relevance）、及时性（timeliness）和稳健性（conservatism）。因此这一部分主要通过高息委托贷款的特征分析其可能产生的对于会计信息质量的影响。

虽然高息委托贷款拥有极高的短期收益，但是其自身也具有极高的风险，这种风险包括了以下两个方面：

（1）项目不具备持续性。一般意义上的企业投资行为大多具有持续经营的特点。但是高息委托贷款大多是依据特定的融资需求出现的，这种融资需求具有偶然性和不可持续性。即便考虑到项目本身的收益比较高，但是这种偶然性只能让企业获得短期内的收益，这种收益并不能转化成企业持续的盈利能力，因此对企业的盈余质量是一种损害。表2-1记录了国内的A股上市公司在2007～2013年连续从事委托贷款利率高于同期基准贷款利率20%以上的公司的分布情形，从表中可以看出，其中连续两年及两年以上发放高息委托贷款的公司只占27.87%（14.75%+3.28%+6.56%+3.28%），连续三年及三年以上发放高息委托贷款的公司只占13.12%（3.28%+6.56%+3.28%），这组数据也印证了上述判断。在项目不具备持续性的情况下，企业的盈余就包含更多的非持续性盈余，而短期的高收益又会降低企业的盈余可预测性并增加盈余的波动，进而降低盈余质量。

表2-1　连续从事高息委托贷款公司分布

从事高息委托贷款的公司	比例（%）
发放高息委托贷款的公司	100
连续两年发放高息委托贷款的公司	14.75
连续三年发放高息委托贷款的公司	3.28
连续四年发放高息委托贷款的公司	6.56
连续五年发放高息委托贷款的公司	3.28

资料来源：笔者收集整理。

（2）项目的高风险性。钱雪松等（2013）认为，非关联委托贷款利率对金融市场条件的反应不灵敏，且未能充分反映借款者的风险因素，这扭曲了信贷定价机制，可能加剧金融风险。高息委托贷款大部分针对非关联企业发放，虽然在货币政策宽松期内"几乎"已被看作无风险，但是却对宏观的外部冲击具有很高的敏感性，一旦货币政策发生转变，委托贷款的借款方的违约风险就会急剧上升[①]。并且委托贷款的特性决定了在借款人出现违约的情况下，所有风险只能由

---

① 例如波导股份在2014年2月13日的公告显示，该公司提供给淮安弘康房地产公司的5000万元委托贷款，再度展期半年至2014年8月6日，而这已经是第三次展期。早在2012年，波导股份就通过中信银行向淮安弘康房地产公司提供了上述委托贷款，年利率为15%，期限为1年。不过，淮安弘康房地产公司在这笔贷款到期前向波导股份提出展期并获得同意，到期时间延至2014年2月6日。

委托贷款的借出方，也就是放款的上市公司承担。高敏感性带来的是此类委托贷款的高违约可能，上市公司的委托贷款可能会面临极高比例的展期和违约。如果未来出现贷款人违约的情况，会造成发放贷款的企业风险上升和利润下降，进而也降低了发放贷款的企业盈余的持续性、可预测性和价值相关性，增加了盈余的波动性。

上述两个特点的存在决定了高息委托贷款对企业盈余质量有重大影响，这些都会影响乃至降低企业的盈余质量。

2.3.4 高息委托贷款与企业价值

关于从事高息委托贷款对于企业价值的影响存在两种观点：一种观点认为从事高息委托贷款能够提高企业价值。这种观点下，企业从事高息委托贷款可能是由于企业主营业务已经不好，进而对未来前景不看好，从而将资源分配到高息委托贷款上，以改善企业资源使用情况和经营业绩。另一种观点认为从事高息委托贷款会使企业减少创新活动、降低投资水平、降低盈余质量，进而损害企业的价值。本书拟从三个角度出发论证上述观点：

首先，本书从证券市场的短期反应角度出发，采用事件研究法分析投资者对于企业公告其从事高息委托贷款时的市场反应，并根据企业自身性质（如财务风险、代理问题严重程度、所处生命周期等）分析市场反应的差异程度。

其次，本书将分析股票价格是否充分反映了企业从事高息委托贷款对于企业价值的影响。如果从事高息委托贷款会影响企业价值，而股票价格并未充分反映相关信息，则可以以此进行套利，即构建一个"卖出从事高息委托贷款的公司，买入未从事高息委托贷款的公司"的长期持有投资组合能够在未来获得超额回报。

最后，我们还会结合对会计信息的定价作用的研究，考察从事高息委托贷款对于会计信息在股票价格中的影响。盈余质量关系到盈余的可靠性，如果企业的盈余质量较差，投资者也很难依据盈余对股票进行准确的定价，这表现为盈余的定价作用较低（Ramakrishnan & Thomas，1998）。因此通过会计信息定价作用的差异，我们可以借此研究从事高息委托贷款对于企业价值的影响。我们也可以结合企业的经营风险特征和企业价值之间的关系，深入分析企业从事高息委托贷款与企业价值的关系。

第3章　委托贷款公告市场反应研究

3.1　研究背景

本书从证券市场的反应的角度出发，采用事件研究法和市值分析法分析投资者对于企业公告其从事高息委托贷款时的市场反应和价值认知。当上市公司宣告对外发放委托贷款的时候，市场眼中不同风险等级的公司的股票回报率是否受此影响，这种影响是正面的还是负面的？短期的看法和长期的看法是否一致？我们是否能从市场的角度理解这类行为是负面的还是正面的……此类问题的分析是本部分主要关注的内容。通过对公司对外委托贷款的特征进行分析，我们能得出不同风险等级的公司对外委托贷款的特征和市场反应，这有助于我们更好地理解此类行为。

必须值得注意的是，委托贷款是中国特有的现象，因此国外针对委托贷款的研究几乎没有，与本书相关的国外的研究中，只有少数几篇文献从企业融资的角度考察了中国的非正式金融系统的作用。Allen 等（2005）的文章表明，中国增长最快的私营部门融资通常来源于非正式金融系统中的委托贷款。Guariglia 等（2011）讨论了中国企业内部借贷行为对于可能遭受信贷歧视的高风险企业经济增长的重要作用。Ayyagari 等（2010）认为基于声誉和关系型的非正式金融系统为发展中国家的经济增长做出了显著的贡献。

受限于数据可得性，与活跃的实践相比，学术界对委托贷款的研究显得相对滞后（钱雪松等，2013），已有文献直接考察委托贷款行为关系机制及其后果的研究相对较少。

关于从事高息委托贷款对于企业价值的影响存在两种观点：一种观点认为从事高息委托贷款能够提高企业价值。在这种观点下，企业从事高息委托贷款可能是由于企业主营业务已经不好，进而对未来前景不看好，从而将资源分配到高息委托贷款上，以改善企业资源使用情况和经营业绩。另一种观点如前文所述，从事高息委托贷款会减少创新活动、降低投资水平、降低盈余质量，进而损害企业的价值。

委托贷款的动机可能来源于内部市场的资金调配，但也有可能是上市公司出于资金套利使然。两种不一样的动机，伴随的是所倚重的获利来源的不同。内部市场进行资金调配为目的的委托贷款，其获利来源是委托方与被委托方相互合作，提高两者作为整体的资金使用的协同效应。而以高息委托贷款为代表的资金套利动机，却是以获取贷款利息等资本利益为目的的。而且不同市场的主体，其盈利动机和业绩压力不同，所以各自的表现和市场感知也不相同。

3.2　样本选取和研究设计

本书以 2007~2014 年 A 股上市公司对外委托贷款公告为样本检验上述假设。借鉴以往文献，本书去除了 ST 和 PT 的公司、金融机构的上市公司以及财务数据不完整的公司。委托贷款的数据部分来自手工收集的上市公司对外公告，笔者手工搜集了公告中关于委托贷款的发放利率、金额、放款期限等信息。公司的所有财务指标来源于中国经济金融研究（CSMAR）数据库。同时本书对所有的连续变量进行了 1% 和 99% 的缩尾（winsorized）处理，以保证结果不受极值的影响。

在过去的研究中，一般采用如下风险调整超额收益率法度量发布创新信息的公司及关联公司在创新信息公告日前后的超额收益率和累计超额收益率：

首先估计每日的股票超额收益，估计期为（-210，-11），要求至少有 100个交易日的数据。市场模型如下：

$$R_{it} = \alpha_i + \beta_1 R_{mt} + \varepsilon_{it} \tag{3-1}$$

其中，R_{it} 和 R_{mt} 分别是股票 i 和市场证券组合 m 在 t 期的收益（均考虑现金股利投资）。市场证券投资组合的回报为股票所在交易市场的市值加权计算的回报率。

根据市场模型估计出单只股票的超额收益 ε_{it}：

$$\varepsilon_{it} = R_{it} + (\hat{\alpha}_i + \hat{\beta}_1 R_{mt}) \tag{3-2}$$

其次计算整个样本在 t 日的平均超额收益 AR_t：

$$AR_t = \frac{1}{N} \sum_1^N \varepsilon_{it} \tag{3-3}$$

最后计算整个样本在事件窗口期（t_1，t_2）的累计超额收益 $CAR_{(t_1,t_2)}$：

$$CAR_{(t_1,t_2)} = \sum_{t_1}^{t_2} AR_t \tag{3-4}$$

但是为了简便性以及分析上述问题，本书对超额持有收益的超额部分采用市场法进行调整。本书从短期市场反应累计超额收益（CAR）和长期持有超额收益（BHAR）来分析公告可能带来的短期和长期影响。具体模型为：

$$AR_{it} = Return_{it} - Return_{mt} \tag{3-5}$$

其中，AR_{it} 为股票 i 在 t 日的超额收益，$Return_{it}$ 为股票 i 在 t 日的当日收益，$Return_{mt}$ 为对应市场的指数在 t 日的当日收益。我们通过市场调整就可以得出股票 i 当天的超额收益。求出每天的超额收益之后，我们可以通过累计数天的收益来取得期间内的累计超额收益。如下列公式所示：

$$CAR_i = \sum AR_{it} \tag{3-6}$$

此外，我们还将计算长期持有超额收益（BHAR），具体公式为：

$$BHAR_{it} = \sum Return_{it} - \sum Return_{mt} \tag{3-7}$$

其中，$BHAR_{it}$ 为股票 i 在持有 t 时间段后的长期持有超额收益，$\sum Return_{it}$ 为股票 i 在持有 t 时间段的累计收益，$\sum Return_{mt}$ 为对应市场的指数持有 t 时间段的累计收益。我们通过二者之差就可以得出股票 i 在持有 t 时间段后的长期持有超额收益。在本书中，我们将关注（-1，1）、（-2，2）、（-3，3）、（-5，5）天的 CAR，也将关注（1，30）累计 CAR 的趋势，同时我们也会考察持有 3 个月、6 个月、12 个月的 BHAR。我们还会关注公告中一些贷款的特征变量，并在产权性质之间作比较。本章涉及的变量如表 3-1 所示：

表 3-1 主要变量

变量	变量定义
$CAR_{(-1,1)}$	经过流通市值加权的市场指数收益调整后的〔-1，1〕天的累计超额收益
$CAR_{(-2,2)}$	经过流通市值加权的市场指数收益调整后的〔-2，2〕天的累计超额收益
$CAR_{(-3,3)}$	经过流通市值加权的市场指数收益调整后的〔-3，3〕天的累计超额收益
$CAR_{(-5,5)}$	经过流通市值加权的市场指数收益调整后的〔-5，5〕天的累计超额收益
$CAR_{(-10,10)}$	经过流通市值加权的市场指数收益调整后的 1 个月长期持有累计超额收益
$BHAR_3$	经过流通市值加权的市场指数收益调整后的 3 个月长期持有累计超额收益
$BHAR_6$	经过流通市值加权的市场指数收益调整后的 6 个月长期持有累计超额收益
$BHAR_9$	经过流通市值加权的市场指数收益调整后的 9 个月长期持有累计超额收益
$BHAR_{12}$	经过流通市值加权的市场指数收益调整后的 12 个月长期持有累计超额收益
Loan	单笔委托贷款信贷总额占企业当年总资产的比例
Dinterest	单笔委托贷款信贷利率超过同期一年期贷款基准利率的倍数
Maturity	单笔委托贷款的信贷期限，用月份表示
Soe	企业产权性质，企业终极控制人为国有身份取值为 1，否则为 0
Zy	如果企业最终控制人的产权级别是中央，取值为 1，否则为 0
Df	如果企业最终控制人的产权级别是地方，取值为 1，否则为 0

3.3 实证检验

我们将发布公告的企业按照企业产权性质代表的潜在的违约风险分为高风险企业和低风险企业两组，并考察各自组别对外委托贷款的规模、超过同期基准利率的倍数和放款期限。表 3-2 显示了相关结果。我们可以看到，对于高风险等级企业而言，对外委托贷款的每笔平均规模为年末总资产的 5.9%；对于低风险等级企业而言，这个数值是 2.2%。低风险等级企业对外每笔委托贷款的规模要显著低于高风险等级企业。同时在对外委托贷款的利率分布上我们可以看到，高风险等级企业发放委托贷款的平均利率高出同期贷款基准利率55%，低风险等级企业对外每笔委托贷款的平均利率高出同期贷款基准利率30%，国有企业显著低于前者。同时在对外委托贷款的利率区间分布上，低风险等级企业发放的多是不高于同期贷款基准利率的贷款，其单笔委托贷款信贷利率超过同期一年期贷款基准利率的倍数在50%分位数为0，75%分位数为0.300；而高风险等级企业的这个数值在25%分位数为0.053，50%分位数为0.300。在放款期限上，高风险企业呈现短期化的特点，平均为15.737个月，而低风险等级企业为17.48个月。总体来说，低风险等级企业对外委托贷款利率相对较低、期限较长，并且规模较小。

表3-2　对外委托贷款特征比较

| | | | | 高风险企业委托贷款组别 | | | | |
变量	样本量	标准差	均值	5%分位数	25%分位数	50%分位数	75%分位数	95%分位数
Loan	361	0.156	0.059	0.002	0.012	0.033	0.060	0.216
Dinterest	361	0.650	0.550	0.000	0.053	0.300	0.867	1.853
Maturity	361	11.052	15.737	5.000	12.000	12.000	12.000	36.000
				低风险企业委托贷款组别				
变量	样本量	标准差	均值	5%分位数	25%分位数	50%分位数	75%分位数	95%分位数
Loan	590	0.036	0.022	0.001	0.004	0.011	0.027	0.081
Dinterest	590	0.632	0.306	-0.100	0.000	0.000	0.300	1.825
Maturity	590	14.881	17.480	6.000	12.000	12.000	12.000	36.000
Zy	590	0.490	0.397	0.000	0.000	0.000	1.000	1.000
Df	590	0.490	0.603	0.000	0.000	1.000	1.000	1.000

　　本书从市场短期反应的角度考察不同公司对外发放委托贷款对公司价值的短期影响。我们用公告发放后0~30天累计超额收益的变化过程来分析相关问题，从表3-3可以看出，对于高风险企业而言，其短期累计超额收益都是不显著异于0，说明如果委托贷款的发放方是高风险企业，对外发放委托贷款对于投资者而言是中性的信息，不存在负面或是正面的信息含量，短期内不改变投资者对于企业价值的看法。但是对于低风险企业委托贷款组别而言，总体上累计超额收益显著为负，到第30个交易日总共能产生大约-2%的累计超额收益。说明低风险企

业对外发放委托贷款对于市场投资者而言是负面的信息。图 3-1 也反映了相关信息，我们可以看到，对于低风险企业委托贷款组别而言，1~30 天累计超额收益总体上呈现向下的趋势，但是高风险企业委托贷款组别的累计超额收益大体为 0。

表 3-3　分组后 1~30 天的 CAR 趋势

变量	高风险企业委托贷款组别			低风险企业委托贷款组别		
	样本量	均值	Pr>|t|	样本量	均值	Pr>|t|
$CAR_{(1,1)}$	361	0.002	0.280	590	−0.005	<0.0001
$CAR_{(1,2)}$	361	0.002	0.364	590	−0.005	0.0020
$CAR_{(1,3)}$	361	0.001	0.741	590	−0.003	0.0380
$CAR_{(1,4)}$	361	−0.001	0.742	590	−0.004	0.0170
$CAR_{(1,5)}$	361	0.001	0.788	590	−0.006	0.0030
$CAR_{(1,6)}$	361	0.000	0.979	590	−0.006	0.0080
$CAR_{(1,7)}$	361	−0.002	0.492	590	−0.006	0.0060
$CAR_{(1,8)}$	361	−0.003	0.431	590	−0.007	0.0030
$CAR_{(1,9)}$	361	−0.002	0.618	590	−0.007	0.0070
$CAR_{(1,10)}$	361	−0.001	0.838	590	−0.009	0.0010
$CAR_{(1,11)}$	361	−0.002	0.591	590	−0.007	0.0090
$CAR_{(1,12)}$	361	−0.001	0.793	590	−0.009	0.0030
$CAR_{(1,13)}$	361	0.000	0.931	590	−0.007	0.0210
$CAR_{(1,14)}$	361	0.001	0.863	590	−0.008	0.0060
$CAR_{(1,15)}$	361	0.000	0.925	590	−0.009	0.0040
$CAR_{(1,16)}$	361	−0.001	0.821	590	−0.008	0.0150
$CAR_{(1,17)}$	361	−0.003	0.482	590	−0.008	0.0110
$CAR_{(1,18)}$	361	−0.005	0.303	590	−0.011	0.0010
$CAR_{(1,19)}$	361	−0.005	0.340	590	−0.012	0.0000
$CAR_{(1,20)}$	361	−0.004	0.379	590	−0.011	0.0010
$CAR_{(1,21)}$	361	−0.005	0.286	590	−0.012	0.0010
$CAR_{(1,22)}$	361	−0.003	0.529	590	−0.015	<0.0001

续表

变量	高风险企业委托贷款组别			低风险企业委托贷款组别		
	样本量	均值	Pr>∣t∣	样本量	均值	Pr>∣t∣
$CAR_{(1,23)}$	361	−0.006	0.271	590	−0.013	0.0010
$CAR_{(1,24)}$	361	−0.007	0.184	590	−0.014	0.0000
$CAR_{(1,25)}$	361	−0.004	0.515	590	−0.017	<0.0001
$CAR_{(1,26)}$	361	−0.002	0.748	590	−0.020	<0.0001
$CAR_{(1,27)}$	361	−0.004	0.540	590	−0.020	<0.0001
$CAR_{(1,28)}$	361	−0.004	0.442	590	−0.022	<0.0001
$CAR_{(1,29)}$	361	−0.005	0.385	590	−0.021	<0.0001
$CAR_{(1,30)}$	361	−0.003	0.605	590	−0.019	<0.0001

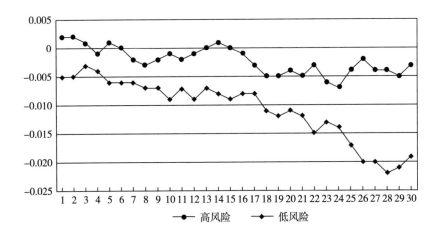

图 3-1　委托贷款公告后累计超额收益

　　考虑到内幕交易的存在，相关信息可能会提前泄露，本书将关注（−1，1）、（−2，2）、（−3，3）、（−5，5）天的 CAR，同时也会使用持有 3 个月、6 个月、9 个月和 12 个月的 BHAR 来观察对外委托贷款发放对于企业长期价值的影响，相关结果如表 3-4 所示。从表中可以看出，对于高风险企业而言，对外委托贷款公告不改变短期的市场价值，（−1，1）、（−2，2）、（−3，3）、（−5，5）天的 CAR 都不显著异于 0。对于低风险企业而言，CAR 在（−1，1）时在 10% 的水平上显著为−0.3%，说明市场看法是负面的。在 BHAR 方面，高风险企业委托贷款组别的对外委托贷款在 6 个月和 12 个月分别带来了 4.7% 和 8.2% 的正收益，显著异于 0；对于低风险企业委托贷款组别的 BHAR 并不显著异于 0。

表 3-4　分组 CAR 与 BHAR

高风险企业委托贷款组别								
变量	样本量	标准差	均值	5%分位数	25%分位数	50%分位数	75%分位数	95%分位数	Pr>|t|
$CAR_{(-1, 1)}$	361	0.043	0.003	−0.058	−0.020	−0.005	0.020	0.088	0.2198
$CAR_{(-2, 2)}$	361	0.056	−0.002	−0.077	−0.033	−0.006	0.020	0.095	0.5661
$CAR_{(-3, 3)}$	361	0.073	−0.004	−0.130	−0.041	−0.007	0.033	0.108	0.3334
$CAR_{(-5, 5)}$	361	0.080	−0.004	−0.124	−0.045	−0.011	0.036	0.138	0.4069
$BHAR_3$	361	0.167	−0.005	−0.234	−0.101	−0.039	0.076	0.277	0.5323
$BHAR_6$	361	0.242	0.008	−0.303	−0.146	−0.038	0.118	0.490	0.5243
$BHAR_9$	361	0.370	0.047	−0.616	−0.172	−0.001	0.230	0.678	0.0152
$BHAR_{12}$	361	0.474	0.082	−0.676	−0.198	−0.033	0.313	0.869	0.0012
低风险企业委托贷款组别								
变量	样本量	标准差	均值	5%分位数	25%分位数	50%分位数	75%分位数	95%分位数	Pr>|t|
$CAR_{(-1, 1)}$	590	0.037	−0.003	−0.060	−0.022	−0.006	0.013	0.056	0.0945
$CAR_{(-2, 2)}$	590	0.045	−0.003	−0.073	−0.027	−0.005	0.020	0.077	0.1375
$CAR_{(-3, 3)}$	590	0.054	−0.002	−0.084	−0.033	−0.004	0.025	0.098	0.2960
$CAR_{(-5, 5)}$	590	0.067	−0.003	−0.132	−0.035	−0.006	0.033	0.120	0.3139
$BHAR_3$	590	0.173	−0.010	−0.219	−0.125	−0.041	0.081	0.316	0.1476
$BHAR_6$	590	0.276	0.011	−0.310	−0.150	−0.053	0.095	0.603	0.3470
$BHAR_9$	590	0.345	−0.013	−0.403	−0.199	−0.101	0.087	0.738	0.3428
$BHAR_{12}$	590	0.442	−0.001	−0.486	−0.264	−0.099	0.122	0.800	0.9544

3.4　本章主要结论

从以上分析中我们可以看出，相对于违约可能性较高的企业来说，违约可能性较低的企业对外委托贷款的规模更大、期限更长、利率更低。这说明，低风险企业对外发放委托贷款，更多体现为一种对自身超额信贷资源的定向输送，而不是以盈利为目的的资金套利。从市场认同的角度来看，因为其可以显而易见地带来报表上的利润，市场更认同高风险企业对外发放委托贷款，低风险企业对外发放委托贷款的行为有着负面的市场反应。从某种程度上而言，市场认为，规模大、低息且长期的对外委托贷款更像是特定目的的资源非市场调配，而不是纯粹的市场行为，所以其发放行为并非是从企业价值最大化的角度来考虑的，更多可能出于低风险企业对自身富裕的信贷资源的主观分配。现有的文献指出，规模越大、风险越低的企业，其社会责任更加重要，因此呈现多任务性特征（Bai et al.，2006；辛清泉和谭伟强，2009）。本书的研究也证实了这一点，这种低风险企业的对外委托贷款的发放，有可能是向特定关联方或者向关联企业的资金调配，并非是以盈利为目的，所以在市场上表现出短期负面的特点。

第4章 企业现金持有与高息委托贷款

4.1 研究背景

企业的资金使用效率一直以来是公司财务的核心话题，上市公司作为中国经济的增长引擎，其资金使用效率问题备受关注。上市公司坐拥资本市场融资之便利，长久以来能以较低资本得到资金的融通，同时由于上市公司身份的特殊，其也能较为方便地得到各大银行提供的贷款。因此上市公司对资金的使用，一直处于各类讨论的风口浪尖上。

近几年来，作为非正式金融系统的重要组成部分，委托贷款总额占全社会融资总额比例由 2007 年的 5.65% 上升到 2014 年的 15.2%，具有越来越重要的地位。在此背景下，上市公司委托贷款数额和公司数都逐年上升，企业以委托贷款获取高额利差、"倒卖"赚取差价的现象愈演愈烈。

过去关于公司现金持有动机的研究大多基于企业现金持有的正常目的的角度，讨论了公司现金持有的交易和预防动机（Keynes，1936；Opler & Titman，1994；Han & Qiu，2007），却极少有文献讨论公司现金持有的投机动机。上市公司的高息委托贷款相当于一种资金投机行为，高息委托贷款的持续性不高，难以持续地为股东创造价值，并且如果发放出去的高息委托贷款发生违约，也会成为股东的损失。合理的方式应该是公司将闲余的资金返还给股东自行安排，以避免管理者的任意安排导致的股东利益损失（Jensen，1986）。本书研究的出发点正是基于此，通过高息委托贷款业务考察企业现金持有的投机动机。上市公司委托贷款行为是近几年才出现的新现象，相信回答这些问题能更深入地了解上市公司委托贷款的成因，加深我们对上市公司高息对外委托贷款的理解，同时也能为监管当局提供建议。

本书以 2007~2014 年的 A 股上市公司为研究主体，研究发现，企业现金持有水平与上市公司从事高息委托贷款之间存在正相关关系，符合现金持有投机动机的预期。从公司治理和外部环境两个方面深入研究发现，在公司治理结构方面，企业独立董事的积极作为和机构投资者持股比例的提升能显著降低企业现金持有的投机动机；在外部因素方面，货币政策宽松和企业所在产品市场资产报酬率更低的时候，企业越可能将自身持有的现金用于资金投机，但是经营的多目标性之间的相互约束会降低这种动机。进一步分析表明，企业现金持有的投机动机和当期发放高息委托贷款的笔数、贷款给非关联方的倾向正相关，和贷款期限负相关。同时，从事高息委托贷款会降低企业的会计绩效和市场绩效，并挤出企业正常投资。

本章的意义在于：①本章以上市公司发放高息委托贷款为切入点，讨论了上市公司介入影子银行业务的话题，全面考察了企业现金持有水平与高息委托贷款之间的相关关系，为上市公司参与影子银行业务的动机提供了实证证据。②本章结合了独立董事作为、机构投资者持股比例、货币政策、企业所在产品市场资产报酬率和企业的产权级别等特征，对企业介入高息委托贷款业务与否进行了探讨，并对介入后的企业绩效做了考察，为我们深入理解内外各种驱动因素对上市公司参与影子银行业务的动机的影响以及介入的经济后果提供了参考。③本章从企业持有现金的投机动机的角度出发，讨论了企业介入影子银行业务的动机。本章研究了上市公司资金投机的行为，丰富了相关文献。

4.2　文献回顾与假设提出

公司资金是留在企业内部还是应该分发给股东一直是一个充满争议的话题。Keynes（1936）将个体持有现金的原因总结为交易性动机、预防性动机和投机性动机。Opler 和 Titman（1994）认为，对于投资者而言，公司最优的现金持有水平取决于现金持有的边际收益和边际成本，现金持有的收益方面包括了支付需求和维持流动性的需求，持有的成本方面包括了现金持有的低回报的机会成本或者税负上的不利等（Miller & Orr, 1966）。由此学者总结了公司持有现金的预防和防御动机。持有现金的预防和防御动机认为，即便上市公司能较为方便地取得资金的融通，但是资金取得的过程仍然会受到信息不对称等因素的影响（Myers & Majluf, 1984），融资的过程不是毫无摩擦的，在获得资金的过程中仍旧会存在各种交易成本，出现诸如需求和获得的时机不匹配等问题。Opler 和 Titman（1994）发现，行业平均现金流波动较大会导致公司倾向于持有更多的现金以应对不确定性。而且由于各种监管政策以及市场情绪等的存在，制度上也具有各种障碍，从而造成了企业最佳的融资窗口和企业最佳的投资窗口往往呈现出一种错配的状态（Miller & Orr, 1966）。倘若公司只在需要时才寻求外部融资，经过外部融资程序所需要的时间后，可能会错过最佳的投资窗口。所以公司会倾向于持有大笔的资金而不是将闲余的资金都分发给股东（Fazzari et al. , 1998）。

同时，上市公司作为一个资本中心，其内部资本市场的作用不容小觑，上市公司的对外融资带来了多渠道的资金流入，而上市公司本身就像一个资金池，将融得的资金聚集起来，不同的投向带来资金的流出（姚铮和金列，2009）。从资金流入、流出的角度来看，上市公司持有的现金就像蓄水池中积蓄的水，其目的之一是为了更好地调节流入和流出。上市公司的特殊地位能带来优于非上市公司的筹集资金的能力。上市公司往往是当地的明星企业，不但是当地的经济支柱，也是当地经济的重要组成部分，上市公司也拥有上市的声誉光环，这些都会使银行愿意为其提供贷款。此外，资本市场的存在也给上市公司提供了融资的便利。所以不论是间接融资还是直接融资，上市公司都能较为便利地获得资金融通，因此其往往能有较多的现金流。

企业的现金持有具有预防和防御的作用，上市公司作为公司整体的资金池，能依据自身便利获取和集中调配资金，减少公司整体在资金取得过程中的市场摩擦，同时实现资本配置中融资窗口和投资窗口的匹配，将资金进行更好的分配。这种上市公司融资的便利性，能使其作为内部资本市场融通的中心和枢纽，集中调配资金资源，为其下属各部门、子公司和关联企业融通资金，带动公司或集团的整体发展。Fauver 等（2003）的研究表明，内部资本市场能有效地替代不完善的外部资本市场。上市公司发挥了其取得资金的优势，并且可以让资金的使用更有效率。

但是也有学者提出，公司的这种大笔资金的持有行为是源于管理层的自我保护和偏好，而并非有利于股东的利益（Jensen & Meckling, 1976），现金持有成为管理者利己的工具，因此公司应当将闲余的资金返还给股东。持这一观点的学者认为，管理者往往会拥有过度的自信或者建立企业帝国的倾向，从而会挥霍资金以满足自身建立企业帝国的欲望，发起大量降低公司价值的并购或是投资，最后损害了公司股东的利益（Jensen, 1986）。

因此，本书认为，公司不将闲余资金返还给股东而去从事委托贷款并不符合股东利益最大化原则。虽然委托贷款项目本身有收益较高的特点，但是这种偶然性只能让企业获得短期内的收益，这种收益并不能转化成企业持续的盈利能力。比如高息委托贷款大多是依据暂时的需求而出现的，这种融资需求具有偶然性和不可持续性，项目的搜寻成本和了解项目过程中产生的交易费用也决定了高息委托贷款项目不能成为与企业主营业务一样稳定的利润来源。此外，项目潜在的违约可能也会成为股东的损失。高息委托贷款的高利率是一种借贷行为市场化的利率，其来源于高息委托贷款本身具有的非正式金融的特性，并不受当时银行系统的监管。虽然委托贷款协议规定是由委托银行签收利息和回款，但是在借款人出现违约的情况下，银行并不承担借款人的违约责任，所有风险只能由委托贷款的借出方承担①。因此，委托贷款行为可能损害股东利益。

而且我们认为，管理者代理股东运用资金经营企业，股东提供资金给公司的目的应该是为了支持公司主营业务的发展，公司进行委托贷款违反了股东投资公司的初衷。如果公司主营业务的收益率较低，就应将资金返还给股东。因此作为上市公司，特别是未来收益低增长的公司，多余的现金理论上应该发放给股东（Jensen, 1986），不论是风险还是收益都交由股东自己决策和承担，而不是越俎代庖地去发放高息委托贷款，做资金的投机。

需要注意的是，本节所研究的委托贷款仅限于上市公司对非合并报表范围内法人发放的委托贷款，也就是说，下文对于委托贷款问题的讨论，也都以发放给

---

① 例如波导股份 2014 年 2 月 13 日的公告显示，该公司提供给淮安弘康房地产公司的 5000 万元委托贷款，再度展期半年至 2014 年 8 月 6 日，而这已经是第三次展期。由于本金一直无法得到偿还，该公司于 2015 年 8 月将此项贷款交由法院诉讼解决。

子公司以外的上市公司为研究对象。采取此研究对象的考虑主要在于，发放给上市公司控制的下属企业（全资、控股子公司及其下属公司）的委托贷款大多具有数额高、利息低等特点，因此这类委托贷款与对非合并报表范围内法人的高息委托贷款之间存在本质上的区别。而且对于全资、控股子公司或下属公司发放委托贷款所获得的收益属于报表合并的范围，上市公司无法通过这类委托贷款来增加自身的盈利。因此，其放款动机和发放给非合并报表范围内法人的委托贷款动机完全不同。基于上述考虑，我们将研究的样本确定为发放对象为非合并报表范围内的公司的委托贷款。

4.2.1　基础假设

随着经济体制改革和国民经济的发展，中国的房地产业迅速崛起，迅速上涨的房价背后是企业对新项目开发所需的资金的渴求。2007 年以后特别是 2008 年后，中国为了应对经济危机采取了极其宽松的财政政策，开始了新的一轮基础建设热潮，各地开始各类城市基础建设。银行不能完全满足这些项目对资金的渴求，这些项目方逐渐将目光转向非正式金融系统，通过各类信托公司和委托贷款为项目融资。

伴随着信贷急剧扩张，非正式金融系统也方兴未艾。在旧有银行的体系下，银行系统对自身风险拥有严格的控制程序，对贷款对象的借款资格有着严格的审查。在信息不对称的情况下形成了对某些企业的信贷配给（Stiglitz & Weiss，1981），同时还有信贷歧视等现象的存在，某些企业即便提供高于市场均衡利率的利息率也无法取得银行贷款。此外，国家宏观政策的严格管控降低了某些行业获得贷款的可能性，并提高了其获得贷款的难度，因此出现某些企业所投资的项目虽然短期来看没有太大的风险或者预期收益比较高，却难以从银行借到贷款的现象。

Keynes（1936）的研究认为，个体的现金持有除了预防和交易动机以外，还存在现金持有的投机（Speculation）动机。投机动机产生于获得资金所需的成本和未来预期收益之间的权衡，对于上市公司来说，同样的思路也可以适用。上市公司作为低成本融资平台，取得资金的能力较强、成本较低，可以形成大量的现金持有。书中委托贷款的平均利率为 10.86%，其中高息委托贷款的平均利率为 13.26%，非高息委托贷款的平均利率为 5.60%。按照姜付秀和陆正飞（2006）

的方法计算的同期所有上市公司的有息负债利息率①仅为 5.16%，这段时间的平均一年期贷款基准利率为 6.35%。同时过去的研究也表明，上市公司的权益资本成本大多在 7%以下，比如罗琦和王悦歌（2015）计算 2005~2010 年上市公司权益资本成本的均值为 3.9%，卢文彬等（2014）计算 2007~2012 年上市公司的权益资本均值为 6.84%。上述数据表明，高息委托贷款的利率远高于企业的债务和权益资本成本，也高于一年期贷款基准利率。对于上市公司而言，在委托贷款高额回报的吸引下，上市公司将资金贷出，以高息委托贷款的形式获取短期高额收益，做资金间的投机，获取利益，据此我们提出假设 1：

假设 1（现金持有的投机动机）：公司的现金持有水平和是否从事高息委托贷款业务正相关。

下面我们将在上述假设的基础上，进一步讨论其他因素对公司的现金持有水平和是否从事高息委托贷款业务之间关系的影响。这里我们依据企业内部和外部两个维度划分：在内部因素方面，我们考虑公司治理水平对现金持有水平和是否从事高息委托贷款业务之间关系的影响，对于治理水平的讨论我们从独立董事和机构投资者的角度进行；在外部因素方面，我们从上市公司委托贷款发放年度的信贷充裕程度、行业投资收益获利能力以及企业产权的产权级别三个角度进行讨论。

4.2.2 公司治理结构

对于投资者来说，预防或交易动机的现金持有都能提高企业价值（Mikkelson & Partch，2014），但是以投机为目的的现金持有可能是源于管理层追求私利，并不利于股东的利益。如果企业大量的现金持有是源于企业自身盈利，那么最好的分配方式莫过于将其发放给股东而不是从事高息委托贷款这样的投机活动。按照传统理论，公司拥有闲余资金的时候，应当考虑返还给股东，股东所投入公司的钱具有专项性的特征，其投资目标为发展公司的主业，而非仅仅是为了利润。因此管理者存在与股东利益不一致的嫌疑，而利益不一致就有可能有损害投资人（长

---

① 企业有息负债率＝企业当年利息支出／［（短期借款总额+应付票据+一年内到期的非流动负债+长期借款+应付债券）的期初期末均值］。

期或短期）利益的情况出现①，这种股东与管理者利益不一致的现象就是一种潜在的代理问题（Jensen & Meckling，1976）。代理问题必然会影响现金持有水平和是否从事高息委托贷款业务之间的关系。

无论是理论界还是实务界都将独立董事制度视作解决股东与经理人之间代理问题的重要机制。独立董事监督能有效地改善企业的公司治理结构，缓解企业的代理问题（Fama & Jensen，1983）。中国的独立董事由于提名办法以及薪酬发放机制的影响，其本身可能很难独立。例如叶康涛等（2011）基于董事会投票的数据发现，绝大多数情况下独立董事并不会公开质疑管理层行为，但他们同时也指出，即使绝大多数情况下独立董事的投票行为较为消极，但并不必然意味着其监督职能的缺位，而独立董事对董事会议案的异议可以作为独立董事积极作为的变量。企业在面对从事高息委托贷款决策时，独立董事会基于自身专业的意见行使监督职能，据此我们提出假设2：

假设2：独立董事对董事会议案持有异议时会降低公司现金持有的投机动机，即若当年独立董事存在公开发表质疑的情况，就会降低现金持有水平和是否从事高息委托贷款业务之间的正相关关系。

自20世纪90年代以来，机构投资者积极主义行为愈演愈烈，有效提高了公司治理效率（Jensen，1993；Bushee & Brian，1998）。机构投资者所持有的公司股份的比例的高低也决定了其参与上市公司治理的效果。一方面，持股比例较高使得机构投资者抛售股票会引起股价下滑带来更大的损失（Shleifer & Vishny，1986）；另一方面，所持有的公司股份越高，机构投资者与管理者协商的筹码也越大，越有意愿通过监督上市公司的行为来取得收益，也更有意愿监督企业从事高息委托贷款的行为，据此我们提出假设3：

假设3：机构投资者持股比例越高越会降低公司现金持有的投机动机，即机构投资者持股比例的提高会降低公司的现金持有水平和是否从事高息委托贷款业务之间的正相关关系。

---

① 虽然高息委托贷款损害股东利益的情况不一定100%会出现，但是不可否认，在股东利益和管理者利益不一致的情况下，高息委托贷款是存在潜在损害股东利益的可能性的，比如正常需求的资金被挪用等。

4.2.3 外部影响因素

4.2.3.1 信贷充裕程度

企业从事任何种类的投资，都是出于成本和收益的权衡。当货币政策宽松时，利率相对较低，银行放贷也比较宽松，市场中会充满流动性。对于企业而言，其获得贷款的资金成本也相对较低，企业可以以低成本相对容易地借到债务。对于上市公司来说，信贷扩张的阶段更是难得的融资窗口，即便没有适当的投资机会，企业也会在资本市场或债务市场融得更多的资金。信贷扩张的阶段就会形成公司持有过多闲余货币资金的现象。对于贷款的发放方而言，更低的资金取得成本往往意味着更低的发放高息委托贷款的机会成本，也意味着更高的高息委托贷款收入。因此在货币政策扩张时期，企业会更倾向于将自身持有的现金以高息委托贷款的形式发放出去，据此我们提出假设4：

假设4：货币政策宽松时期企业行为更符合现金持有投机动机的预期，即货币政策宽松会提高公司的现金持有水平和是否从事高息委托贷款业务之间的正相关关系[1]。

4.2.3.2 行业投资获利能力

企业的投资的回报和公司的财务决策息息相关（张会丽和吴有红，2012），而企业的财务决策更不可能独立于企业所面临的市场。现有研究发现，我国上市公司的盈利水平在这一时间段内有显著的下降，上市公司在2007~2014年息税前利润占总资产的比例在6%~3.2%，但是同期的一年期贷款基准利率却在5%以上浮动。在这种情况下，极易出现公司抽调资金投资"副业"的情况。高息委托贷款的收益明显高于其他同类业务，最高能达到20%~25%[2]。如前文所述，对于企业而言，是否从事高息委托贷款业务是一个收益和成本的权衡过程。一方面是低于贷款基准利率的资产报酬率，另一方面是委托贷款的高额回报。产品市

---

① 虽然在货币政策宽松时期，整体上高息委托贷款的需求方能更多地从正规金融渠道借到钱，从而带来需求方数量的减少。但是由于信贷配给和信贷歧视的存在，仍然会存在某些企业无法借到钱的情况。另外，在货币政策宽松时期，上市公司从事高息委托贷款的机会成本在下降，所以在整体上仍然表现出更符合现金持有投机动机的预期。

② 几个比较典型的例子是渝开发（000514）在2009年借给重庆丽华酒店的委托贷款，其利息率为年化30%；中原高速（600020）在2012年借给生茂固态照明科技股份有限公司委托贷款，其利息率为年化27.72%。

场回报率较低的企业便容易表现出现金持有的投资动机，据此我们提出假设 5：

假设 5：产品市场回报率较低的企业会更容易表现出现金持有的投机动机，即产品市场回报率更低的企业，现金持有水平和是否从事高息委托贷款业务之间的正相关关系会更强。

4.2.3.3　产权的归属级别

企业产权的归属级别会影响企业从事高息委托贷款的行为。相对于其他企业，中央国企会有更多样的经营目标，虽然拥有大量资源，但是资源的投向可能受到国家宏观政策以及政府政治目标导向的指引（比如就业、特殊产业扶持等），呈现出多目标下利润导向削弱的现象。现有文献指出，隶属政府级别越高的国有企业越呈现出任务性特征（Bai et al.，2006；辛清泉和谭伟强，2009），夏立军和方轶强（2005）认为，中央政府要比地方政府更注重自身形象，所以无论在贷款申请还是在贷款使用方面，中央政府对所控制的企业都可能会有较高的约束，以促使资金得到更好的配置，因此越不可能简单地通过营利性来评价管理层的绩效，所以管理层也就没有动机从事高息委托贷款以提高公司利润。

相较于中央国企，地方层级的企业没有那么大的政治压力。同时由于自身规模较大，在银行眼中违约风险较低，因此在财务上能得到更多的支持，银行信贷提供也会偏向此类低风险企业（Qian，1994）。此类低风险企业即便不需要过多的贷款，仍然能以极低的资金价格从银行获得贷款（Brandt & Li，2003）。这就给了这类企业能通过资金间的投机来获得利润的机会，一方面它们能以较为容易获得的低成本资金形成企业的现金持有，另一方面它们能将资金以委托贷款的形式高利率转手给需要资金却不能从银行获得贷款、愿意付出极高资金成本的企业（比如房地产企业）。相对于中央企业来说，更小的政治压力使得地方国企拥有更大的逐利可行性。委托贷款的主要流向包括了房地产和政府 BT 项目。极少数的地方层级的企业因其特殊的身份和社会关系，也会增强其从事高息委托贷款的动机。因此我们认为产权级别更高的企业的多目标特征会导致其在委托贷款上会更加不具有现金持有的投机动机，从事高息委托贷款的可能性较小，而其余企业在从事高息委托贷款的可能性方面可能差别不大，也更有动机从事高息委托贷款活动，据此我们提出假设 6：

假设 6：中央国企更不具有现金持有的投机动机，即中央国企身份会降低现金持有水平和是否从事高息委托贷款业务之间的正相关关系。

4.3 研究设计、数据来源与描述性统计

4.3.1 研究设计

为了清晰研究企业现金持有水平和企业委托贷款可能性之间的关系，本书采取横截面回归方法进行研究，为了检验本书所提出的研究假设，本章建立了如下基本模型：

$$\text{Probit}(\text{EntrustedLoans}_t) = \delta_0 + \delta_1 \text{Cashholding}_{t-1} + \delta_i \text{ControlVariable}_t + \varepsilon_t \qquad (4\text{-}1)$$

其中，EntrustedLoans_t 定义为当年公司是否存在有利率高于同期基准利率 20% 的委托贷款，是则取 1，否则为 0。这样定义主要出于两方面考虑：①央行在 1998 年曾做出相应规定，商业银行、城市信用社对小企业的贷款利率最高上浮幅度由现行的 10% 扩大为 20%。②企业在财务报表中所披露的利率大多在基准利率 ±10% 的范围内，高于当期基准利率的 20% 是极少出现的情况。结合上述两点，我们用高于基准利率 20% 作为定义高息委托贷款的阈值。此外，Cashholding_{t-1} 是本书主要的自变量，其定义为企业上期的货币资金占总资产的比例。

针对假设 2 至假设 6，我们建立了如下基本模型：

$$\text{Probit}(\text{EntrustedLoans}_t) = \delta_0 + \delta_1 \text{Cashholding}_{t-1} + \delta_2 \text{Char}_t + \delta_3 \text{Cashholding}_{t-1} \times$$
$$\text{Char}_t + \delta_i \text{ControlVariable}_t + \varepsilon_t \qquad (4\text{-}2)$$

Char_t 包括了公司治理变量，有独立董事积极作为和企业机构投资者持股比例以及宏观变量，也包括了企业当年所面临的货币政策宽松水平、行业投资获利能力和企业产权的归属级别。货币宽松水平（MP）方面，本书用上海银行间同业拆放利率（Shanghai Interbank Offered Rate，以下简称 Shibor）来衡量。Shibor 的利率在 2007 年基本维持在 2.5% 左右，这个趋势在 2008 年保持不变，但 2008 年 10 月 Shibor 的利率急剧下降至 1% 左右，低位的趋势延续到 2010 年 6 月，2010 年 11 月 Shibor 的利率急剧上升到 8%，后续几年在 2%~4% 震荡。银行间的拆借标志着银行的资金成本，也可以反映信贷资金的供给变化（饶品贵和姜国华，2013）。因此将 2008~2009 年定义为货币政策宽松的年度（MP），赋值为 1，

否则为 0，考虑到 MP 是年度虚拟变量，所以在回归中没有加入年度固定效应。对于行业投资获利能力的衡量，本书将企业按照年度和证监会规定的行业分类，其中将制造业按照二级行业分类，并计算当年年度各行业的平均 ROA，这个指标衡量了企业所在行业的平均资产回报率，反映了企业所在行业的回报能力。这个指标越大，说明企业的所在行业平均资产回报率越高，企业也越没有动机偏离其主业，使用持有资金从事高息委托贷款。企业产权性质（Central/Local）的定义来源于公司最终控制人的背景，如果企业最终控制人是中央级别国有法人，则对 Central 取 1，否则取 0，若企业最终控制人是其他级别的国有性质法人，则对 Local 取 1，否则取 0。

在控制变量方面，参照前人研究，本书做了如下控制：

（1）Size 表示企业上年年末总资产，用于控制企业规模，我们对其取自然对数，规模越大的企业越有能力发放高息委托贷款，因此我们对此符号的预期为正。

（2）Growth 表示企业的营业收入增长率，用于控制企业的成长性，成长性越高的企业，其现金流越少，越没有闲余资金介入高息委托贷款业务，因此我们对其符号的预期为负。

（3）Lev 表示企业上年年末的负债水平，用于控制企业债务风险，资产负债率越大的企业，其融资约束越大，因此我们对其符号的预期为负。

（4）State 表示企业产权变量，我们将其定义为终极控制人的产权性质，如果最终控制人为国有性质，则取 1，否则为 0。此变量在检验企业产权的等级的假设时将用 Central 和 Local 替代。

（5）Age 表示企业上市年限，为当年与 IPO 年度之间的差值，并取自然对数。上市年限越长的公司，越处于成熟期，主业发展可能性越小，越有动机将持有现金用于投机，因此我们对其符号的预期为正。

（6）Top 表示企业前 10 位大股东持股比例之和，用于控制企业股权的集中度。

（7）Newinvt 表示企业资本支出比例，用公司当年实际新增投资支出占期末总资产比例来表示。

（8）Paydiv 表示企业现金股利，若企业当年发放的现金股利数额大于零，则取 1，否则为 0。

此外我们还控制了当年的行业和年度固定效应。主要变量定义如表 4-1 所示：

表 4-1　主要变量定义

变量名称	变量定义
EntrustedLoans$_t$	企业当年放出的委托贷款利率是否超过同期基准利率的 20%，是则取 1，否则取 0
Cashholding$_{t-1}$	企业上期的现金持有水平，用上期期末总资产标准化
Size$_t$	企业当年总资产账面值，取自然对数
Growth$_t$	企业的营业收入增长率
Lev$_t$	企业当年的资产负债率
State$_t$	企业产权变量，如果最终控制人为国有性质，则取 1，否则取 0
Age$_t$	企业上市时间长度，为当年与 IPO 年度之间差值，并取自然对数
Top$_t$	企业十大股东持股比例总和
Newinvt$_t$	企业的资本支出比例，用公司当年实际新增投资支出占期末总资产比例来表示
Paydiv$_t$	企业股利支付变量，若当年支付现金股利，则取 1，否则取 0
Opinion$_t$	独立董事积极作为，如果当年任一独立董事公开质疑的董事会议案内容，则取 1，否则取 0
Ins$_t$	机构投资者持有股票比例
MP$_t$	货币水平变量，我们定义 2008 年和 2009 年为货币政策宽松的年度，是则取 1，否则取 0
Indroa$_t$	行业的平均资产报酬率，按照行业分类（其中制造业按照二级分类）后的行业平均资产报酬率
Central$_t$	企业产权变量，如果企业最终控制人的产权级别处于中央部委及以上，则取 1，否则取 0
Local$_t$	企业产权变量，如果企业最终控制人的产权级别处于地方层次，则取 1，否则取 0

4.3.2　样本选取

本书选择 2007~2014 年 A 股上市公司为样本检验上述假设。遵照过去文献的处理方法，我们删除了 ST 和 PT 的公司、金融机构以及财务数据不完整的公司。委托贷款的资料来自上市公司对外公告和年报中的附注，我们从公告和年报的附注中收集了公司委托贷款的对象及其与公司的关系等，其余财务数据来自

CSMAR 数据库。同时,我们对相关变量在1%的水平上做了处理,以保证结果不受极端值影响。

4.3.3 样本描述性统计

样本的描述性统计如表4-2所示。表4-2显示,约有1.8%的公司参与发放高息贷款业务,公司上期现金持有大约占企业期初总资产的19.3%。平均的资产负债率为46.8%,独立董事持有异议的样本占总样本的2.13%。这个和叶康涛等(2011)的发现较为一致,机构投资者的平均持股比例为18.6%,约有47.1%的样本公司是国有企业,样本中有5.3%为中央级别的国有企业,地方级别的大企业占41.8%,行业投资获利能力为3.8%。

表4-2 描述性统计

变量	观测值	均值	标准差	最小值	25%分位数	50%分位数	75%分位数	最大值
$EntrustedLoans_t$	11307	0.018	0.131	0.000	0.000	0.000	0.000	1.000
$Cashholding_{t-1}$	11307	0.193	0.141	0.013	0.093	0.156	0.253	0.680
$Size_t$	11307	21.967	1.217	19.679	21.083	21.800	22.668	25.683
$Growth_t$	11307	0.185	0.417	-0.551	-0.016	0.121	0.282	2.712
Lev_t	11307	0.468	0.204	0.055	0.314	0.477	0.627	0.887
$State_t$	11307	0.471	0.499	0.000	0.000	0.000	1.000	1.000
Age_t	11307	2.219	0.611	1.099	1.609	2.398	2.708	3.091
Top_t	11307	0.555	0.156	0.207	0.444	0.563	0.671	0.896
$Newinvt_t$	11307	0.042	0.077	-0.105	-0.004	0.020	0.067	0.378
$Paydiv_t$	11307	0.681	0.466	0.000	0.000	1.000	1.000	1.000
$Opinion_t$	11307	0.021	0.144	0.000	0.000	0.000	0.000	1.000
Ins_t	11307	0.186	0.186	0.038	0.121	0.281	0.753	0.753
MP_t	11307	0.165	0.371	0.000	0.000	0.000	0.000	1.000
$Indroa_t$	11307	0.038	0.012	-0.002	0.031	0.037	0.048	0.081
$Central_t$	11307	0.053	0.224	0.000	0.000	0.000	0.000	1.000
$Local_t$	11307	0.418	0.493	0.000	0.000	0.000	1.000	1.000

4.4 实证结果

4.4.1 现金持有的投机动机检验

现金持有的投机动机认为，上市公司取得资金的能力较高、成本低，可以形成大量的现金持有。对于上市公司而言，在委托贷款高额回报的吸引下，上市公司将资金贷出，做资金的投机，获取利益。因此我们会发现 Cashholding$_{t-1}$ 和 EntrustedLoans$_t$ 之间存在显著的正相关关系。表 4-3 记录了上述假设的检验结果。结果显示，Cashholding$_{t-1}$ 和 EntrustedLoans$_t$ 之间系数为 1.207，并且在 5% 的水平上显著，在全部变量均值处计算的边际效应也显著为正，这意味着企业上期现金持有水平在均值处增加一个单位，企业从事高息委托贷款的可能性将上升 1.5%。以上结果表明，具有越高的期初现金持有水平，越有可能在当期出现高息委托贷款，持有越多现金的公司越可能出现资金投机的行为，即持有大量现金的企业更可能出于依托自己融资便利，从事资金投机活动。

表 4-3 现金持有的投机动机检验

变量	EntrustedLoans$_t$	
	回归系数	边际效应
Cashholding$_{t-1}$	1.207**	0.015**
	(2.16)	(1.97)
Size$_t$	0.272**	0.003***
	(2.49)	(2.70)
Growth$_t$	-0.277	-0.003
	(-0.99)	(-1.01)
Lev$_t$	-1.209	-0.015
	(-0.86)	(-0.91)
State$_t$	-0.360**	-0.004**
	(-2.43)	(-2.19)

变量	EntrustedLoans$_t$	
	回归系数	边际效应
Age$_t$	0.770 ***	0.009 ***
	(2.58)	(2.79)
Top$_t$	−1.125	−0.014
	(−1.02)	(−1.01)
Newinvt$_t$	−1.082	−0.013
	(−0.60)	(−0.60)
Paydiv$_t$	0.357	0.004
	(1.22)	(1.26)
常数项	−10.319 ***	
	(−5.95)	
行业固定效应	控制	
年度固定效应	控制	
观测值	11307	
Pesudo-R^2	0.077	

注：表中回归方程为 Probit（EntrustedLoans$_t$）= δ_0 + δ_1 Cashholding$_{t-1}$ + δ_i ControlVariable$_t$ + ε_t。其中因变量为 EntrustedLoans$_t$，定义为企业当年放出的委托贷款利率是否超过同期基准利率的 20%，是则取 1，否则取 0。自变量为 Cashholding$_{it-1}$，是企业上期的现金持有水平，用上期期末总资产标准化。Size$_t$ 是企业当年总资产账面值，取自然对数。TobinQ$_t$ 是企业的市值账面比。Lev$_t$ 是企业当年的资产负债率。State$_t$ 是企业产权变量，如果最终控制人为国有性质，则取 1，否则为 0。Age$_t$ 是企业上市时间长度，为当年与 IPO 年度之间差值，并取自然对数。回归中还控制了行业和年度固定效应。*** 、** 、* 分别表示在 1%、5%、10% 水平上显著。回归采用了 Gow 等（2010）的方法，按公司和年度做了聚类。

在其他控制变量方面，企业的规模 Size$_t$ 和 EntrustedLoans$_t$ 之间显著正相关，这说明企业规模越大，越有可能从事高息委托贷款活动。企业上市时间程度 Age$_t$ 和 EntrustedLoans$_t$ 之间显著正相关，说明企业上市时间越久，越有可能从事高息委托贷款活动，这个结果说明企业的生命周期对是否从事高息委托贷款有显著的影响。此外，企业国有产权变量 State$_t$ 和 EntrustedLoans$_t$ 之间显著负相关，说明企业经营的多目标性使其更不可能从事高息委托贷款。

4.4.2 公司治理结构

独立董事对企业现金持有投机动机的影响结果如表 4-4 所示。表 4-4 中的回归（1）结果显示，独立董事积极作为和期初现金持有水平交乘项的回归系数为-15.893，在1%的水平上显著，在全部变量均值处计算的边际效应也显著为负，这意味着，若存在独立董事积极作为，企业参与高息委托贷款的可能性将下降18.9%，说明独立董事的积极作为会降低企业现金持有的投机动机。独立董事存在对董事会议案提出异议的情况，企业期初现金持有水平和从事高息委托贷款之间的正相关关系就越弱，符合假设2的预期。结果也符合叶康涛等（2011）的发现，他们认为，当公司的议案可能损害股东利益和公司价值时，独立董事将采取更为积极的行动来校正公司的经营决策。

表4-4 现金持有的投机动机——公司治理

变量	(1)		(2)	
	$EntrustedLoans_t$	边际效应	$EntrustedLoans_t$	边际效应
$Cashholding_{t-1}$	1.244	0.015	2.460**	0.030*
	(0.84)	(0.83)	(1.99)	(1.95)
$Opinion_t$	2.167	0.080		
	(1.60)	(0.72)		
$Opinion_t \times Cashholding_{t-1}$	-15.893***	-0.189***		
	(-2.93)	(-2.67)		
Ins_t			1.302	0.016
			(0.90)	(0.90)
$Ins_t \times Cashholding_{t-1}$			-6.899*	-0.083*
			(-1.84)	(-1.85)
$Size_t$	0.276***	0.003***	0.275***	0.003**
	(2.62)	(2.78)	(2.70)	(2.48)
$Growth_t$	-0.277	-0.003	-0.276	-0.003
	(-0.92)	(-0.91)	(-0.97)	(-0.96)
Lev_t	-1.237	-0.015	-1.128	-0.014
	(-1.35)	(-1.50)	(-0.94)	(-0.96)
$State_t$	-0.361	-0.004	-0.364*	-0.004*
	(-1.56)	(-1.59)	(-1.80)	(-1.72)
Age_t	0.769***	0.009***	0.773**	0.009***
	(3.34)	(4.26)	(2.48)	(2.59)

续表

变量	(1)		(2)	
	EntrustedLoans$_t$	边际效应	EntrustedLoans$_t$	边际效应
Top$_t$	−1.139*	−0.014*	−1.136	−0.014
	(−1.91)	(−1.76)	(−1.10)	(−1.07)
Newinvt$_t$	−1.045	−0.012	−1.192	−0.014
	(−0.91)	(−0.90)	(−0.73)	(−0.72)
Paydiv$_t$	0.364	0.004	0.361	0.004
	(1.09)	(1.07)	(1.17)	(1.19)
常数项	−10.383***		−10.687***	
	(−5.54)		(−5.72)	
行业固定效应	控制		控制	
年度固定效应	控制		控制	
观测值	11307		11307	
Pesudo-R^2	0.078		0.080	

注：表中回归方程为 Probit（EntrustedLoans$_t$）= δ_0 + δ_1 Cashholding$_{t-1}$ + δ_2 Char$_t$ + δ_3 Cashholding$_{t-1}$ × Char$_t$ + δ_i ControlVariable$_t$ + ε_t。其中因变量为 EntrustedLoans$_t$，定义为企业当年放出的委托贷款利率是否超过同期基准利率的 20%，是则取 1，否则取 0。自变量为 Cashholding$_{t-1}$，是企业上期的现金持有水平，用上期期末总资产标准化。Char$_t$ 包括了 Opinion$_t$、独立董事积极作为。Ins$_t$ 分别表示机构投资者持有股票比例。其余变量与表 4-3 相同。***、**、*分别表示在 1%、5%、10%水平上显著。回归采用了 Gow 等（2010）的方法，按公司和年度做了聚类。

　　机构投资者对企业现金持有投机动机影响的实证结果如表 4-4 中的回归（2）所示。结果表明，Ins$_t$ × Cashholding$_{t-1}$ 的回归系数为−6.899，在 10%的水平上显著，在全部变量均值处计算的边际效应也显著为负，意味着在均值处，Ins$_t$ 增加一个单位，参与高息委托贷款的概率将下降 8.3%，说明机构投资者的存在会降低企业现金持有的投机动机。回归结果符合假设 3 的预期，也符合过去的研究结果，李争光等（2015）认为机构投资者能有效缓解公司的代理冲突，发挥积极的治理作用。

　　以上回归结果表明，企业的独立董事积极作为和机构投资者的存在，都会降低企业现金持有的投机动机，表现为独立董事积极作为和更高的机构投资者持股比例会降低企业期初现金持有和当期从事高息委托贷款之间的正相关关系。上述结果从侧面印证了我们先前的判断，以投机为目的的现金持有可能是源于管理层的私利，而并非是为了股东的利益。这个也与余琰和李怡宗（2016）的研究结论相一致，他们认为从事高息委托贷款降低了企业的创新活动，存在主营业务空心化的可能。

4.4.3　外部影响因素的检验

4.4.3.1　信贷充裕程度

表4-5中的回归（1）显示了假设4的检验结果。假设4主要讨论了信贷充裕程度、企业现金持有和从事高息委托贷款之间的关系。我们预期，企业在货币政策宽松时期能以更低的成本获得资金，因此也更有动机参与高息委托贷款业务，因此 MP_t 和 $Cashholding_{t-1}$ 的交乘项的回归系数显著为正。结果显示，MP_t 和 $Cashholding_{t-1}$ 的交乘项的系数为 4.801，并且 t=5.11，在1%的水平上显著，而且在均值处计算的边际效应也显著为正，这意味着，当年若是货币政策宽松年度，企业从事高息委托贷款的可能性将上升5%。上述结果说明在货币政策宽松时，企业在高息委托贷款上会更符合现金持有投机动机假设的预期。祝继高和陆正飞（2009）也发现，货币政策宽松时企业会降低自己现金的持有水平。对于企业而言，货币政策宽松意味着更低的现金持有机会成本，企业也会提高现金持有投机动机，参与高息委托贷款业务。值得注意的是，表中 $Cashholding_{t-1}$ 的系数并不显著，但是 MP_t 和 $Cashholding_{t-1}$ 的交乘项却显著为正，这种结果意味着企业的现金持有的投机动机和货币政策紧密相关，货币政策宽松时期企业的投机动机尤为明显。

4.4.3.2　行业投资获利能力

在假设5中我们预期，行业投资获利能力和从事高息委托贷款之间存在负相关关系，处于产品市场回报率较低的企业较有动机将持有现金以委托贷款的形式发放出去。表4-5中的回归（2）显示了假设5的检验结果。结果显示，$Indroa_t$ 和 $Cashholding_{t-1}$ 的回归系数在1%的水平上显著为负，系数为 -160.711，全部变量均值处计算的边际效应也显著为负，说明产品市场回报率较高的企业在委托贷款上会比较符合假设5的预期，更表现出公司现金持有水平和高息委托贷款倾向之间存在负相关关系，从边际效应也可以看出，行业投资获利的能力对企业现金持有的投机动机具有十分显著的抑制作用。祝继高和陆正飞（2009）的研究发现，高成长企业会增加更多的现金持有来满足未来投资需求。行业投资获利能力强意味着未来更高的发展空间和更大的机会成本,所以企业所处行业的投资获利能力能抑制企业的现金持有的投机动机。

4.4.3.3 产权的级别

表4-5中的回归(3)报告了企业产权的政治层级、企业现金持有和从事高息委托贷款之间的结果。结果显示,$Central_t \times Cashholding_{t-1}$ 的回归系数为 −9.204,t值为−2.27,在全部变量均值处的边际效应也显著为负,意味着如果企业的产权级别为中央级别,企业参与高息委托贷款的概率将下降13.7%。上述结果表明,若企业的产权级别为中央级别,公司的期初现金持有水平和从事高息委托贷款业务之间的正相关关系会下降。该结果符合先前的预期,相对于其余企业,具有多目标性的企业的盈利动机被削弱,减少了企业自身的套利冲动。夏立军和方轶强(2005)的研究也认为,中央政府更注意自身形象,其所管企业更少地破坏企业价值、侵占股东利益。

表 4-5 外部影响因素的检验

变量	(1)		(2)		(3)	
	EntrustedLoans$_t$	边际效应	EntrustedLoans$_t$	边际效应	EntrustedLoans$_t$	边际效应
Cashholding$_{t-1}$	0.017	0.000	7.609***	0.095***	0.122	0.002
	(0.02)	(0.02)	(2.96)	(3.01)	(0.12)	(0.12)
MP$_t$	−0.595	−0.005				
	(−1.34)	(−1.19)				
MP$_t \times$ Cashholding$_{t-1}$	4.801***	0.050***				
	(5.11)	(2.92)				
Indroa$_t$			69.174***	0.865***		
			(5.56)	(4.06)		
Indroa$_t \times$ Cashholding$_{t-1}$			−160.711***	−2.009***		
			(−3.67)	(−4.17)		
Central$_t$					−0.059	−0.001
					(−0.11)	(−0.11)
Central$_t \times$ Cashholding$_{t-1}$					−9.204**	−0.137**
					(−2.27)	(−2.53)
Local$_t$					−0.339	−0.005
					(−1.24)	(−1.28)

续表

变量	（1）		（2）		（3）	
	EntrustedLoans$_t$	边际效应	EntrustedLoans$_t$	边际效应	EntrustedLoans$_t$	边际效应
Local$_t$× Cashholding$_{t-1}$					0.548	0.008
					(0.52)	(0.52)
Size$_t$	0.315***	0.003***	0.286***	0.004***	0.150*	0.002*
	(3.04)	(2.94)	(2.77)	(3.13)	(1.65)	(1.69)
Growth$_t$	−0.453	−0.005	−0.318	−0.004	−0.431*	−0.006*
	(−1.55)	(−1.26)	(−1.03)	(−1.02)	(−1.87)	(−1.87)
Lev$_t$	−1.229	−0.013	−1.164	−0.015	−0.783	−0.012
	(−1.30)	(−1.38)	(−1.26)	(−1.42)	(−1.26)	(−1.30)
State$_t$	−0.476**	−0.005**	−0.345	−0.004		
	(−2.00)	(−2.17)	(−1.52)	(−1.57)		
Age$_t$	0.855***	0.009***	0.735***	0.009***	0.246	0.004
	(2.88)	(4.52)	(3.22)	(4.09)	(1.05)	(1.10)
Top$_t$	−1.047*	−0.011	−1.166**	−0.015*	−1.240***	−0.018**
	(−1.76)	(−1.40)	(−1.96)	(−1.81)	(−2.71)	(−2.56)
Newinvt$_t$	−1.018	−0.011	−1.189	−0.015	−2.055**	−0.031*
	(−0.87)	(−0.81)	(−1.04)	(−1.01)	(−1.96)	(−1.92)
Paydiv$_t$	0.398	0.004	0.340	0.004	0.287	0.004
	(1.13)	(1.06)	(1.01)	(0.98)	(1.32)	(1.42)
常数项	−11.715***		−12.857***		−6.221***	
	(−4.81)		(−7.05)		(−3.10)	
行业固定效应	控制		控制		控制	
年度固定效应	不控制		控制		控制	
观测值	11307		11307		11307	
Pesudo-R^2	0.083		0.087		0.081	

注：表中回归方程为 Probit（EntrustedLoans$_t$）＝δ_0＋δ_1Cashholding$_{t-1}$＋δ_2Char$_t$＋δ_3Cashholding$_{t-1}$×Char$_t$＋δ_iControlVariable$_t$＋ε_t。其中因变量为 EntrustedLoans$_t$，定义为企业当年放出的委托贷款利率是否超过同期基准利率的20%，是则取1，否则取0。自变量为 Cashholding$_{t-1}$，是企业上期的现金持有水平，用上期期末总资产标准化。Char$_t$ 包括了 Mp$_t$，即货币政策水平变量，2008～2009年定义为货币政策宽松的年度。Indroa$_t$ 为行业的平均资产报酬率，即按照行业分类（其中制造业按照二级分类）后的行业平均资产报酬率。Central$_t$ 为企业产权变量，如果企业最终控制人的产权级别处于中央部委及以上，则取1，否则取0。Df$_t$ 为企业产权变量，如果企业最终控制人的产权级别处于地方层次，则取1，否则取0。其余变量与表4-3相同。***、**、*分别表示在1%、5%、10%水平上显著。回归采用了 Gow 等（2010）的方法，按公司和年度做了聚类。

综上所述，以上回归结果表明，当货币政策宽松时，企业上期的现金持有水平和当期从事高息委托贷款活动的相关关系会有所增强，但是行业投资的获利能力越高和企业产权的产权级别越高则越会降低这种相关关系。

总体而言，企业上期现金持有水平和从事高息委托贷款活动之间存在显著相关关系。企业持有越多的现金，越可能存在投机冲动，从而介入高息委托贷款活动，这符合现金持有投机动机的预期。进一步分析的结果显示，在公司治理结构方面，独立董事积极作为和机构投资者比例的提高都能降低公司现金持有的投机动机；外部影响因素方面，货币政策宽松时期现金持有的投机动机会增强，但是行业投资的获利能力越高和企业的产权级别层级越高则会削弱期初现金持有和从事高息委托贷款之间的正相关关系。

4.5　进一步分析

4.5.1　现金持有投机动机与委托贷款特征

本书进一步考虑不同委托贷款的特征的影响。参与的频繁程度、贷款期限长短和贷款对象都有可能对企业现金持有的投机动机造成影响。因此本书引入 3 个关于企业高息委托贷款发放的特征，分别是：①高息委托贷款发放的笔数（$Number_t$），用当年发放的高息委托贷款总笔数进行衡量；②高息委托贷款的期限（$Maturity_t$），用当年发放的高息委托贷款发放的平均月度期限进行衡量；③高息委托贷款的对象（$Unrelated_t$），如果当年高息委托贷款发放对象存在非关联企业，则 $Unrelated_t = 2$，如果当年高息委托贷款发放对象都是关联企业，则 $Unrelated_t = 1$，同样，我们将未发生高息委托贷款的公司赋值为 0 并作为基础比较对象。我们将这三个变量作为被解释变量代入模型中，对企业参与高息委托贷款进行全方位考察。

回归结果如表 4-6 和表 4-7 所示，表 4-6 中回归（1）和回归（2）采用 OLS 回归，表 4-7 采用多项 Logit（Mlogit）回归。结果显示，表 4-6 中 $Cashholding_{t-1}$ 和 $Number_t$ 之间系数显著为正，说明企业上期持有现金水平越高，当期发放的高息委托贷款笔数就越多。Cashholding$_{t-1}$ 和 Maturity$_t$ 系数为 -0.230，t 值为 -1.95，意味着企业上期现金持有水平越高，越喜欢从事短期的高息委托贷款活动。表 4-7 中，两组中的 Cashholding$_{t-1}$ 和 Unrelated$_t$ 的系数都显著为正，但是存在非关联方组的系数大于不存在非关联方组的系数，同时表中显示，两组系数比较的结果 Chi2 为 3.31，在 10% 的水平上显著，这意味着不存在非关联方组和存在非关联方组之间的回归系数存在显著差异。说明企业上期现金持有水平越高，越能同时提高企业发放高息委托贷款给关联方和非关联方的可能性，但是企业给非关联方发放委托贷款的意愿会更高。

表 4-6　高息委托贷款发放的笔数和贷款的期限

变量	(1)	(2)
	Number$_t$	Maturity$_t$
Cashholding$_{t-1}$	0.030**	-0.230*
	(2.15)	(-1.95)
Size$_t$	0.007**	0.092***
	(2.34)	(2.80)
Growth$_t$	-0.003	-0.074*
	(-0.82)	(-1.76)
Lev$_t$	-0.026	-0.365**
	(-1.48)	(-2.17)
State$_t$	-0.005*	-0.049
	(-1.82)	(-1.00)
Age$_t$	0.005	0.030
	(0.91)	(0.51)
Top$_t$	0.063	0.374
	(0.52)	(0.73)
Newinvt$_t$	-0.008	-0.104
	(-0.38)	(-0.79)
Paydiv$_t$	-0.015	-0.681***
	(-0.52)	(-3.32)
常数项	-0.001	0.036
	(-0.22)	(1.20)

续表

变量	（1）	（2）
	Number$_t$	Maturity$_t$
行业固定效应	控制	控制
年度固定效应	控制	控制
观测值	11307	11307
调整后的 R^2	0.017	0.012

注：***、**、*分别表示在1%、5%、10%水平上显著。

表 4-7 高息委托贷款的对象

变量	（1）不存在非关联方组	（2）存在非关联方组
Cashholding$_{t-1}$	2.700*	3.779*
	(1.79)	(1.82)
Size$_t$	0.517**	0.344
	(2.53)	(1.28)
Growth$_t$	0.222	−0.264
	(0.62)	(−0.41)
Lev$_t$	−2.220*	0.099
	(−1.70)	(0.06)
State$_t$	−0.823*	0.702
	(−1.92)	(1.14)
Age$_t$	0.369	−0.260
	(0.78)	(−0.42)
Top$_t$	0.260	−2.460
	(0.18)	(−1.32)
Newinvt$_t$	−0.540	−0.314
	(−0.20)	(−0.11)
Paydiv$_t$	−0.080	0.769
	(−0.18)	(1.26)
常数项	−33.178	−13.151**
	(−0.01)	(−2.28)
行业固定效应	控制	控制

续表

变量	（1）不存在非关联方组	（2）存在非关联方组
年度固定效应	控制	控制
观测值	11307	
Pesudo-R^2	0.165	
该组包含样本数	146	52
Cashholding$_{t-1}$ 系数比较		
Chi2	3.31	
P 值	0.0687	

注：表中回归方程为 $Loans_t = \delta_0 + \delta_1 Cashholding_{t-1} + \delta_i ControlVariable_t + \varepsilon_{it}$。其中因变量有三个：①高息委托贷款发放的笔数（$Number_t$），用当年发放的高息委托贷款总笔数进行衡量；②高息委托贷款的期限（$Maturity_t$），用当年发放的高息委托贷款发放的平均月度期限进行衡量；③高息委托贷款的对象（$Unrelated_t$），如果当年高息委托贷款发放对象存在非关联企业，则 $Unrelated_t = 2$，如果当年高息委托贷款发放对象都是关联企业，则 $Unrelated_t = 1$。同样地，我们将未发生高息委托贷款的公司赋值为0，并作为基础比较对象0。自变量 $Cashholding_{t-1}$ 是企业上期的现金持有水平，用上期期末总资产标准化。其余变量与表 4-3 相同。***、**、* 分别表示在 1%、5%、10% 水平上显著。回归采用了 Gow 等（2010）的方法，按公司和年度做了聚类。

4.5.2 高息委托贷款对企业绩效的影响

我们进一步考察高息委托贷款对企业会计绩效和市场绩效的影响，按照目前研究的通行做法（贺炎林等，2014；邵帅和吕长江，2015；刘少波和马超，2016），会计绩效采用企业的资产报酬率（ROA）衡量；市场绩效采用企业的 TobinQ 衡量。我们考察 t 期、t+1 期、t+3 期和 t+5 期的情况，并将其作为被解释变量，自变量为 $EntrustedLoans_t$，控制变量与模型（1）相同，采用 OLS 回归，并且在公司和年度上聚类。

相关结果如表 4-8 所示。表中结果显示，$EntrustedLoans_t$ 和 ROA_t 之间的系数并不显著，但是与 t+1 期、t+3 期和 t+5 期的 ROA 的系数都显著为负，说明从事高息委托贷款的企业，其长期会计绩效会受到负面影响。市场绩效方面，$EntrustedLoans_t$ 前的系数显著为负，说明从事高息委托贷款当期和长期的市场绩效都会受到负面影响。这个也与余琰和李怡宗（2016）的研究结论相一致，他们发现从事高息委托贷款会降低企业未来的经营业绩。

表 4-8　高息委托贷款对企业绩效的影响

	企业会计绩效			
变量	ROA_t	ROA_{t+1}	ROA_{t+3}	ROA_{t+5}
EntrustedLoans$_t$	−0.002	−0.019*	−0.009*	−0.020*
	(−0.57)	(−1.96)	(−1.78)	(−1.81)
Size$_t$	0.017	−0.013	0.001	−0.002
	(1.35)	(−0.40)	(0.98)	(−1.37)
Growth$_t$	0.012	0.089	0.007***	0.003
	(1.24)	(0.98)	(3.46)	(1.04)
Lev$_t$	−0.179***	0.004	−0.066***	−0.044***
	(−2.70)	(0.02)	(−6.60)	(−4.41)
State$_t$	−0.014	−0.036	−0.006**	−0.008**
	(−1.21)	(−1.63)	(−2.55)	(−2.12)
Age$_t$	0.003	0.034	0.006**	0.006**
	(0.49)	(1.06)	(2.53)	(2.31)
Top$_t$	0.015	0.161	0.043***	0.040***
	(0.82)	(1.17)	(4.85)	(4.99)
Newinvt$_t$	0.044**	−0.250	−0.042*	−0.030**
	(2.52)	(−0.89)	(−1.73)	(−2.00)
Paydiv$_t$	0.037***	0.036***	0.020***	0.014***
	(14.64)	(7.43)	(7.91)	(6.68)
常数项	−0.307	0.216	0.011	0.070**
	(−1.36)	(0.36)	(0.42)	(2.22)
行业固定效应	控制	控制	控制	控制
年度固定效应	控制	控制	控制	控制
观测值	11307	11307	6969	3,939
调整后的 R^2	0.010	0.007	0.019	0.077
	企业市场绩效			
变量	$TobinQ_t$	$TobinQ_{t+1}$	$TobinQ_{t+3}$	$TobinQ_{t+5}$
EntrustedLoans$_t$	−0.190**	−0.187**	−0.197**	−0.510***
	(−2.51)	(−1.98)	(−1.97)	(−6.11)
Size$_t$	−0.390***	−0.453***	−0.694***	−0.767***
	(−5.84)	(−7.06)	(−4.84)	(−4.02)

	企业市场绩效			
变量	$TobinQ_t$	$TobinQ_{t+1}$	$TobinQ_{t+3}$	$TobinQ_{t+5}$
$Growth_t$	0.209***	0.186***	0.260	−0.100
	(5.67)	(2.66)	(1.13)	(−1.37)
Lev_t	−2.709***	−2.278***	−1.894***	−1.066***
	(−8.79)	(−13.69)	(−4.17)	(−2.89)
$State_t$	−0.121**	−0.147***	−0.297***	−0.373***
	(−2.57)	(−3.48)	(−2.96)	(−2.78)
Age_t	0.245***	0.200***	0.120	0.276***
	(3.51)	(3.39)	(1.64)	(3.23)
Top_t	1.307***	1.098***	1.023***	0.992***
	(5.41)	(6.81)	(3.26)	(4.26)
$Newinvt_t$	1.038***	0.130	−0.745	−0.718**
	(4.29)	(0.70)	(−1.04)	(−2.08)
$Paydiv_t$	−0.015	−0.035	−0.220*	−0.315***
	(−0.42)	(−0.72)	(−1.65)	(−3.32)
常数项	10.504***	13.212***	18.410***	18.515***
	(6.81)	(9.42)	(5.20)	(4.03)
行业固定效应	控制	控制	控制	控制
年度固定效应	控制	控制	控制	控制
观测值	11307	11307	6969	3,939
调整后的 R^2	0.434	0.421	0.291	0.253

注：表中回归方程为 $Performance_t = \delta_0 + \delta_1 EntrustedLoans_t + \delta_i ControlVariable_t + \varepsilon_{it}$。其中因变量包括了企业会计绩效和市场绩效，具体来说，会计绩效采用企业的资产报酬率（ROA）衡量，市场绩效采用企业的TobinQ衡量。我们考察 t 期、t+1 期、t+3 期和 t+5 期的情况。自变量为 $EntrustedLoans_t$，定义为企业当年放出的委托贷款利率是否超过同期基准利率的20%，是则取1，否则取0。其余变量与表4-3相同。***、**、*分别表示在1%、5%、10%水平上显著。回归采用了 Gow 等（2010）的方法，按公司和年度做了聚类。

4.5.3 高息委托贷款的投资挤出效应

我们进一步分析高息委托贷款是否会挤占企业正常的投资机会，如果存在对于企业正常投资的挤占，高息委托贷款就符合代理问题的逻辑。我们采用 Richardson（2006）的方法计算出企业正常的新增投资（Ninvt），将其作为因变量，并将 EntrustedLoans$_t$ 以及现金水平作为自变量，Cashholding$_{t-1}$ 是企业上期的现金持有水平，使用上期期末总资产进行标准化。在第（2）和第（3）列中，我们将其替换成超额现金持有，在此采取两种方式进行度量：一种是采用超过当年行业均值的部分来衡量企业的超额现金持有水平（Excess1Cashholding$_{t-1}$），另一种是采取超过当年行业中位数的部分来衡量企业的超额现金持有水平（Excess2Cashholding$_{t-1}$）。结果如表4-9所示，表中 EntrustedLoans$_t$ 的系数表明在控制各种因素下，EntrustedLoans$_t$ 越多，新增投资越少，这意味着发放高息贷款对正常的投资机会存在挤占。

表4-9　高息委托贷款的投资挤出效应

变量	（1）Ninvt	（2）Ninvt	（3）Ninvt
EntrustedLoans$_t$	−0.003 *	−0.003 *	−0.003 *
	(−1.70)	(−1.71)	(−1.73)
Cashholding$_{t-1}$	0.035 ***		
	(6.02)		
Excess1Cashholding$_{t-1}$		0.033 ***	
		(6.03)	
Excess2Cashholding$_{t-1}$			0.034 ***
			(6.32)
Size$_t$	0.007 ***	0.007 ***	0.007 ***
	(8.72)	(8.66)	(8.66)
Growth$_t$	0.008 ***	0.008 ***	0.008 ***
	(7.39)	(7.48)	(7.50)
Lev$_t$	−0.022 ***	−0.022 ***	−0.022 ***
	(−9.38)	(−9.56)	(−9.23)
State$_t$	−0.003 **	−0.003 **	−0.003 **
	(−2.12)	(−2.10)	(−2.09)
Age$_t$	−0.028 ***	−0.028 ***	−0.028 ***
	(−25.16)	(−25.19)	(−25.37)
Top$_t$	0.003	0.003	0.003
	(0.77)	(0.79)	(0.79)

续表

变量	（1）	（2）	（3）
	Ninvt	Ninvt	Ninvt
$Paydiv_t$	0.002 **	0.002 **	0.002 **
	(2.51)	(2.53)	(2.51)
常数项	−0.018	−0.005	−0.006
	(−1.08)	(−0.32)	(−0.35)
行业固定效应	控制	控制	控制
年度固定效应	控制	控制	控制
观测值	11103	11103	11103
调整后的 R^2	0.368	0.367	0.368

注：表中回归方程为 $Ninvt_{it} = \delta_0 + \delta_1 EntrustedLoans_{it} + \delta_i ControlVariable_{it} + \varepsilon_{it}$。其中因变量为采用 Richardson（2006）的方法计算出企业正常的新增投资（Ninvt）。自变量为 $EntrustedLoans_{it}$，定义为企业当年放出的委托贷款利率是否超过同期基准利率的 20%，是则取 1，否则取 0。$Cashholding_{it-1}$ 是企业上期的现金持有水平，用上期期末总资产标准化。在第（2）和第（3）列中，我们将其替换成超额现金持有。其余变量与表4-3相同。***、**、* 分别表示在 1%、5%、10% 水平上显著。回归采用了 Gow 等（2010）的方法，按公司和年度做了聚类。

4.6　稳健性检验

4.6.1　改变控制变量期数

在上述检验中，我们采用的控制变量为 t 期，而主要解释变量为 t−1 期，如果企业决策是依据上期期末的因素来进行的，这可能带来控制变量和解释变量之间期限不配比的问题。我们采用 t−1 期的控制变量重新估计本书的全部回归结果，结果如表 4-10 所示，表中显示，$Cashholding_{t-1}$ 的系数仍然为正，系数为 1.854，并且在 5% 的水平上显著。其余的回归结果和表 4-3、表 4-4、表 4-5 的结果也没有显著不同，这说明控制变量的期限选取对本书没有显著影响。

表 4-10 稳健性检验——改变控制变量期数

变量	（1）Entrusted Loans$_t$	（2）Entrusted Loans$_t$	（3）Entrusted Loans$_t$	（4）Entrusted Loans$_t$	（5）Entrusted Loans$_t$	（6）Entrusted Loans$_t$
Cashholding$_{t-1}$	1.854**	0.945	0.708	−0.296	7.400***	−0.243
	(1.98)	(0.68)	(0.72)	(−0.44)	(2.82)	(−0.24)
Opinion$_t$		2.129				
		(1.63)				
Opinion$_t$× Cashholding$_{t-1}$		−15.180***				
		(−2.78)				
Ins$_t$			0.345			
			(0.81)			
Ins$_t$×Cashholding$_{t-1}$			−18.597***			
			(−3.72)			
MP$_t$				−0.564		
				(−1.27)		
MP$_t$×Cashholding$_{t-1}$				4.931***		
				(5.29)		
Indroa$_t$					69.137***	
					(5.26)	
Indroa$_t$×Cashholding$_{t-1}$					−163.300***	
					(−3.59)	
Central$_t$						0.334
						(0.52)
Central$_t$×Cashholding$_{t-1}$						−9.082**
						(−2.43)
Local$_t$						0.064
						(0.32)
Local$_t$×Cashholding$_{t-1}$						0.579
						(0.54)
控制变量	控制	控制	控制	控制	控制	控制
行业固定效应	控制	控制	控制	控制	控制	控制
年度固定效应	控制	控制	控制	不控制	控制	控制

续表

变量	（1） Entrusted Loans$_t$	（2） Entrusted Loans$_t$	（3） Entrusted Loans$_t$	（4） Entrusted Loans$_t$	（5） Entrusted Loans$_t$	（6） Entrusted Loans$_t$
观测值	11307	11307	11307	11307	11307	11307
Pesudo−R^2	0.090	0.082	0.084	0.086	0.091	0.085

注：表中回归方程为 Probit （EntrustedLoans$_t$）$= \delta_0 + \delta_1$ Cashholding$_{t-1}$ $+ \delta_2$ Char$_t$ $+ \delta_3$ Cashholding$_{t-1}$ × Char$_t$ $+ \delta_i$ ControlVariable$_t + \varepsilon_t$。其中因变量为 EntrustedLoans$_t$，定义为企业当年放出的委托贷款利率是否超过同期基准利率的20%，是则取1，否则取0。Cashholding$_{t-1}$ 是企业上期的现金持有水平，用上期期末总资产标准化。Char$_t$ 包括：Opinion$_t$，独立董事积极作为；Ins$_t$，机构投资者持有股票比例；Mp$_t$，货币政策水平变量，2008~2009年定义为货币政策宽松的年度；Indroa$_t$，行业的平均资产报酬率，即按照行业分类（其中制造业按照二级分类）后的行业平均资产报酬率；Central$_t$，企业产权变量，如果企业最终控制人的产权级别处于中央部委及以上，则取1，否则取0；Df$_t$，企业产权变量，如果企业最终控制人的产权级别处于地方层次，则取1，否则取0。Size$_{t-1}$ 是企业 t−1 年总资产账面值，取自然对数。TobinQ$_{t-1}$ 是企业 t−1 年的市值账面比。Lev$_{t-1}$ 是企业 t−1 年的资产负债率。State$_{t-1}$ 是企业 t−1 年产权变量，如果最终控制人为国有性质，则取1，否则取0。Age$_{t-1}$ 是企业 t−1 年上市时间长度，为当年与 IPO 年度之间的差值，并取自然对数。回归中还控制了行业和年度固定效应。其余变量与表 4−3 相同。***、**、* 分别表示在1%、5%、10%水平上显著。回归采用了 Gow 等（2010）的方法，按公司和年度做了聚类。

4.6.2　超额现金持有与投机动机

现有文献对于现金持有的度量，还采用了超额现金持有水平作为度量标准（张会丽和吴有红，2012）。因此，我们还将企业期初的现金持有水平用期初的超额现金持有进行替代。超额现金持有的计算我们采取两种方式度量：一种是采用超过当年行业均值的部分来衡量企业的超额现金持有水平（Excess1Cashholding$_{t-1}$），另一种是采用超过当年行业中位数的部分来衡量企业的超额现金持有水平（Excess2Cashholding$_{t-1}$）。结果如表 4−11 所示。表中结果显示，不论是以超过行业均值还是超过行业中值作为衡量对象的超额现金持有水平，和当期从事高息委托贷款之间都是显著正相关的。

表 4-11　稳健性检验——超额现金持有

变量	（1） EntrustedLoans$_t$	（2） EntrustedLoans$_t$
Excess1Cashholding$_{t-1}$	1.196** (2.42)	

续表

变量	(1)	(2)
	EntrustedLoans$_t$	EntrustedLoans$_t$
Excess2Cashholding$_{t-1}$		1.189**
		(2.35)
控制变量	控制	控制
行业固定效应	控制	控制
年度固定效应	控制	控制
观测值	11307	11307
Pesudo-R^2	0.074	0.074

注：表中回归方程为 Probit（EntrustedLoans$_t$）= $\delta_0 + \delta_1$ExcessCashholding$_{t-1} + \delta_i$ControlVariable$_t + \varepsilon_t$。其中因变量为 EntrustedLoans$_t$，定义为企业当年放出的委托贷款利率是否超过同期基准利率的 20%，是则取 1，否则取 0。自变量是 ExcessCashholding$_{t-1}$，为超额现金持有。其余变量与表 4-3 相同。***、**、* 分别表示在 1%、5%、10% 水平上显著。回归采用了 Gow 等（2010）的方法，按公司和年度做了聚类。

4.6.3 多项 Logit 模型

上述研究不能排除这样一种情况，即公司上期现金持有的增加，意味着公司同时会参与高息委托贷款和非高息委托贷款，如果上期现金持有水平和参与两类贷款之间都存在相关关系，现金持有的投机动机就无法解释上文的发现。因此我们采用多项 Logit 模型排除这个隐忧，在回归中，我们将未发生委托贷款的公司赋值为 0，并作为基础比较对象，参与非高息委托贷款的公司赋值为 1，参与高息委托贷款的公司赋值为 2。结果如表 4-12 所示，出于篇幅的考虑，我们不报告控制变量的结果，表中非高息委托贷款组的结果显示 Cashholding$_{t-1}$ 为负但是不显著；但在高息委托贷款组中，Cashholding$_{t-1}$ 为 1.252 并且在 10% 水平上显著。这个结果表明，上期现金持有水平只会提高参与高息委托贷款的概率，但是其与参与非高息委托贷款活动没有相关关系。因此不存在上期现金持有的增加同时提高参与高息和非高息委托贷款活动的概率这一情况。

表 4-12　稳健性检验——多项 Logit 模型

变量	非高息委托贷款组	高息委托贷款组
Cashholding$_{t-1}$	-0.029	1.252*
	(-0.04)	(1.72)

续表

变量	非高息委托贷款组	高息委托贷款组
控制变量	控制	控制
行业固定效应	控制	控制
年度固定效应	控制	控制
观测值	11307	
Pesudo-R^2	0.114	

注：表中回归方程为 Mlogit（EntrustedLoans$_t$）= δ_0 + δ_1Cashholding$_{t-1}$ + δ_iControlVariable$_t$ + ε_t。其中因变量定义如下，在回归中，我们将未发生委托贷款的公司赋值为0并作为基础比较对象，参与非高息委托贷款的公司赋值为1，参与高息委托贷款的公司赋值为2。Cashholding$_{t-1}$ 是企业上期的现金持有水平，使用上期期末总资产进行标准化。其余变量与表4-3相同。*** 、**、* 分别表示在1%、5%、10%水平上显著。回归采用了 Gow 等（2010）的方法，按公司和年度做了聚类。

4.6.4　放宽高息委托贷款的界定标准

前文以高于基准利率20%作为界定高息委托贷款的标准。为了保证结果的可靠，我们设定不同的高息委托贷款的门槛值做稳健性检验。处理过程如表4-13所示，出于对篇幅的考虑，我们不报告控制变量的结果，回归（1）中，被解释变量定义为是否存在委托贷款的二元哑变量；回归（2）到回归（4），被解释变量定义为委托贷款利率是高于基准利率的30%、50%、100%，回归的结果都按公司和年度聚类。表4-13结果显示，回归（2）到回归（4）中的 Cashholding$_{t-1}$ 都显著为正，说明越高的期初现金持有水平，越有可能在当期出现参与高息委托贷款的行为。回归（1）系数并不显著，原因可能是回归（1）中被解释变量同时包含了高息委托贷款和非高息委托贷款的公司。

表4-13　稳健性检验——放宽高息委托贷款的界定标准

变量	(1) 是否存在着委托贷款	(2) 高于基准利率30%	(3) 高于基准利率50%	(4) 高于基准利率100%
Cashholding$_{t-1}$	−0.322	1.311**	1.652**	1.313**
	(−0.75)	(2.01)	(2.15)	(2.41)
控制变量	控制	控制	控制	控制
行业固定效应	控制	控制	控制	控制
年度固定效应	控制	控制	控制	控制
观测值	11307	11307	11307	11307

续表

变量	（1）	（2）	（3）	（4）
	是否存在着委托贷款	高于基准利率30%	高于基准利率50%	高于基准利率100%
Pesudo-R²	0.052	0.091	0.097	0.093

注：表中回归方程为 Probit （EntrustedLoans$_t$） = $\delta_0 + \delta_1$ Cashholding$_{t-1}$ + δ_i ControlVariable$_t$ + ε_t。其中因变量定义如下：回归（1）中，被解释变量定义为是否存在委托贷款的二元哑变量；回归（2）到回归（4）中，被解释变量定义为委托贷款利率是高于基准利率的30%、50%、100%。Cashholding$_{t-1}$ 是企业上期的现金持有水平，使用上期期末总资产进行标准化。其余变量与表4-3相同。*** 、** 、* 分别表示在1%、5%、10%水平上显著。回归采用了 Gow 等（2010）的方法，按公司和年度做了聚类。

4.6.5 配对检验

为了确认前述实证结果是稳健的，本书还采取配对样本检验的方式进行回归分析。配对的方法如下：本书选取同一会计年度同行业中规模最相近的公司，且将期内从未发生高息委托贷款业务的公司作为配对组样本。另外，考虑到仅用单一变量（比如规模）作为配对依据可能不够全面，我们还采用综合的方法进行配对①。结果如表4-14所示。从表中结果我们可以看出，Cashholding$_{t-1}$ 不论用规模配对还是综合配对，其系数都显著为正，主要结果没有发生改变。

表 4-14　配对检验

变量	规模配对	综合配对
Cashholding$_{t-1}$	5.286**	2.191*
	（2.17）	（1.75）
控制变量	控制	控制
行业固定效应	控制	控制
年度固定效应	控制	控制
观测值	396	396
Pesudo-R²	0.080	0.057

注：表中回归方程为 Probit （EntrustedLoans$_t$） = $\delta_0 + \delta_1$ Cashholding$_{t-1}$ + δ_i ControlVariable$_t$ + ε_t。我们采取配对样本检验的方式进行回归分析。配对的方法如下：本书选取同一会计年度同行业中规模最相近的公司，且在样本期内从未发生高息委托贷款业务的公司作为配对组样本。另外，考虑到仅用单一变量（比如规模）作为配对依据可能不够全面，我们还采用综合的方法进行配对。回归中，因变量为 EntrustedLoans$_t$，定义为企业当年放出的委托贷款利率是否超过同期基准利率的20%，是则取1，否则取0。自变量为 Cashholding$_{t-1}$ 是企业上期的现金持有水平，用上期期末总资产标准化。其余变量与表4-3相同。*** 、** 、* 分别表示在1%、5%、10%水平下显著。回归采用了 Gow 等（2010）的方法，按公司和年度做了聚类。

---

① 综合配对的指标包括企业总资产规模、回报能力、前十大股东股权制衡度、自由现金流和公司市值账面比等变量。

4.6.6 遗漏变量

可能存在一些不可观察的因素的遗漏导致现金持股与委托贷款呈正相关关系，这类不可观察的因素相当于企业的固定效应。为了解决这个问题，我们采取计量上的 Conditional Fixed Effect Logit Estimation 方法，从固定效应模型的角度尝试去解决。在遗漏变量是稳定的情况下，Ethan（2001）认为，当样本期数 T 小于 16 期，那么 Conditional Fixed Effect Logit Estimation 估计比较适用，结果如表4-15 所示。从表中我们可以看到，设法控制了不可观察的因素后，$Cashholding_{t-1}$ 的系数仍然是显著的。

表 4-15　遗漏变量的控制

变量	(1)
	$EntrustedLoans_t$
$Cashholding_{t-1}$	8.717***
	(2.97)
控制变量	控制
观测值	11307
调整后的 R^2	0.375

注：表中回归方程为 Xtlogit（$EntrustedLoans_t$）= δ_0 + $\delta_1 Cashholding_{t-1}$ + $\delta_i ControlVariable_t$ + ε_t。回归中，我们采取计量上的 Conditional Fixed Effect Logit Estimation 方法。因变量为 $EntrustedLoans_t$，定义为企业当年放出的委托贷款利率是否超过同期基准利率的 20%，是则取 1，否则取 0。自变量为 $Cashholding_{t-1}$，是企业上期的现金持有水平，使用上期期末总资产进行标准化。其余变量与表4-3 相同。***、**、* 分别表示在 1%、5%、10% 水平上显著。回归采用了 Gow 等（2010）的方法，按公司和年度做了聚类。

4.7　本章主要结论

已有研究讨论了企业现金持有的谨慎和防御动机，但是鲜有文献讨论投机动机。2007 年以来，越来越多的上市公司介入高息委托贷款业务，这一情况为我们讨论企业现金持有的投机动机提供了很好的契机。

上市公司介入高息委托贷款相当于一种资金投机行为。本书利用 2007～2014 年中国 A 股数据，对上市公司现金持有水平和进行高息委托贷款活动之间的关系进行了考察。我们立足中国的实际情况，提出了中国上市公司现金持有的资金投机动机，同时从公司治理结构和外部特征出发讨论了相应的影响因素。研究发现，内部因素方面，企业独立董事积极作为和机构投资者持股比例的提高能显著降低企业现金持有的投机动机；外部因素方面，货币政策宽松和产品市场资产报酬率更低的时候，上市公司现金持有水平和是否从事高息委托贷款之间的正相关关系更强，而企业更高的产权级别会降低这种相关关系。进一步分析表明，企业现金持有的投机动机与当期发放高息委托贷款的笔数呈正相关关系；现金持有的投机动机越高，企业越倾向于放款给非关联方，但是现金持有的投机动机和贷款期限呈负相关关系，从事高息委托贷款也会挤压企业的正常投资。同时，从事高息委托贷款也会降低企业绩效。本章的发现对理解利率市场化下的企业行为有所启示，同时对监管层更好地监管上市公司的高息委托贷款也有帮助。

第 5 章 基于两阶段模型的高息委托贷款投机动机检验

5.1 研究背景

有效的现金管理是公司财务的一个重要问题。公司为什么持有现金，它们用现金做什么？对此问题的回答一直是公司财务领域的关键性问题。凯恩斯（Keynes）在 1936 年提出了持有现金的三个动机：交易动机、预防动机和投机动机。Opler 等（1999）采用权衡的思想，发现当现金持有的边际效益和边际成本相同时，企业现金持有处于最优水平。其中，持有现金的好处包括满足流动性需求，而成本包括放弃投资其他高收益项目带来的收益和税收劣势（Miller & Orr, 1966）。

先前的研究发现，信息不对称和代理问题会影响企业的现金持有政策（Kalcheva & Lins, 2007; Nikolov & Whited, 2014; Chung et al., 2015）。尽管上市公司可以进入资本市场进行直接融资，但它们的融资过程并非一帆风顺。由于信息不对称的存在，企业产生了与资金供求时间不匹配的各种交易成本和摩擦成本（Myers & Majluf, 1984）。如果企业只在需要大量投资时才开始进行资金的筹集，可能由于资金没法及时募集，进而无法做出最优的投资决策。因此，公司倾向于持有多余的现金以备未来的投资机会，而不是将其分配给股东（Fazzari et al., 1998）。

公司保持高额的现金持有水平，既有可能增加公司价值，也有可能降低公司价值。过去的研究表明，出于交易和预防性动机持有现金可以提高企业价值（Fazzari et al.，1998；Mikkelson & Partch，2014），管理者也可能为了自己的私有利益持有现金而牺牲股东的利益（Jensen & Meckling，1976）。例如，经理人可能会从事有损公司价值的兼并和收购项目，或者从事其他追求短期利润的投机活动。Jensen（1986）引入了自由现金流的委托代理成本概念，并建议企业应将多余的现金分配给股东，以限制管理层的自由裁量权。

先前的研究为现金持有的交易动机和持有现金的预防性动机提供了有力的支撑（Mulligan，1997；Opler et al.，1999；Han & Qiu，2007；Lins et al.，2010；Acharya et al.，2012；Gao et al.，2013）。然而，据我们所知，没有实证研究涉及现金持有的投机动机。我们通过研究中国的高息委托贷款以及现金持有对从事高息委托贷款的意愿程度的影响来填补这一空白。高息委托贷款可以提高短期业绩，但可能会因偏离公司的核心业务而破坏公司的长期价值。余琰和李怡宗（2016）的研究发现，从事高息委托贷款业务与企业未来创新产出负相关，并降低了会计信息质量。因此，我们使用高息委托贷款作为投机活动的代理变量来检验现金持有水平和公司提供高息委托贷款之间的关系。在此过程中，我们还研究了调节二者之间关系的具体作用渠道。

在中国，企业可以通过代理银行或财务公司相互放贷。① 受托人是出借人（委托人）的受托人，代表出借人取回本息。贷款人指定目标借款人并确定贷款条款。委托贷款已经成为中国影子银行业务的重要组成部分，被媒体广泛报道。并非所有的委托贷款都具有投机性。另外，企业还可以向子公司或关联方②提供

---

① 在中国，大型的企业集团可以委托自己的财务公司在集团内部对子公司提供贷款，而不需要银行的服务。

② 关联方的定义见《国际会计准则》第 24 号。该准则中关联方定义包括：①直接或通过一个或若干个中间者间接地控制报告企业，或是被报告企业所控制以及和报告企业共同受控制的那些企业（其中包括控股公司、附属公司和其他附属公司）；②联营企业（见国际会计准则第 28 号对联营企业投资的会计）；③直接或间接地拥有报告企业有表决权的股份，并对该企业具有重大影响的那些个人及其关系密切的家庭成员；④重要的管理人员，即有权力和责任来进行计划、指挥和控制报告企业活动的那些人员，包括公司的董事和高级职员以及与这些人关系密切的家庭成员；⑤由上述第③段和第④段所述人员直接或间接地拥有重大表决权的企业，或是这种人员能够施加重大影响的企业。它包括由报告企业的董事或主要股东拥有的企业，以及与报告企业拥有共同的重要管理人员的那些企业。在考虑各种可能的关联者之间的相互关系时，应注意相互关系的实质，而不仅仅是法律形式。

贷款，并作为流动性管理工具，有效地管理企业内部的现金。这种方式下委托贷款是不以利润为导向的。然而，发放给非附属公司或无关方的贷款通常具有非常高的利率，以获取利润。由于容易获得信贷，上市公司可以以较低的成本筹集资金，并以较高的利率放贷以获取利润。由于放贷不是公司的核心业务，再加上这些贷款的不透明性质和缺乏监管，委托贷款往往风险很高。因此，我们使用高息委托贷款作为投机活动的代理，并调查其与企业现金持有的关系。

我们分析了 2007~2012 年中国 A 股上市公司，用 2SLS 模型排除了企业现金持有与高息委托贷款之间的双向因果关系后，我们发现企业现金持有越多，提供的高息委托贷款越多，但提供这些贷款会降低企业积累现金的能力。这些结果支持了公司持有现金是出于投机目的的假设。此外，拥有更有经验的 CEO、上市公司历史更长的公司，往往会发放利率更高的委托贷款。进一步检验发现，在宽松货币政策期间，企业会发放更多的高息委托贷款。然而，高息委托贷款的发行量随着企业成长机会和机构投资者持股比例的增加而减少。本章研究结果表明，企业成长机会越多、公司治理越强，企业持有现金的投机动机越弱。

5.2　文献回顾

Miller 和 Orr（1966）考察了企业持有现金的动机，发现企业持有现金是为了满足日常交易需求。但是在此之后，很少有研究支持企业现金持有的交易动机这个观点。后续的相关研究中比较具有代表性的是 Mulligan（1997），他发现大公司的现金销售比（cash-to-sales ratio）大于小公司的现金销售比。此外，总部设在高薪国家的公司持有更多现金。这些结果为研究持有现金的交易动机提供了支持。

已有的研究检验了现金持有的预防性动机的有效性。Opler 等（1999）发现，现金流波动性大于行业平均水平的公司往往持有更多的现金。此外，能够更好地进入资本市场的公司，如拥有良好信用评级的大公司，持有的现金较少。他们的发现支持了持有现金的预防动机。Han 和 Qiu（2007）的研究表明，现金持有与现金流波动率之间的正相关关系只存在于融资约束较大的企业中，而融资约束并不强的企业并不存在持有现金的预防性动机。

Lins 等（2010）通过问卷，对 29 个国家的公共和私人公司的 CFO 进行了关于公司流动性的调查。他们发现，企业的现金持有是未来现金流不足的缓冲，能够减小与未来投资机会相关的不确定性。公司可以利用信用额度来确保它们有能力利用未来的投资机会，也可以使用非经营性现金流作为一种一般的保险来应对未来潜在的现金流短缺。

Gao 等（2013）比较了美国上市公司和私营公司的现金政策，他们发现，平均而言，未上市公司的现金持有水平不到上市公司的一半。与上市公司相比，未上市公司向上调整现金水平的速度较慢，其对现金流的敏感性也较低。这一结果意味着未上市公司的融资摩擦更大，显示出它们对现金有更强的预防性需求。Gao 等（2013）认为代理成本在解释上市公司与未上市公司现金持有水平的差异方面发挥着更为重要的作用。

Acharya 等（2012）报告了信贷息差和现金持有水平之间强烈的负相关关系。他们将这种反直觉的关系归因于持有现金的预防动机。他们的理论模型和实证结果表明，高杠杆企业持有更多的现金是出于预防的原因。Acharya 等（2012）考虑了现金持有的内生性，发现高风险企业持有更多的现金，拥有更高的信用利差。

尽管已有文献早就注意到投机动机，但尚无实证将这种动机与现金持有联系起来。因此，我们通过考察企业现金持有与高息委托贷款之间的关系来弥补这一差距。

5.3　相关概念背景

在中国，企业之间不能直接相互借贷，但是可以通过委托贷款的形式间接借贷。公司指定一家商业银行或金融公司把钱借给特定的借款人。一般来说，受托方充当中间人，赚取佣金，不承担直接信用风险。贷款人决定贷款的条件。委托贷款已迅速成为中国影子银行的一个重要类别，这可能是中国房地产开发商赖以生存的最重要因素。一些委托贷款利率极高，吸引了银行系统进入该业务，许多上市公司参与了高利率的委托贷款，以获取高额的经济回报。2007~2012年，我国委托贷款占社会融资总量的比例从5.65%上升到8.12%。自2007年以来，越来越多的上市公司提供委托贷款。据中国《21世纪经济报道》报道，截至2011年10月，79家上市公司提供的委托贷款超过200亿元人民币。

公司进行委托贷款主要有两个不同的动机：内部资本市场资源配置动机和资金投机动机。这两种动机所驱动的委托贷款的特征有很大的不同，因此识别出借贷动机是很重要的。约80%的委托贷款发放给了贷款机构的子公司。作为一种有效管理资源的方式，这些贷款允许大企业集团在业务部门之间转移现金。与依赖银行贷款等外部资金相比，使用整个集团集体现金储备来满足集团各个分部的资金需求的效率更高。这类委托贷款的本金金额通常较大，但是利率相对较低。

在中国的会计实务报告中，信息使用者更多侧重于合并财务报表的信息，而不仅仅是母公司的财务报表。贷款给子公司并不会增加合并损益表中的报告收益。因此，向子公司发放的委托贷款并不注重短期利润表上利润数字的提升，而是注重单位之间的有效资源配置。

与上述的以集团内部现金资源配置为主要目的的现金持有动机，对非关联方的公司的委托贷款发放大多是以盈利为主要目的的。在中国，融资过剩的公司发现此类贷款具有极高的短期收益。因为在中国，股权资本成本总体上低于债权资本成本（Chen et al.，2011）。因此，上市公司可以通过债务融资或股权融资的方式，以低成本筹集资金，但并不是将低成本资金用于投资公司的核心业务，而是转手以极高的资金成本通过委托贷款贷给非关联公司。有些公司向非子公司提供贷款的利率甚至高达20%~25%[①]。因此，提供这种类型的委托贷款对于公司自身而言是非常有利可图的。公司通常提供两种类型的委托贷款。例如，根据2012年的年报，化学品制造商浙江龙胜集团有限公司提供了50笔委托贷款，总额为30亿元人民币。该公司对其子公司的贷款收取5%~6%的费用，对不相关方的贷款收取高达25%的费用。在我们的样本中，高息、非高息委托贷款的平均利率分别为14.84%、5.52%。

虽然高利率的委托贷款是有利可图的，但它们可能会带来负面的经济后果。

---

① 例如，香溢融通通过中国银行向南通香谷食品加工公司贷款5500万元，贷款利率为21.6%。2011年，武汉建民医药集团有限公司公布委托贷款收入130万元，占净利润的36%。详见 http：//finance. si-na. com. cn/stock/s/20111019/232410652562. shtml。

Asker 等（2011）的研究表明，上市公司对投资机会的反应不如非上市公司。他们认为，上市公司的投资决策受到管理层短期主义的影响。虽然公司发放高息委托贷款可以通过高额利息提高公司的短期利润，但它们可能不利于公司的长期利益。在我们的样本中，高息委托贷款的平均期限为 12.28 个月，约 83% 的高息委托贷款期限不足一年。我们将在后续章节进一步探讨高息委托贷款的投机性。

我们研究了企业现金持有与投机活动之间的关系发现，并不是所有的委托贷款都是投机性的，所以我们专注于以利润为导向的高息委托贷款企业。我们使用央行一年期贷款基准利率的 120% 作为分界点，也就是说，我们将高息委托贷款定义为收取高于央行一年期贷款基准利率 120% 的利率的委托贷款。央行一年期贷款基准利率是中国人民银行公布的最优惠贷款利率，是中国银行机构向个人和企业发放的贷款的加权平均利率。我们选择这个标准的原因有两个：首先，1998年，中国中央银行（中国人民银行）将商业银行、信用社和小企业贷款的贷款利率上限从基准利率上浮 10% 提高到 20%；其次，大多数公司的财务报表显示，外部融资成本在基准利率的 10%[①]以内。因此，高于基准利率 20% 或更高的利率远高于企业的正常融资成本，并为贷款企业提供了可观的利润。

在我国，高息委托贷款是企业快速盈利的重要手段。在我们的样本期间内，提供高息委托贷款的公司数量与提供委托贷款的公司数量之比从 0.17 上升到 0.67。在提供委托贷款的企业中，提供高息委托贷款的企业在每个样本年度内其委托贷款占总资产的比例都较高。高息委托贷款是一种投机活动，而不是套利活动。在套利活动中，投资者在不承担任何风险的情况下买卖同一种资产以获取利润。相反，高息委托贷款被认为是高风险的，因为发放高息委托贷款的公司不是专门的信贷发放公司，这导致了高息委托贷款是不受监管以及不透明的，提供委托贷款的公司实际上承担了极大的信用风险。例如，舜天船舶报告了一笔委托贷款，借款人未能支付 9 亿元人民币的利息和本金。媒体广泛报道了委托贷款的潜在风险。

---

① 本书样本中针对非合并报表范围内的企业所发放的每笔委托贷款的放款平均利率为 10.76%，其中定义为高息委托贷款的放款平均利率为 13.60%，非高息委托贷款的放款平均利率仅为 5.61%。同时笔者还计算了 2005~2013 年所有上市企业的有息负债利息率，计算公式为利息支出/［（短期借款+应付票据+一年内到期的非流动负债+长期借款+应付债券）的年初年末均值］，这个数值为 5.16%，而这段时间的平均一年期贷款基准利率为 6.35%。可以看到，非高息委托贷款的利率和企业有息负债利率相近，而高息委托贷款的利率远高于企业的有息负债利息率，同时也高于同期一年期贷款基准利率。

5.4　假设提出与理论分析

上市公司在筹集资金方面比非上市公司有优势。在中国，大多数上市公司都具有极高的商业声誉，在当地经济中发挥着重要作用。因此，银行更愿意向它们提供贷款（Allen et al.，2005）。此外，考虑到它们在资本市场上筹集资金的能力，上市公司比私营公司更容易积累现金。

中国的经济改革促进了经济的蓬勃发展，中国房地产业的快速发展产生了巨大的资金需求。此外，为了应对 2007~2008 年的金融危机，中国政府采取了扩张性的财政政策，这导致了全国范围内新一轮的基础设施建设浪潮。然而，即使信贷供应增加，一些行业的企业仍然无法获得银行贷款。商业银行受到国家政策的严格监管，并被要求保持一定的贷款标准。此外，由于信息不对称导致的道德风险和逆向选择问题在信贷配给中也存在（Stiglitz & Weiss，1981）。由于银行无法满足日益增长的资金需求，影子银行系统的发展速度加快。需要资金的公司将目光转向不同类型的信托公司和委托贷款。快速成长的公司，特别是房地产开发行业的公司，期望从投资中获得极高的回报，因此愿意支付高达 20%~25% 的利率。由于政府的扩张性政策，上市公司可以以相对较低的成本筹集大量资金，激励它们从资本市场借入较低利率的资金，并以较高的利率发放委托贷款，以捕获投机利润。因此，这些公司可能会持有更多用于投机的现金。然而，企业持有现金很可能与从事投机活动的决定无关。如果投机活动是由积累的现金提供资金的，那么投机活动的增加将降低企业的现金持有水平，即高息委托贷款与企业现金持有水平之间的关系具有双向损害性。鉴于此，在本章我们对持有现金的投机动机进行了以下两个假设的检验：

假设 1：出于投机目的而持有现金的公司，持有现金水平越高，即持有更多现金，会发放更多高息委托贷款。

假设 2：提供高息委托贷款降低了公司储备现金的能力，因此，公司的委托贷款利息越高，公司的现金持有水平就越低。

5.5　研究设计、数据来源与描述性统计

5.5.1　研究设计

在研究高息委托贷款发放动机和企业现金持有水平之间的关系时，我们遇到了一个潜在的内生性问题，这个问题会导致上一章的实证过程的失败。在上一章中，我们假设公司持有更多的现金用于投机活动（从事高息委托贷款），然而，现金持有可能并不独立于做出高息委托贷款的决定。从高息委托贷款到企业现金持有，都可能存在反向因果的可能性。投机活动的资金来源于积累的现金，但是高息委托贷款的增加也必然会降低公司持有更多现金的能力。为了考虑高息委托贷款与企业现金持有水平之间的反向因果的可能性，我们需要在这章中用两阶段最小二乘（2SLS）估计解决这个问题。我们使用两阶段最小二乘（2SLS）估计将现金持有水平和贷款分别考虑为[1]：

$$\text{Cashholding}_{it} = \delta_0 + \delta_1 \text{Loans}_{it} + \delta_2 \text{StdCF}_{it} + \delta_3 \text{Div}_{it} + \delta_4 \text{NWC}_{it} + \delta_5 \text{R\&D}_{it} + \delta_6 \text{Size}_{it} + \delta_7 \text{TobinQ}_{it} + \delta_8 \text{Lev}_{it} + \delta_9 \text{State}_{it} + \delta_{10} \text{Age}_{it} + \delta_{11} \text{Inddir}_{it} + \delta_{12} \text{Ins}_{it} + \varepsilon_{it}$$

$$(5-1)$$

$$\text{Loans}_{it} \text{Cashholding}_{it} = \delta_0 + \delta_1 + \delta_2 \text{StdCF}_{it} + \delta_3 \text{Div}_{it} + \delta_4 \text{NWC}_{it} + \delta_5 \text{R\&D}_{it} + \delta_6 \text{Size}_{it} + \delta_7 \text{TobinQ}_{it} + \delta_8 \text{Lev}_{it} + \delta_9 \text{State}_{it} + \delta_{10} \text{Age}_{it} + \delta_{11} \text{Inddir}_{it} + \delta_{12} \text{Ins}_{it} + \varepsilon_{it}$$

$$(5-2)$$

式（5-1）考察了高息委托贷款对企业现金持有水平的影响。为简便起见，我们省略了代表公司的下标 i。式中，现金持有水平变量（Cashholding$_t$）衡量的是当年公司持有的现金和现金等价物的总额与总资产的比率。高息委托贷款变量（Loan$_t$）是一种衡量投机活动的指标，具体计算方式是符合高息委托贷款定义的贷款总金额除以放贷公司的总资产。如前文所述，我们将利率超过基准利率

---

① 在文献中，联立方程模型和工具变量模型被广泛用于解决与企业现金持有相关的内生性问题（例如：Harford et al.，2014；Subrahmanyam et al.，2016）。

120%的贷款定义为高息委托贷款。我们关注的是高息委托贷款（$Loan_t$）与现金持有水平变量（$Cashholding_t$）之间的关系，由于投机活动是由累积的公司现金持有所资助的，我们预计 β_1 为负。

根据权衡理论和信息不对称理论的预期，债务的代理成本和权益的代理成本都会决定企业现金持有水平（Opler et al.，1999），因此，我们需要在模型中纳入此类变量。从直观上看，拥有较高现金流不确定性和波动性的企业有动机持有更多现金，我们据此纳入现金流波动变量（$StdCF_t$）。此外，权衡理论认为，现金持有与股利支付和净营运资本呈负相关关系，现金流自由度更大的公司，可以灵活地选择支付或不支付股息以减少现金持有或满足流动性需求。因此，我们设计股利支付变量（Div_t），Div_t 是一个虚拟变量，具体定义为：公司是否支付股息，是则等于1，否则等于0。拥有大量净营运资本的公司可以随时将流动资产转换为现金，以满足信贷需求，因此我们也设计一个净营运资本（NWC_t）。

根据信息不对称理论的预测，信息不对称问题越严重的企业为了避免外部融资成本过高导致的投资不足问题会持有更多的现金。总体而言，信息不对称随着经济增长/投资机会的增加而增加。在过去的研究中，公司的研究和开发活动（$R\&D_t$）和公司的托宾 Q 值（$TobinQ_t$）是增长机会的代表，因此，我们预计这两个变量与现金持有呈正相关关系。

此外，我们还控制了一些基础的企业财务特征变量。企业规模（$Size_t$）与企业融资约束、进入资本市场的机会和较低的融资成本都有关。因为大公司更容易获得融资以及更低的融资成本，它们可能会持有更少的现金。我们预计公司的资产负债率（Lev_t）和企业现金持有水平之间成反比关系，因为高资产负债率的公司由于较高的财务风险和经营风险，会受到市场严格的监督，因此，较高的资产负债率增加了企业的外部融资成本和融资摩擦。此外，考虑到多种所有制经济共同发展的现状，我们引入了一个虚拟变量来控制国有控股这个产权变量对现金持有水平的影响，具体衡量方式为：若该企业的最终控制人为国有背景，则该企业的 $State_t$ 变量为1，否则该企业的 $State_t$ 变量为0。同时，信息不对称问题预计会随着企业年龄（Age_t）的增加而减少，因此，我们预计企业年龄和现金持有水平之间存在负相关关系。按照使用中国数据进行研究的常见做法（例如：Chen et al.，2010），我们将公司年龄作为公司上市年限的自然对数来衡量。管理层的自由裁量权在公司持有现金的决策中也扮演着重要角色。一方面，治理机制不完善的公司管理者对公司资源拥有更大的自由裁量权，更有可能持有现金为自己谋利。另一方面，拥有有效治理机制的公司拥有较少的管理层自由裁量权，因此持有较少的现金。独立董事比例（Inddir$_t$）和机构持股比例（Ins$_t$）是公司治理机制强度的代理变量。我们预计企业的现金持有水平将随着独立董事比例（Inddir$_t$）和机构持股比例（Ins$_t$）的提高而减少。

式（5-2）考察了现金持有水平对是否从事高息委托贷款的影响。我们重点关注的是现金持有水平变量（Cashholding$_t$）。当企业出于投机动机而持有现金时，现金充裕的企业更有可能发放利息较高的委托贷款。我们预计 Cashholding$_t$ 的回归系数 δ_1 大于 0。[1]

一般来说，个体是否参与投机活动，取决于个体对于风险和收益的权衡。对于公司而言，公司的首席执行官（CEO）对风险的看法和对预期利润的态度是决定公司是否参与投机活动的两个重要因素。在此，我们采用 CEO 的年龄（CEOAge$_t$）和 CEO 财务经验（Finance$_t$）这两个变量作为衡量 CEO 的投机倾向的代理变量。传统观点认为，冒险行为会随着年龄的增长而减少，年龄越大的个体，行为会愈加保守，冒险倾向也会下降，表现为更不愿意承担风险。因此，年纪较大的 CEO 更不愿意制定有风险的政策（Farag & Mallin，2018）。据此我们预期，高息委托贷款变量（Loan$_t$）应该随着 CEO 的年龄（CEOAge$_t$）的增大而减少。CEO 财务经验变量（Finance$_t$）意在控制 CEO 专业背景对风险承担意愿的影响，该变量希望衡量的是 CEO 对于风险的认知程度以及对于高息委托贷款收益的把控程度。该变量是一个虚拟变量，具体衡量方式为：如果 CEO 有金融服务行业的经验，则为 1[2]，否则该变量为 0。我们认为，有金融背景的 CEO 能够更好地理解高息委托贷款的风险本质，并对发放这些贷款更有信心。

货币政策变量（MP$_t$）是一个虚拟变量，具体衡量方式为：在货币政策宽松时期等于 1，其他时期为 0。我们预期，当政府采取宽松的货币政策时，信贷供给和更高的流动性增加，宽松的信贷供给和更高的流动性会导致货币市场流动性

---

① 在未报告的结果中，我们使用滞后现金持有量作为因变量，以确保因果关系是从现金持有量到委托贷款。我们发现上期现金持有量的系数显著为正，说明高息委托贷款是由上期积累的现金产生的。然而，该规范没有考虑现金持有量的内生性以及可能的高息委托贷款和现金持有量的联合确定。

② 笔者从公司年报中查阅 CEO 参考书目，以确定 CEO 是否有财务相关领域的工作经验。例如，如果首席执行官在银行或投资公司工作，那么 Finance$_i$ 等于 1。

充盈，因此市场利率较低。即使在缺乏投资机会的情况下，低融资成本也能激励企业筹集更多资金。同时，由于市场利率较低，带来了较低的投资机会成本，反过来提高了高息委托贷款的相对收益率，投机利润高。因此，在货币政策较为宽松的时候，企业倾向于持有过剩现金，更愿意在货币扩张时期提供高息委托贷款。[1] 具体变量设计上，由于2008年11月11日中国政府公布了4万亿元的经济刺激计划，其刺激效果基本在2009年实现。另外，根据公开报道，中国人民银行行长称，2010年第三季度[2]开始实施货币紧缩政策。由于我们使用的是年度数据，所以将2008～2009年定义为宽松货币政策时期。因此，货币政策变量（MP_t）是一个虚拟变量，当年份在2008～2009年时为1，否则为0。

我们预计，随着企业规模（$Size_t$）的增加，从事高息委托贷款的可能性也会增加，因为规模大的公司有更好的融资能力、更低的融资约束。当企业的核心业务投资机会有限时，企业越有可能从事投机活动。因此，我们预计$TobinQ_t$和$Loan_t$之间存在负相关关系。我们用资产负债率（Lev_t）来控制企业的财务风险。正如Jensen（1986）所指出的，随着财务杠杆的增加，管理层的自由裁量权减少。因此，我们预计高杠杆的公司不太可能参与从事高息委托贷款的发放。企业产权方面，不同所有制的企业经营目标不尽相同，更多经营目标的企业（$State_t = 1$）会受到更多的约束，因此不太可能从事高息委托贷款等投机活动。公司年龄方面，随着公司的成熟，它的规模增长机会减少，可能面临产生短期利润的压力。因此，上市时间越长的公司越有动机进行高息委托贷款，因此我们预计高息委托贷款将随着Age_t的增加而增加。

在前文的讨论中，我们认为公司治理的有效性会影响现金持有水平与从事高息委托贷款决策之间的关系。虽然在交易动机和预防动机下持有现金会提高公司价值，但以投机为目的而持有现金通常会影响企业的短期业绩。由于股东和管理者之间的利益冲突在更好的监督、制约和平衡下会有所缓解，具有良好公司治理的公司从事高息委托贷款等投机活动的可能性也会下降。因此，我们期望拥有较高独立董事比例（$Inddir_t$）和机构持股比例（Ins_t）的公司不会或更少地提供高息委托贷款。表5-1提供了所有变量的定义。

---

[1]　当政府采取宽松的货币政策时，企业更容易获得信贷。但是，由于资金限制等原因，某些行业（如房地产开发商）仍然无法获得银行贷款，从而转向委托贷款。

[2]　详见 http://www.caijing.com/cn/2011-05-20/110723759.html。

表 5-1　变量定义

变量	变量定义
$Loan_t$	高息委托贷款变量：当年企业发放的高息委托贷款总额，并用总资产标准化，再乘以 100
$Cashholding_t$	现金持有水平变量：当年企业拥有的现金以及现金等价物，并用当年总资产标准化
$CEOAge_t$	CEO 年龄变量：当年企业 CEO 的年龄
MP_t	货币政策宽松与否的虚拟变量：当样本所在年份在 2008~2009 年时为 1，否则为 0
$Finance_t$	CEO 金融行业经验虚拟变量：如果 CEO 有金融服务行业的经验，则该变量为 1，否则为 0
$StdCF_t$	现金流波动变量：过去三年经营活动现金流，经过总资产标准化以后，再取标准差
Div_t	股利政策变量：如果当年企业有发放现金股利，则该变量为 1，否则为 0
NWC_t	净营运资本变量：当年企业流动资产减去流动负债和现金等价物，并用总资产标准化
$R\&D_t$	研发支出变量：当年企业研发支出总额，并用总资产标准化
$Size_t$	企业规模变量：当年企业总资产，并取自然对数
$TobinQ_t$	托宾 Q 值：当年企业权益的市场价值加上债务的账面价值，除以总资产的账面价值
Lev_t	资产负债率变量：当年企业负债账面价值，除以总资产账面价值
$State_t$	企业最终控制人产权变量：如果该企业最终控制人背景是国有机构，则该变量取 1，否则为 0
Age_t	企业年龄变量：当年与企业上市年份之间的差值加 1，并取自然对数
$Inddir_t$	独立董事比例变量：当年企业的独立董事人数占董事会总人数的比例
Ins_t	机构投资者持股变量：当年企业股东中，机构投资者持股比例大小
$ROA_{t+1(t+2, t+3)}$	企业 t+1（t+2，t+3）年的总资产收益率：用净利润除以总资产账面价值计算
$ROE_{t+1(t+2, t+2)}$	企业 t+1（t+2，t+3）年的净资产收益率：用净利润除以权益总额账面价值计算
$BHAR_{t+1(t+2, t+3)}$	企业 t+1（t+2，t+3）年的长期持有超额收益变量：等于本公司的日复合收益率减去相应年度市场指数的日复合收益率
$Capex_t$	企业资本性支出变量：总资产、厂房和设备加上存货的年度变化除以总资产
Mag_t	管理层持股变量：当年管理层持股占总股份比例
$PriRet_t$	股价动量效应变量：当年企业往前 12 个月累计的股票收益
$RetVol_t$	股价收益波动变量：当年企业每日股价收益率的标准差

5.5.2　样本选择与数据来源

我们的样本包括 2007~2012 年中国所有 A 股上市公司。A 股是仅供中国公民购买的股票。按照惯例,我们剔除了特殊处理公司、特殊转让公司、财务公司和财务数据不完整的公司。我们从公司公告和年报脚注中手工收集了高息委托贷款的信息。这些信息包括贷款人和借款人的身份、他们的核心业务和贷款条款。中国股票市场与会计研究(CSMAR)数据库提供了财务信息。我们在 1% 和 99%处对所有连续变量进行缩尾处理(winsorize),以消除异常值的影响。

表 5-2 是各变量的描述性统计结果。总体来看,高息委托贷款与总资产的平均比率为 0.075%。这一数字之所以较低,是因为大部分公司不进行高息委托贷款。如果将样本量局限于从事高息委托贷款公司的样本,在进行高息委托贷款的子样本公司中,高息委托贷款与总资产的平均比率上升至 5.41%。所有样本公司的平均现金持有水平占总资产的比例为 18.1%。样本公司的资产负债率并不高,总负债与资产比率的平均水平为 49.1%。国有公司占样本的 50% 以上。这些数字与 Chen 等 (2012)[①] 的研究结果相当。平均而言,34.9%的董事会成员是独立董事,19%的公司股票由机构投资者持有。

表 5-2　描述性统计

变量	观测数	均值	标准差	最小值	25%分位数	50%分位数	75%分位数	最大值
$Loan_t$	8896	0.075	1.006	0.000	0.000	0.000	0.000	33.778
$Cashholding_t$	8896	0.181	0.134	0.000	0.089	0.148	0.236	0.993
$CEOAge_t$	8896	47.611	6.296	24.000	44.000	47.000	52.000	75.000
$Finance_t$	8896	0.060	0.237	0.000	0.000	0.000	0.000	1.000
MP_t	8896	0.304	0.460	0.000	0.000	0.000	1.000	1.000
$StdCF_t$	8896	0.054	0.046	0.002	0.022	0.041	0.071	0.245
Div_t	8896	0.626	0.484	0.000	0.000	1.000	1.000	1.000
NWC_t	8896	-0.066	0.608	-0.652	-0.163	-0.030	0.102	0.847

---

①　Chen 等的研究结果表明,以 2000~2008 年在沪、深两市上市的所有非金融企业为样本,国有企业的平均现金率、杠杆率和百分比分别为 23.4%、55.8%和 70.7%。

续表

变量	观测数	均值	标准差	最小值	25%分位数	50%分位数	75%分位数	最大值
$R\&D_t$	8896	0.001	0.005	0.000	0.000	0.000	0.000	0.129
$Size_t$	8896	21.854	1.235	19.226	20.979	21.704	22.566	25.648
$TobinQ_t$	8896	2.327	1.610	0.811	1.302	1.836	2.732	10.441
Lev_t	8896	0.491	0.207	0.059	0.340	0.498	0.639	1.151
$State_t$	8896	0.521	0.500	0.000	0.000	1.000	1.000	1.000
Age_t	8896	2.162	0.662	0.693	1.792	2.398	2.708	2.996
$Inddir_t$	8896	34.895	8.774	15.000	30.000	33.330	40.000	60.000
Ins_t	8896	0.190	0.188	0.000	0.037	0.126	0.292	0.753

注：该表报告了联立方程模型中变量的汇总统计数据。$Loan_t$ 为公司当期高息委托贷款金额除以当期总资产×100；$Cashholding_t$ 是现金和现金等价物除以总资产；$CEOAge_t$ 是当年 CEO 的年龄；$Finance_t$ 是一个虚拟变量，如果 CEO 有金融服务行业的工作经验，则为 1，否则为 0；MP_t 是货币扩张时期的虚拟变量，2008～2009 年为 1，否则为 0；$StdCF_t$ 是现金流波动变量，过去三年经营活动现金流，经过总资产标准化以后，再取标准差；Div_t 是股利政策变量，如果当年企业有发放现金股利，则该变量为 1，否则该变量为 0；NWC_t 是净营运资本变量，当年企业流动资产减去流动负债和现金等价物，并用总资产标准化；$R\&D_t$ 是研发支出变量，为当年企业研发支出总额，并用总资产标准化；$Size_t$ 是公司总资产的自然对数；$TobinQ_t$ 为股本的市场价值+债务的账面价值除以总资产的账面价值；Lev_t 是总负债除以总资产；$State_t$ 是一个虚拟变量，如果是国有企业，$State_t$ 为 1，否则为 0；Age_t 是公司上市年数的自然对数；$Inddir_t$ 为独立董事人数占董事会总人数的百分比；Ins_t 为机构投资者持有公司股票的百分比。

　　表 5-3 给出了主要变量之间的相关系数矩阵。表 5-3 的结果显示，从事高息委托贷款变量与企业现金持有水平正相关，但仅边际显著。CEO 年龄、CEO 财务背景、公司年龄与从事高息委托贷款存在显著正相关。公司规模、资产负债率、独立董事比例、机构持股比例与从事高息委托贷款显著负相关。除了 CEO 的年龄和公司规模外，这些数据的结果与我们的预期一致。现金持有水平与现金流不确定性、股利政策虚拟变量、净营运资本、研发费用、$TobinQ_t$、独立董事比例、机构所有权正相关，与公司规模、财务杠杆水平、公司年龄负相关。这些相关性都符合我们的预期。相关系数矩阵仅表示变量之间的单变量关系，但是初步证明了我们的假设。接下来，我们将通过联立方程组 2SLS 的估算方法估计式（5-1）和式（5-2），来研究现金持有与高息委托贷款之间的关系。

表 5-3　相关系数矩阵

变量	(1)	(2)	(3)	(4)	(5)	(6)	(7)	(8)	(9)	(10)	(11)	(12)	(13)	(14)	(15)	(16)
$Loan_t$	1															
$Cashholding_t$	0.017	1														
$CEOAge_t$	0.022***	-0.008	1													
$Finance_t$	0.025***	0.005	-0.083***	1												
MP_t	-0.001	-0.056***	-0.066***	-0.004	1											
$StdCF_t$	0.029***	0.036***	-0.038***	0.054***	0.029***	1										
Div_t	0.01	0.169***	0.076***	-0.038***	-0.064***	-0.078***	1									
NWC_t	0.014	0.043***	0.035***	-0.026**	-0.037***	0.025**	0.119***	1								
$R\&D_t$	-0.008	0.06***	-0.02*	-0.031***	-0.017	-0.036***	0.014	0.028**	1							
$Size_t$	-0.022**	-0.155***	0.125***	0.013	-0.084***	-0.071***	0.263***	0.06***	-0.042***	1						
$TobinQ_t$	-0.015	0.201***	-0.085***	-0.017	-0.042***	0.063***	-0.076***	-0.215***	0.072***	-0.437***	1					
Lev_t	-0.039***	-0.385***	-0.006	0.026**	0.036***	0.108***	-0.199***	-0.335***	-0.055***	0.334***	-0.205***	1				
$State_t$	-0.017	-0.132***	0.118***	-0.038***	0.072***	-0.089***	-0.003	-0.025**	-0.017	0.268***	-0.135***	0.169***	1			
Age_t	0.038***	-0.279***	0.041***	0.072***	-0.01	0.066***	-0.208***	-0.108***	-0.048***	0.171***	-0.09***	0.317***	0.258***	1		
$Inddir_t$	-0.019*	0.035***	0.022**	-0.007	0.013	-0.018*	0.058***	0.019*	0.042***	0.015	0	-0.092***	-0.07***	-0.169***	1	
Ins_t	-0.032***	0.033***	0.016	-0.008	-0.038***	-0.059***	0.062***	0.007	0.019	0.049***	0.099***	-0.017	0.062***	-0.029***	0.001	1

注：***、**、*分别表示在1%、5%、10%水平上显著。

5.6 实证结果

表 5-4 同时给出了采用普通最小二乘（OLS）和两阶段最小二乘（2SLS）法回归的结果。OLS 的回归结果显示，从事高息委托贷款与现金持有水平之间不存在显著关系。表中高息委托贷款变量（$Loan_t$）和现金持有水平（$Cashholding_t$）的系数都不显著。如果只看 OLS 的结果，我们可能会得出回归结果不支持假设的结论。然而，实际上由于 OLS 估计忽略了高息委托贷款和现金持有水平之间可能存在的反向因果问题，最终会误导我们的结果，因此需要我们使用两阶段最小二乘法重新估计方程。下面，我们将重点讨论 2SLS 估计的结果。

表 5-4 采用普通最小二乘（OLS）和两阶段最小二乘（2SLS）回归的结果

变量	OLS		2SLS	
	（1）	（2）	（1）	（2）
	$Cashholding_t$	$Loan_t$	$Cashholding_t$	$Loan_t$
$Loan_t$	0.000		-0.166^{***}	
	(0.38)		(-3.41)	
$Cashholding_t$		0.140		1.982^{***}
		(1.47)		(4.10)
$CEOAge_t$		0.004^{*}		0.004^{**}
		(2.19)		(2.07)
$Finance_t$		0.099^{**}		0.080
		(2.09)		(1.64)
MP_t		0.039		0.062^{*}
		(1.14)		(1.74)
$StdCF_t$	0.215^{***}		0.294^{***}	
	(7.65)		(5.10)	
Div_t	0.017^{***}		0.024^{***}	
	(6.19)		(4.39)	

续表

变量	OLS		2SLS	
	(1)	(2)	(1)	(2)
	Cashholding$_t$	Loan$_t$	Cashholding$_t$	Loan$_t$
NWC$_t$	−0.016***		−0.018***	
	(−6.98)		(−4.30)	
R&D$_t$	0.078		−0.152	
	(0.35)		(−0.36)	
Size$_t$	0.007***	−0.018	0.003	−0.030**
	(4.95)	(−1.60)	(1.23)	(−2.52)
TobinQ$_t$	0.011***	−0.013	0.008***	−0.037***
	(11.54)	(−1.56)	(4.31)	(−3.52)
Lev$_t$	−0.217***	−0.253***	−0.268***	0.096
	(−28.50)	(−3.96)	(−13.53)	(0.87)
State$_t$	0.007**	−0.029	0.003	−0.032
	(2.46)	(−1.18)	(0.58)	(−1.27)
Age$_t$	−0.042***	0.088***	−0.028***	0.155***
	(−20.01)	(4.64)	(−5.04)	(5.98)
Inddir$_t$	−0.001**	−0.002	−0.001***	−0.001
	(−3.85)	(−1.37)	(−0.24)	(−0.54)
Ins$_t$	0.018***	−0.133**	−0.003	−0.174***
	(−2.64)	(−2.20)	(−0.24)	(−2.77)
常数项	0.272***	0.273	0.383***	−0.087
	(9.63)	(1.06)	(6.38)	(−0.31)
行业固定效应	Yes	Yes	Yes	Yes
年度固定效应	Yes	Yes	Yes	Yes
观测值	8896	8896	8896	8896

注：括号内为 t 统计量，***、**、*分别表示在1%、5%、10%水平上显著。

2SLS 估计与 OLS 结果形成十分鲜明的对比。用 2SLS 方法估计式（5-1）的结果显示，高息委托贷款的发放显著降低了企业现金持有水平。高利率委托贷款比率每提高 1 个百分点，现金比率就会下降 0.17%。① 在平均现金持有水平比率

① Loan$_t$ 是高息委托贷款的原始数值/总资产，再乘以100。因此，为了确定1%的变化对 Loan$_t$ 的影响，我们将系数除以100。即 Loan$_t$ 的原始值（不乘以100）的系数为−0.00166，四舍五入至−0.0017。

为 18.1% 的情况下，企业现金持有水平（Cashholding$_t$）减少 0.17%，相当于高息委托贷款（Loan$_t$）提高一个百分点，现金持有水平比率为 0.94%（0.17/18.1）。本章样本的平均总资产为 808 亿元人民币。现金比率下降 0.17%，现金持有量平均减少 1350 万元。因此，该结果有着十分显著的经济学意义。这一发现支持了我们的假设，即以高息委托贷款为代理变量的投机动机减少了企业的现金持有水平。并且上述结果表明，在控制了现金持有的交易和预防动机以外，现金持有的投机动机也可以解释企业持有现金的原因。

其他自变量的回归结果与过去的研究结果基本一致。具有较高现金流不确定性（StdCF$_t$）和增长机会（TobinQ$_t$）的企业往往持有更多现金，因此我们发现各自的回归系数都为正且显著。净营运资本（NWC$_t$）和现金持有水平（Cashholding$_t$）之间显著负相关，该结果支持了上文提到的结论，即拥有更多流动资产的公司需要持有更少现金。同时我们发现，资产负债率较高的公司，持有的现金也较少，因为它们受到更严格的市场监管和投资者监督，这个结果与债务代理成本的观点一致。上市历史较长的公司持有的现金较少，这可能是上市时间越久，市场对公司了解程度越大，也有更多的投资者和市场中介机构监督，因此信息不对称问题不那么严重。在信息更加对称的情况下，上市越久的企业，在市场上筹集资金的能力越好。我们还发现，公司治理影响公司现金持有水平。其中，独立董事占比水平（inddir$_t$）的系数显著为负，该结果说明，独立董事比例的提高增加了公司治理的监督力度，减少了管理层的自由裁量权。因此，拥有更好治理水平的公司不太可能持有过多现金从事高息委托贷款，以牺牲股东利益来满足管理者的个人愿望。

与大多数使用美国市场数据所得出结论的研究不同，表 5-4 中，股利支付变量（Div$_t$）显示出了正且显著的系数，该发现可以用权衡理论进行解释。权衡理论认为，股利支付与现金持有之间存在负相关关系，但也可能存在正相关关系。Drobetz 和 Grüninger（2003）认为，股利支付的连续性对于投资者具有重要的信号作用，股利支付公司可能会持有更多现金以避免遗漏股利。同时，Al-Najjar（2013）的研究也发现，在控制年度固定效应后，中国市场的股利支付和现金持有量之间存在显著的正相关关系。因此，我们的研究结论和过去的研究结果较为一致。

在式（5-2）中，现金持有水平变量（Cashholding$_t$）的 2SLS 系数为 1.982，在 1% 的水平下显著，说明现金充裕的企业更有可能提供更高总额的高息委托贷款。现金比率每提高 1 个百分点，高息委托贷款占总资产的比率就会提高 0.02%。① 前文的描述性统计显示，高息委托贷款占总资产比例的平均比率为 0.075%，因此，上文中的提高 0.02%相当于高息委托贷款与总资产的比率增加了 26.7%（0.02/0.075）。由此可见，现金持有水平对提供高息委托贷款决策的影响在经济上是十分显著的。这一发现支持了我们的假设，即公司持有现金是出于投机的目的。鉴于上市公司能够以低成本筹集资金，它们可以持有更多的低资金成本现金，通过提供高息委托贷款来获取利益。

其余的回归结果方面：CEO 年龄（CEOAge$_t$）与高息委托贷款变量（Loan$_t$）之间存在显著的正相关关系。这一结果与前文提到的冒险行为随年龄增长而减少的传统观点相矛盾。但是最近的研究也表明，年龄与冒险行为之间的关系并不是单纯的负相关关系，其他因素可能会对该关系起到调节作用。例如，Mather 等（2012）的研究发现，风险承担与年龄之间的关系受到可供选择的选项的影响。他们的研究表明，年龄差异对只有一个风险选项和一个特定选项之间的选择有影响，但是对同时存在两个风险选项之间的选择没有影响。Bernile 等（2017）的研究也表明，早期的灾难经历可能会影响 CEO 的风险态度，从而影响公司的决策。此外，回归结果表明，我们的研究结果与 Lundstrum（2002）的研究结果一致，即公司的长期投资（以研发费用衡量）随着 CEO 年龄的增长而减少。这一结果表明，股东为了避免公司业务增长乏力带来的持续亏损，有动机将一种短视的政策强加给经验丰富的经理人。当然，这里还存在的另一种可能的解释是，当 CEO 接近退休时，他会更关注短期利润，通过对于短期利润的操纵以获得更好的业绩，继而提高他的薪酬。也就是说，与经验不足的 CEO 相比，经验丰富的 CEO 做短视决策的机会成本更低，收益更高。

CEO 财务背景变量（Finance$_t$）的系数是正的，但只是边际显著（t-stat = 1.64）。这一结果为我们的预测提供了微弱的支持，即具有金融和财务背景的 CEO 由于对金融业务的熟悉程度更高，对高息委托贷款的风险和收益也更加了解，因此更愿意，也更有信心去承担风险换取高额的高息委托贷款收益，最终表现为会从事更大规模的高息委托贷款活动。

货币政策宽松变量（MP$_t$）的系数显著为正，该结果表明，在货币政策宽松

---

① 将系数（1.982）除以 100，即可测算出 Cashholding$_t$ 对高息委托贷款原值/总资产的影响。

期间，企业的高息委托贷款占总资产的比例较高。这一发现支持了我们先前的猜想，即宽松的货币政策允许企业以更低的成本筹集资金，增加了企业的现金持有，继而提供了产生更高投机利润的机会。因此，在货币政策宽松的时期，企业更有可能利用高息委托贷款进行投机。

企业的未来发展前期变量（$TobinQ_t$）与高息委托贷款变量（$Loan_t$）显著负相关，该结果表明：具有良好发展前景的企业利用高息委托贷款进行投机的动机较少。这符合我们先前的分析，发展前景良好的企业，将企业现金挪作他用，用于从事高息委托贷款的机会成本更高，同时更好的发展前景也会增加企业现金持有的其他需求，因此会降低从事高息委托贷款的可能性。我们还发现，企业年龄变量（Age_t）的系数显著为正，这意味着当企业进入业务生命周期的成熟期时，更有可能使用高息委托贷款来创造利润，以弥补其核心业务收入的减少。独立董事占比（$Inddir_t$）的系数是负的，但不显著。而机构投资者持股比例（Ins_t）与高息委托贷款变量（$Loan_t$）之间呈现显著的负相关关系。这一发现为治理水平较高的公司从事高息委托贷款等投机活动的可能性较小的假设提供了证据。与我们的预期相反，企业规模变量（$Size_t$）系数显著为负，这意味着大公司倾向于较少发放高息委托贷款。其中潜在的可能原因是，规模更大的企业，市场关注度更高，因为会受到更多的市场监督，从事高息委托贷款的机会成本和监管成本更大，继而降低了从事高息委托贷款的意愿。

总而言之，上述的回归结果支持前文提到的假设，即投机动机下，持有较多现金的公司更可能参与高息委托贷款业务。并且我们还发现，投机活动的增加（即更大规模的高息委托贷款）降低了企业积累现金的能力，表现为更大规模的高息委托贷款降低了企业的现金持有水平。并且通过比较 OLS 和 2SLS 估计的结果，突出了考虑高息委托贷款和现金持有的内生性的重要性，证明了本书选择 2SLS 方法的正确性。[1]

---

[1]　我们意识到可能存在遗漏变量的问题。一种合乎逻辑的处理潜在的遗漏变量问题的方法是在回归的方程设定上纳入公司特定的固定效应。然而，我们的样本包括 6 年的不平衡面板数据（unbalanced panel data）。在这种情况下，固定效应的估计是不精确和不可靠的。在未报告的结果中，我们对具有整个采样周期（2007~2012 年）数据的企业子样本添加固定效应。（1）中的 $Loan_t$ 系数仍然为负但不显著，而（2）中的 $Cashholding_t$ 系数仍然显著，一个可能的原因是 $Loan_t$ 的大部分变化是跨公司的（across firms），而不是在给定的公司内部（within a given firm）。

5.7 稳健性检验

在之前的估计中，回归方程中所有的自变量都采取和因变量同期的设计。为了缓解控制变量潜在的内生性问题，我们遵循 Tong（2010）的方法，除企业现金持有水平（$Cashholding_t$）、高息委托贷款（$Loan_t$）和货币政策宽松（MP_t）外，其余的所有变量都采取滞后一期的数值重新估计先前的模型。我们之所以将企业现金持有水平（$Cashholding_t$）和高息委托贷款（$Loan_t$）保持在当期，是因为我们假设高息委托贷款与现金持有之间存在反向因果关系。另外，我们将货币政策宽松（MP_t）也保持在当期。重新代入后的结果如表 5-5 所示，结果表明，使用滞后一期的控制变量并不会改变结果。（1）中 $Loan_t$ 的系数显著为负（-0.221），而 $Cashholding_t$ 的系数在式（5-2）中显著为正（1.972）。除了式（5-2）中的变量企业规模（$Size_t$）和独立董事占比（$Inddir_t$），其他控制变量的符号和显著性水平都与表 5-4 中的 2SLS 估计的结果相似。但独立董事占比（$Inddir_t$）系数变为负，这进一步支持了更好的公司治理能减少高息委托贷款的参与和规模的观点。

表 5-5   采取滞后一期的数值重新估计 2SLS 的结果

变量	(1)	(2)
	$Cashholding_t$	$Loan_t$
$Loan_t$	-0.221***	
	(-3.15)	
$Cashholding_t$		1.972***
		(3.71)
$CEOAge_{t-1}$		0.003*
		(1.81)
$Finance_{t-1}$		-0.009
		(-0.15)
MP_t		0.070*
		(1.87)

续表

变量	（1）Cashholding$_t$	（2）Loan$_t$
StdCF$_{t-1}$	0. 294 ***	
	(4. 16)	
Div$_{t-1}$	0. 023 ***	
	(3. 40)	
NWC$_{t-1}$	−0. 011 **	
	(−2. 13)	
R&D$_{t-1}$	0. 112	
	(0. 18)	
Size$_{t-1}$	−0. 004	−0. 005
	(−1. 42)	(−0. 41)
TobinQ$_{t-1}$	0. 001	−0. 004 *
	(1. 31)	(−1. 73)
Lev$_{t-1}$	−0. 254 ***	−0. 027
	(−8. 46)	(−0. 25)
State$_{t-1}$	−0. 001	−0. 031
	(−0. 13)	(−1. 18)
Age$_{t-1}$	−0. 006	0. 130 ***
	(−0. 74)	(5. 80)
Inddir$_{t-1}$	−0. 001 **	−0. 002 *
	(−2. 42)	(−1. 71)
Ins$_{t-1}$	0. 008	−0. 204 ***
	(0. 41)	(−2. 64)
常数项	0. 510 ***	−0. 498
	(7. 27)	(−1. 58)
行业固定效应	控制	控制
年度固定效应	控制	控制
观测值	8598	8598

注：括号内为 t 统计量，***、**、*分别表示在 1%、5%、10%水平上显著。

　　按照 Bernile 等（2017）使用的方法，我们进行了安慰剂效应检验（Placebo test）。在该检验中，我们首先随机分配给每个公司一笔高息委托贷款，其次使用

2SLS，重新估计回归式（5-1）和式（5-2）。我们将这个过程重复500次。如果先前的结果不是由随机噪声驱动的，安慰剂检验应该显示高息委托贷款和现金持有之间的关系不显著。此外，与表5-4中的2SLS模型方向相同，主要变量（$Loan_t$ 和 $Cashholding_t$）产生显著系数的比例应该很低。

表5-6报告了安慰剂检验的汇总统计数据。δ_1 和 β_1 的平均系数均为负，但不显著。在5%的水平上，系数估计值的绝对值明显大于表5-4中模型的估计值，并且与我们的 δ_1 和 β_1 估计值符号相同的百分比分别是4.2%和0.2%。这些结果表明，我们之前的结果不是由随机噪声驱动的，结果稳健。

表5-6　安慰剂检验：随机分配给每个公司一笔高息委托贷款后的检验结果

解释变量	$Cashholding_t$	$Loan_t$
δ_1 的均值		−0.028
标准差		0.444
T-检验量		−1.404
[%δ_1>0, α<5%; % δ_1<0, α<5%]		[8.2%; 5.4%]
(% $\mid\delta_1\mid$ > $\mid\delta_1^*\mid$, $\delta_1\times\delta_1^*$ >0, α<5%)		(4.2%)
β_1 的均值	−0.012	
标准差	0.481	
T-检验量	−0.562	
[%β_1>0, α<5%; % β_1<0, α<5%]	[3.0%; 1.8%]	
(% $\mid\beta_1\mid$ > $\mid\beta_1^*\mid$, $\beta_1\times\beta_1^*$ >0, α<5%)	(0.2%)	

注：该表格报告了安慰剂检验（Placebo test）的汇总统计检验数据。在该检验中，我们随机分配给每个公司一笔高息委托贷款。我们使用随机分配的高息委托贷款估计表5-1和表5-2中的基础模型，并重复上述过程500次。在500个重复的检验中，我们报告了委托贷款方程中的 δ_1 和现金持有方程中的 β_1 的平均系数估计。括号内的数字是在5%水平上显著为正的系数估计的百分比（% δ_1>0, α<5%；% β_1> 0, α<5%）或者在5%的水平上为负的系数估计的百分比（% δ_1<0, α<5%；% β_1<0, α<5%）。δ_1 是高息委托贷款方程中的现金持有的回归系数，β_1 是现金持有方程中高息委托贷款的系数。括号中的数字是系数估计的百分比，其绝对值明显大于表5-5中模型在5%水平上的估计值，并且其符号与我们的估计值相同（% $\mid\delta_1\mid$ > $\mid\delta_1^*\mid$, $\delta_1\times\delta_1^*$ >0, α<5%；% $\mid\beta_1\mid$ > $\mid\beta_1^*\mid$, $\beta_1\times\beta_1^*$ >0, α<5%）。回归中，我们控制了和表5-5中一样的其他所有的控制变量和个体固定效应。

我们认为，高息委托贷款是受短期利润驱动的，因此是一种投机活动。所以，理论上，现金持有的投机动机应该是只对高息委托贷款的发放有影响，但是对非高息委托贷款是否发放并没有任何影响。为了验证上述逻辑的正确性，我们使用非高息委托贷款而不是高息委托贷款作为因变量重新估计联立方程模型，相关的回归结果如表5-7所示。非高息委托贷款（NHI-Loan$_t$）的衡量方式是用非高息委托贷款的总金额除以总资产的金额。回归结果显示，非高息委托贷款（NHI-Loan$_t$）变量与现金持有水平变量（Cashholding$_t$）关系不显著，列（1）中的 NHI-Loan$_t$ 系数和列（2）中的 Cashholding$_t$ 系数均为正，但不显著。这样的结果说明，现金持有的投机动机并不会影响非高息委托贷款的发放意愿。正如前文所述，非高息委托贷款主要发放给关联方，是有效管理内部资本市场的一种工具。因此，持有现金的投机动机只是为了获得高息委托贷款。

表5-7　用非高息委托贷款作为 **Loan$_t$** 替代变量的两阶段最小二乘估计方程的结果

变量	（1）	（2）
	Cashholding$_t$	NHI-Loan$_t$
NHI-Loan$_t$	0.096	
	（1.29）	
Cashholding$_t$		0.061
		（0.25）
CEOAge$_t$		−0.001***
		（−2.82）
Finance$_t$		0.036
		（1.45）
MP$_t$		0.022
		（1.21）
StdCF$_t$	0.225***	
	（6.87）	
Div$_t$	0.019***	
	（5.94）	
NWC$_t$	−0.016***	
	（−6.51）	
R&D$_t$	−0.251	
	（−0.98）	

续表

变量	(1)	(2)
	Cashholding$_t$	NHI-Loan$_t$
Size$_t$	0.005***	0.013**
	(2.81)	(2.19)
TobinQ$_t$	0.009***	0.009
	(7.18)	(1.58)
Lev$_t$	−0.205***	−0.107*
	(−16.37)	(−1.87)
State$_t$	0.008**	−0.012
	(2.49)	(−0.97)
Age$_t$	−0.042***	0.031**
	(−14.19)	(2.29)
Inddir$_t$	−0.001***	0.000
	(−3.85)	(0.64)
Ins$_t$	0.017**	0.037
	(2.11)	(1.16)
常数项	0.274***	−0.333**
	(7.49)	(−2.40)
行业固定效应	控制	控制
年度固定效应	控制	控制
观测值	8896	8896

注：在回归（1）和回归（2）中，采用非高息委托贷款作为贷款变量。非高息委托贷款（NHI-Loan$_t$）是收取低于优惠利率20%的委托贷款。该表检验的目的是确定非高息委托贷款和高息委托贷款与现金持有水平的关系是否相同。NHI-Loan$_t$等于非高息委托贷款除以总资产。其他变量和表5-4中一致。括号内为 t 统计量。***、**、*分别表示在1%、5%、10%水平上显著。

5.8　进一步讨论

上文的核心检验都是建立在这样一个假设前提之上的：提供高息委托贷款是一种产生短期利润的投机活动，因此更符合管理者对个人利益的渴望，而不是股东的长期利益。为了检验这一猜想的有效性，我们研究了高息委托贷款对公司长期业绩的影响。

我们拟采取的检验方式为：将企业未来的会计业绩和市场业绩回归到上文提到的高息委托贷款变量 $Loan_t$ 上，同时按照表 5-1 中的方法，控制公司的变量特征。我们准备采取两种不同的方法衡量公司的会计业绩情况：公司 t+1 年至 t+3 年的净资产收益率（ROA_{t+1}，ROA_{t+2} 以及 ROA_{t+3}）和总资产收益率（ROE_{t+1}，ROE_{t+2} 以及 ROE_{t+3}）。对于市场业绩变量的衡量，我们拟采取 t+1 年至 t+3 年的长期持有超额收益（$BHAR_{t+1}$，$BHAR_{t+2}$ 以及 $BHAR_{t+3}$）变量作为具体变量。长期持有超额收益的计算方法为：公司股票的复合日收益率减去该公司上市交易所的股票市场指数的复合日收益率。[①]

在考察会计和市场表现的回归中，我们首先控制了原有的那些控制变量，包括了公司特质层次的控制变量，除此之外，我们还加入了管理层的持股比例（$Magt_t$）和公司的资本性支出变量（$Capex_t$），其中资本性支出变量的衡量方式为：衡量年度房产、厂房及设备总体的变化量，并用企业年度的总资产进行转化。在考察企业长期市场绩效的回归中，我们参照 Bessembinder 和 Zhang（2013）的研究，加入两个额外的衡量股票市场的特征变量：前期收益水平（$PreRet_t$）和年度收益波动情况（$RetVol_t$）。前期收益水平（$PreRet_t$）采用该股票前 12 个月的累计收益来计算；年度收益波动情况（$RetVol_t$）采用过去 12 个月日收益率的标准差来计算，回归中的其余变量的衡量方式和表 5-1 相同。

表 5-8 的结果显示，高息委托贷款变量 $Loan_t$ 和 ROA_{t+1} 显著负相关，并且与 ROA_{t+2} 和 ROA_{t+3} 负相关，但是系数并不显著。ROE 的 t+1 年到 t+3 年的结果显示，高息委托贷款变量 $Loan_t$ 与它们没有统计学上显著的相关关系。委托贷款变量 $Loan_t$ 与市场绩效之间关系的结果也是相似的。委托贷款变量 $Loan_t$ 的系数与 $BHAR_{t+1}$ 和 $BHAR_{t+2}$ 并不显著，与 $BHAR_{t+3}$ 是负向的显著关系。由此可见，无论我们是采取 ROA 和 ROE 衡量的会计业绩指标，还是采取用 BHAR 衡量的长期市场指标，高息委托贷款与企业长期绩效均不显著或显著负相关。这些结果支持了高息委托贷款是短期导向的观点，其本质上是基于投机动机的短期行为，对公司的长期业绩没有贡献。

---

① 例如，对于在上海证券交易所上市的公司，我们使用上证综合指数，而对于在深圳证券交易所上市的公司，我们使用深圳成份指数。

表5-8 高息委托贷款的未来三年会计业绩与市场业绩

变量	(1) ROA_{t+1}	(2) ROA_{t+2}	(3) ROA_{t+3}	(4) ROE_{t+1}	(5) ROE_{t+2}	(6) ROE_{t+3}	(7) $BHAR_{t+1}$	(8) $BHAR_{t+2}$	(9) $BHAR_{t+3}$
$Loan_t$	-0.012	-0.065**	-0.095**	0.017	-0.062	-0.118	0.018	-0.149	-0.705*
	(-0.26)	(-2.42)	(-2.05)	(0.22)	(-1.32)	(-1.09)	(0.22)	(-0.42)	(-1.66)
$Size_t$	0.013***	0.012***	0.011***	0.023***	0.022***	0.017***	0.003	-0.076***	-0.190***
	(14.80)	(13.87)	(13.27)	(8.13)	(8.10)	(7.29)	(1.39)	(-3.14)	(-2.90)
$TobinQ_t$	0.012***	0.011***	0.009***	0.018***	0.015***	0.013***	0.000	-0.036***	-0.066**
	(8.81)	(9.13)	(7.58)	(8.14)	(8.77)	(8.71)	(0.28)	(-2.72)	(-2.35)
Lev_t	-0.083***	-0.073***	-0.068***	-0.048***	-0.060***	-0.054***	0.004	0.067	0.230**
	(-12.73)	(-8.92)	(-8.21)	(-3.91)	(-3.19)	(-3.02)	(0.59)	(1.23)	(2.16)
$State_t$	-0.003*	-0.004**	-0.006***	-0.008*	-0.011***	-0.011***	0.004	-0.002	-0.052
	(-1.68)	(-2.24)	(-3.48)	(-1.97)	(-3.25)	(-3.27)	(0.97)	(-0.09)	(-1.24)
Age_t	0.000	0.000	0.002	0.003	0.001	0.002	0.007	-0.049*	-0.086**
	(0.04)	(0.14)	(0.67)	(0.52)	(0.22)	(0.43)	(0.85)	(-1.67)	(-2.49)
$Capex_t$	-0.034***	-0.009***	0.005	-0.103***	-0.049***	-0.011	-0.001	0.019	0.115*
	(-4.45)	(-3.33)	(0.79)	(-5.50)	(-2.58)	(-0.91)	(-0.13)	(0.53)	(1.90)
Mag_t	0.010*	0.009	0.007	0.030***	0.027***	0.023**			
	(1.69)	(1.43)	(1.28)	(4.07)	(2.95)	(2.38)			

续表

变量	(1) ROA$_{t+1}$	(2) ROA$_{t+2}$	(3) ROA$_{t+3}$	(4) ROE$_{t+1}$	(5) ROE$_{t+2}$	(6) ROE$_{t+3}$	(7) BHAR$_{t+1}$	(8) BHAR$_{t+2}$	(9) BHAR$_{t+3}$
Inddir$_t$	0.019***	0.014**	0.019***	0.044***	0.030*	0.040***			
	(2.99)	(2.44)	(4.59)	(3.28)	(1.94)	(4.17)			
PriRet$_t$							0.981***	0.973***	1.005***
							(40.51)	(11.61)	(6.17)
RetVol$_t$							-0.117	-9.926***	-19.078***
							(-0.46)	(-4.12)	(-6.60)
常数项	-0.242***	-0.223***	-0.193***	-0.463***	-0.432***	-0.328***	-0.300***	1.878***	4.799***
	(-10.64)	(-10.02)	(-8.62)	(-8.37)	(-8.31)	(-6.31)	(-4.35)	(2.90)	(3.16)
行业固定效应	控制	控制	控制	控制	控制	控制	控制	控制	控制
年度固定效应	控制	控制	控制	控制	控制	控制	控制	控制	控制
观测值	8878	8861	8846	8878	8861	8846	8845	8838	8815
调整后的 R^2	0.190	0.140	0.111	0.113	0.084	0.067	0.980	0.407	0.260

注：该表格报告了高息委托贷款和公司长期业绩之间的关系。在 (1) 到 (3) 中，因变量分别是 t+1 年、t+2 年和 t+3 年的资产收益率（ROA$_{t+1}$、ROA$_{t+2}$、ROA$_{t+3}$）。在 (4) 到 (6) 中，因变量分别是 t+1 年、t+2 年和 t+3 年的净资产收益率（ROE$_{t+1}$、ROE$_{t+2}$、ROE$_{t+3}$）。在 (7) 到 (9) 中，因变量为下一个 t+1 年、t+2 年和 t+3 年的超额长期持有收益（BHAR$_{t+1}$、BHAR$_{t+2}$、BHAR$_{t+3}$）。括号内为 t 统计量。***、**、* 分别表示在 1%、5%、10% 水平上显著。

虽然表 5-8 显示高息委托贷款并不会提高企业的长期绩效，但可能会使其他利益相关者受益。委托贷款可以提供一个内部资本市场，允许企业获得资金，避免资本配给。在公司内部转移资金可以使公司更有效地管理资本。Fauver 等（2003）发现，在外部资本市场效率低下、法律体系不完善的国家，内部市场在资本积累和配置中发挥着至关重要的作用。在《华尔街日报》的一篇文章中，国有能源公司大唐国际发电有限公司的代表声称："如果我们的子公司遭受更多的损失，它们将更难获得银行贷款。在这种情况下，我们可以发行更多的委托贷款。"因此，对关联方的委托贷款发挥了内部市场功能。在我们的样本中，非高息委托贷款中有 76% 的借款人是贷款公司的相关方。相反，高息委托贷款中只有30% 是发放给关联方的。相比之下，大部分高息贷款都是向企业名称中带有"房地产""开发""建设"字样的企业发放的。高息委托贷款集中在监管机构鼓励银行减少放贷的行业。这种做法对中国经济构成高风险。

与贷款人的关联方相比，与贷款公司无关的高息委托贷款的借款人资产负债率更低，资产收益率更高，报告净利润为负的比例也更低。在样本中，无关联（相关）借款人的平均资产负债率、ROA 和公司报告净利润为负的百分比分别为49.80%、6.02% 和 24.00%（59.97%、–1.90% 和 80.77%）。这一结果表明，向关联方提供高息委托贷款更有可能成为企业内部资本管理的工具，即使风险更大、利润更少，企业也会向关联方放贷。相反，委托给关联方的贷款更多以利润为导向，贷款公司更关心风险。高息委托贷款大部分是向不相关方发放的，这说明贷款企业利用高息委托贷款获取快钱，而不是将其作为内部资本市场的工具。

5.9 本章主要结论

持有现金的动机是企业财务研究的一个重要课题。过去的研究主要考察交易动机和预防动机。据我们所知，迄今为止还没有任何关于现金持有的投机动机的实证研究。委托贷款在中国的快速发展为本书的研究提供了一个机会，本书通过研究企业现金持有与高息委托贷款的投机活动之间的关系来填补这一文献空白。

委托贷款是中国特有的一种贷款方式，公司可以通过中介相互贷款。委托贷款可以提高企业集团内部资源配置的效率，为企业获取投机性利润提供机会。与子公司的低利率贷款不同，非子公司的高利率委托贷款以利润为中心，是一种投机手段。

考虑高息委托贷款与企业现金持有水平之间的反向因果关系，本书采用两阶段结构模型（2SLS）的估计方法研究两者之间的关系。研究发现，企业持有现金越多，发放的高息委托贷款就越多，而高息委托贷款的增加会降低企业的现金持有水平。这一发现支持了本书的假设，即公司持有现金是出于投机目的。同时，高息委托贷款对企业长期绩效没有显著的正向影响。这一结果支持了本书的观点，即高息委托贷款主要是为了短期利润。在研究高息委托贷款的决定因素时，我们发现在宽松货币政策时期，企业会产生更多的高息委托贷款。出人意料的是，我们发现 CEO 年龄与高息委托贷款之间存在正相关关系。另外，具有更好的成长机会和更高的机构持股比例的公司会较少发放高息委托贷款。

第6章　我国高息委托贷款的决定因素

6.1　研究背景

在我国，由于基于产权性质和产业的区别性的贷款政策和信贷配给现象的存在，虽然这种现象本质上是由于信息不对称所导致的市场失灵，但是客观上也导致了正规的金融体系无法满足所有企业的融资需求。这种信贷资源的供需失衡，导致包括委托贷款①在内的各类非正规金融业务迅速发展。然而，并不是所有的委托贷款都是一样的。对子公司或关联方的委托贷款是大企业内部②有效管理现金的流动性的工具。然而，贷款给非附属公司或非关联方时，通常收取非常高的利率。我们称这种贷款为高息委托贷款。

---

① 在我国，企业可以通过代理银行或金融公司相互放贷。整个委托贷款过程涉及受托人、出借人、贷款人三方。其中，受托人是出借人（委托人）的受托人，代表出借人取回本息。贷款人指定目标借款人并确定贷款条款。

② 关联方的定义见《国际会计准则》第 24 号。该准则中涉及的关联方定义包括：①直接地或通过一个或若干个中间者间接地控制报告企业，或是被报告企业所控制以及和报告企业共同受控制的那些企业（其中包括控股公司、附属公司和其他附属公司）；②联营企业（见国际会计准则第 28 号对联营企业投资的会计）；③直接或间接地拥有报告企业有表决权的股份，并对该企业具有重大影响的那些个人及与其关系密切的家庭成员；④重要的管理人员，即有权力和责任来进行计划、指挥和控制报告企业活动的那些人员，包括公司的董事和高级职员以及与这些人关系密切的家庭成员；⑤由上述第③段或第④段所述人员直接或间接地拥有重大表决权的企业，或是这种人员能够对其施加重大影响的企业。它包括由报告企业的董事或主要股东拥有的企业，以及与报告企业拥有共同的重要管理人员的那些企业。在考虑各种可能的关联者之间的相互关系时，应注意相互关系的实质，而不仅仅是法律形式。

企业从事高息委托贷款投资并不是没有风险，相反，提供高息委托贷款是一项高风险投资，具有较高的信息和执行风险（Allen et al.，2019），贷款方和出借人之间存在巨大的信息不对称，由此会带来贷款回收风险。过去的研究认为，企业风险承担（risk taking）对企业发展和整体经济增长至关重要（Wang，2012）。因此，研究企业为何从事高风险投资，以及哪些内部和外部因素影响企业承担风险的动机是有必要的。研究中国高息委托贷款的决定因素，有助于我们理解企业参与新兴市场非正式融资背后的基本原理。

委托贷款在全社会融资总额中的占比越来越大，在社会融资领域的重要性越来越大，但对委托贷款进行分析的相关研究却很少①。仅有 He 等（2016）和 Allen 等（2019）等研究了这一问题。在书中，我们关注高风险类型的委托贷款——高息委托贷款。利用手工搜集的来自公告的委托贷款信息，我们从风险承担的角度来审视以下问题：①什么样的公司更有可能提供高息委托贷款？②高管的风险偏好是否在高息委托贷款决策中发挥作用？③哪些外部或制度因素有助于企业参与非正规融资（如高息委托贷款）？④公司治理能否限制风险承担，降低提供高息委托贷款的可能性？

本书通过手工搜集的来自公告的委托贷款信息，对 2007～2012 年中国 A 股上市公司进行分析，研究发现，持有现金较多的公司更有可能提供高息委托贷款，这种倾向性在宽松货币政策时期尤为突出。但是，随着成长机会和企业年龄的增加，提供高息委托贷款的倾向逐渐降低。这些研究结果支持了融资约束较少、成长机会有限的成熟企业更愿意承担风险和从事高息委托贷款的观点。

我们发现，CEO 的行为特征和公司治理的有效性也会影响公司是否从事高息委托贷款业务的决策。受教育程度越高的 CEO 越不愿意承担风险，因此不太愿意从事高息委托贷款业务。另外，具有金融背景的 CEO 参与高息委托贷款业务的可能性更大。这一发现支持了上层梯队理论（Upper Echelons Theory），Hambrick 和 Mansion（1984）、Hambrick（2007）的研究都认为，高管的人口特征和个性特征会导致不同的风险倾向，进而影响企业的风险承担行为。此外我们还发

---

① 在中国，社会融资总量是衡量信用和流动性的一个标准。它涵盖了传统银行系统内外不同形式的融资。具体包括人民币贷款、外币贷款、委托贷款、信托贷款、未贴现银行承兑汇票、公司债券、非金融类企业内资股权融资、保险公司还款、投资性房地产、其他金融工具融资等。2011 年以来，中国人民银行将社会融资总量作为制定货币政策的目标。详见 http://www.chinabankingnews.com/total-social-financing。

现，机构持股比例和独立董事比例与从事高息委托贷款业务的可能性呈负相关关系，表明强大的公司治理可以减少风险承担行为。这一发现与基于委托代理关系的管理层风险承担理论的预期是相一致的，该理论认为，公司治理结构能有效地约束代理人的风险承担行为，治理结构越好的公司，管理层的风险承担行为越弱（Baysinger & Hoskisson，1990；Coffee，1986）。

金融创新理论认为，新的金融产品/服务的出现是对市场摩擦的反应（例如，帮助纠正市场不完善或避免金融监管的影响；Tufano，2003），我们的发现和该理论预期相一致，即高息委托贷款也是由市场的不完善驱动的。行业监管上的歧视性贷款政策促进了非正式金融体系的快速增长，进而通过非正式金融体系的重要组成部分——高息委托贷款为企业提供从事承担风险行为的机会。我们发现，在市场化进程越快的地区，企业提供高利率委托贷款的可能性越大。它们反过来帮助过热行业的企业规避政府的行业监管政策。

本书对现有研究做了如下贡献：通过考察一种不同类型的风险承担行为——非金融公司参与非正式金融体系，对企业风险承担行为的研究做出了贡献。此外，现有文献大多从宏观角度分析非正式金融体系，例如考察非正式金融体系的发展与经济增长的关系。本书从企业微观层面分析了企业参与影子银行体系背后的原因，为非正式金融体系的研究提供了理论依据。

6.2 高息委托贷款的决定因素

不论在股权融资，还是债权融资方面，上市公司都比非上市公司更有融资优势。在中国，大多数上市公司都有很高的知名度，在当地经济中发挥着重要作用，因此，银行更愿意相信它们的信用水平，并向它们提供贷款（Allen et al.，2005）。再加上能够通过资本市场进行 IPO 和再融资，上市公司比非上市公司更容易积累现金。中国的经济改革促进了经济的蓬勃发展，快速发展的中国房地产业也产生了相当大的的资金需求。然而，商业银行受到政府行业政策严格的监管，被要求保持一定的贷款标准，对特定行业实行区别对待的贷款政策。此外，信贷配给是由于信息不对称所导致的道德风险和逆向选择问题而产生的一种现象

（Stiglitz & Weiss，1981）。因此，正式银行体系所提供的信贷无法满足全社会日益增长的资金需求，进而导致了影子银行系统的飞速发展。在此背景下，需要资金的公司必然会转向不同类型的信托公司和委托贷款，寻求非正式金融体系提供的信贷资源。那些期望获得极高投资回报的快速成长的公司，或者那些急需资金以维持企业生存的公司，则愿意支付高达 20%～25% 的利率。这为高息委托贷款的快速发展铺平了道路。

在本节中，我们讨论影响公司提供高息委托贷款的动机和能力的基本因素。具体来说，我们讨论了企业基础财务特征和外部宏观货币政策的作用，高息委托贷款是中国独特的市场环境和政府政策的产物。此外，由于高息委托贷款的发放对象是与放款人无关联的企业，因此存在严重的信息不对称以及由此带来的放款人信用风险较高的问题，是否从事高息委托贷款可能受到决策者风险态度和委托代理冲突的影响。因此，我们进一步讨论了 CEO 的个人特征、外部市场的不完美、公司治理强度对公司是否从事高息委托贷款业务的影响。

6.2.1　企业特征、货币环境与高息委托贷款

企业能否通过提供高息委托贷款获取高额利润，在很大程度上取决于企业所拥有的现金存量。当一家公司已经持有大量现金时，它无须从资本市场筹集额外资金就可以立即对外提供委托贷款。此外，当企业的核心业务缺乏有价值的投资机会时，现金充裕的公司也会寻求其他渠道进行投资，以提高自身闲余资金的使用效率和收益。根据企业生命周期理论，企业在成熟期和衰退期的销售额和利润都会下降。为了通过其核心业务来解决这些利润下降的问题，公司可能会试图通过延长其业务生命周期（例如投资新技术）或利用其他方法从而创造利润和重塑自己。我们假设当企业持有大量现金但发展机会有限时，它们更有可能从事高息委托贷款业务。

企业的所有权结构也是一个重要的决定性因素，不同的产权结构带来的是企业经营目标的不同。许多中国上市公司都是国有控股企业，国有控股公司有着更多的经营目标，与实际控制权是个人的企业相比，其受到更多的由经营目标带来的约束和监督。除了利润目标外，其通常包含着一定的社会目标。因此，多目标平衡下弱化了企业的套利冲动，使得此类企业从事高息委托贷款的可能性较小。

企业的资产负债结构也会影响公司承担风险投资的意愿。从直观上看，更高

的资产负债率意味着更大的财务困境的可能性，资产负债率较高的企业不太可能从事高风险活动。因此，我们预计，随着公司财务杠杆的增加，其提供高息委托贷款的可能性会降低。

企业所在的外部环境会影响公司承担风险投资的意愿。外部的货币政策环境会通过影响企业融资成本的方式影响企业决策。当企业能够进入资本市场并以较低的成本筹集资金时，它们从事高息委托贷款的可能性就会增加。因此，是否提供高息委托贷款的决定与政府的货币政策有关。当政府采取宽松的货币政策时，信贷供给和流动性增加，利率较低，进而导致融资成本较低，较低的融资成本又提高了高息委托贷款的吸引力。因此，上市公司在货币政策宽松时期更愿意提供高息委托贷款。①

6.2.2 CEO 个人特点与高息委托贷款

管理层风险承担的高层梯队理论认为，高管的人口特征和心理特征统计量对高管的风险承担倾向和冒险行为起着重要的决定作用（Hambrick & Manson，1984；Hambrick，2007）。② 许多研究表明，CEO 的个人特征会影响企业的风险承担水平，并影响诸如研发支出（Barker & Mueller，2002）、资本结构（Graham et al.，2013）和对外投资（Malmendier & Tate，2005）等重要财务决策。这是因为 CEO 的风险承受能力和过度自信水平会直接影响企业的经营决策，而这两种行为属性与 CEO 的年龄、性别、受教育程度、任职年限、工作经验等个人特征密切相关。例如，Jiang 等（2011）通过分析一组中国上市公司后发现，管理层的过度自信水平在更年轻、任期更短或受教育程度更低的 CEO 组别中更高。Huang 和 Kisgen（2013）的研究认为，男性高管比女性高管更自负，风险厌恶程度更低。因此，男性高管更有可能进行并购和对外发行债券。按照这一思路，我们预计由风险承受力更高且过度自信的 CEO 经营的公司，更有可能从事高息委托贷款业务。因此，提供高利率委托贷款的可能性与降低 CEO 风险规避倾向（CEO 过度自信）的特征呈正相关（负相关）。

---

① 当政府采取宽松的货币政策时，企业更容易获得信贷。但是，由于资金配给等原因，某些行业的企业（如房地产开发商）仍然无法获得银行贷款，从而转向委托贷款。

② 能用于解释管理层风险承担意愿的理论有很多，比如代理理论、前景理论、行为代理模型和管理层梯队理论等。关于这些理论的具体说明，可以参见 Hoskisson 等（2017）。

6.2.3　金融市场不完善与高息委托贷款

根据金融创新理论，金融市场的新的产品或实践往往是市场效率低下和市场不完善的结果。例如，Tufano（2003）认为，金融市场业务创新有助于纠正市场的低效和不完善，同时也是规避金融监管的一种有效手段。在我国，不同地区的市场化水平差异显著，这种差异也影响了不同地区企业的公司财务决策（Shao et al.，2015）。当地的市场化程度会影响公司参与高息委托贷款的意愿，主要原因如下：①公司所在地区市场化水平较高，意味着所在地有更好的经营环境和制度环境，公司高管也更加知识渊博，同时所在地区市场化水平较高也意味着更好的法律保护体系，从而降低了高息委托贷款的收回成本，进而提高了公司从事高息委托贷款业务的意愿；②随着市场化程度的提高，当地企业对资金的需求也随之增加。在市场化进程更快的地区有着更好的投资机会，企业可能更需要资金来抓住发展机会。特别在银行存在信贷歧视的背景下，在经济活动较发达的地区经营的中小企业，资金需求较大，但无法从银行获得贷款，就会导致它们向诸如委托贷款（Jin & Qian，1998；Qian，1994）等非正式的金融系统进行融资。Hasan 等（2015）的研究指出，市场化进程会促进小企业成长。他们发现整体市场化指数和小企业数量增长之间存在正相关关系。同样，Jin 和 Qian（1998）的研究发现，市场化程度越高的地区，中小企业占公司总数的比例越高。中小企业和民营企业的增加都导致了其对资金的高需求。由于正式金融系统普遍存在歧视性贷款，中小企业不太可能获得足够的银行信贷资源（Qian，1994）。上述研究都说明了市场化程度较高的地区存在对委托贷款的高需求。因此，在市场化程度较高的地区，市场整体对非正式金融系统融资需求增加，当地企业更有可能介入高息委托贷款业务。

此外，非正式金融系统中提供的高息委托贷款可能是对政府政策导致市场融资摩擦增大的一种回应。从 2011 年开始，中国银行业监督管理委员会（CBRC）限制银行对房地产和建筑等过热行业的贷款，这项政策监管压制了房地产和建筑等过热行业从正式金融系统获取信贷资源的能力，继而增加了其对委托贷款的需求。当传统的银行系统无法满足企业的信贷需求时，借款人就会转向其他融资渠道。从这个角度来看，高息委托贷款是政府倾向性信贷资源配置政策造成的信贷短缺的一种市场自发性质的解决方案。

6.2.4　公司治理与高息委托贷款

公司治理的有效性也会对是否提供高息委托贷款的决策产生影响。基于委托代理理论和管理层风险承担理论，公司治理的强度和风险承担倾向之间存在负相关关系，完善的公司治理会抑制企业风险承担冲动（Baysinger & Hoskisson，1990；Coffee，1986）。在公司治理机制不完善的企业中，管理者对公司资源拥有更多的自由裁量权，更有能力追求自身的私有利益。随着股东与管理者之间利益冲突的加剧，管理者也更有可能从事高风险活动（Chung et al.，2015），比如发放高息委托贷款。过去的研究也表明，董事会发挥着重要的监督作用，董事会的组成是公司治理机制的有效性的重要影响因素（Fama & Jensen，1983）。因此，一个拥有更多独立董事的董事会能够更有效地缓解委托代理问题。

过去的研究发现，机构投资者越发成为公司治理的重要力量，在监督和执行公司治理方面就会变得越发积极（Jensen，1993）。由于持有股份比例巨大以及专业的投资能力，机构投资者在公司治理过程中起到了有效的监督作用（Shleifer & Vishny，1986；Maug，1998）。Jensen（1986）的研究发现，过多的现金持有会加剧代理问题，他认为，更多的资源处于管理层的自由裁量权之下导致了代理问题的增加。因此，我们预计机构持股比例和独立董事比例较高的公司提供高息委托贷款的可能性较小，并且对于拥有更多现金的公司来说，这种关系应该更强。

6.3　研究设计、数据来源与描述性统计

6.3.1　研究设计与实证方法

我们使用如下基础模型来检验高息委托贷款的基本决定因素：

$$\text{EntrustLoans}_{it} = \delta_0 + \delta_1 \text{MP}_t + \delta_2 \text{Cashholding}_{it} + \delta_3 \text{Size}_{it-1} + \delta_4 \text{TobinQ}_{it-1} + \delta_5 \text{Lev}_{it-1} + \delta_6 \text{State}_{it-1} + \delta_7 \text{Age}_{it-1} + \mu_{it} \qquad (6-1)$$

模型中，高息委托贷款变量（EntrustLoans_{it}）代表在当年是否从事高息委托贷款，具体定义为：当公司在当年进行高息委托贷款时，该值取 1，否则取 0。

为简便起见，在下面的讨论中，我们去掉了代表公司观测的下标 i。如前文所述，我们将贷款利率超过一年期贷款基准利率 120% 的贷款定义为高息委托贷款。

货币政策变量（MP_t）是一个虚拟变量，具体定义为：若当年处于货币政策宽松时期为 1，否则为 0。2008 年 11 月 11 日，中国政府宣布了"四万亿计划"，并于 2009 年开始实施。同时，据新闻报道，中国人民银行行长称，2010 年第三季度我国开始实施紧缩的货币政策①。由于我们使用的是年度数据，所以我们将 2008~2009 年定义为货币政策宽松的时期。因此，MP_t 是一个哑变量，2008~2009 年为 1，其余时间取值为 0。

企业的现金持有水平变量（$Cashholding_{t-1}$）是企业上年持有的现金和现金等价物总额与总资产的比率。这里我们采取滞后一期的现金持有的目的在于避免反向因果问题，滞后一期的现金持有水平变量能确保从现金持有到高息委托贷款之间的因果关系。上文提到，一家公司提供委托贷款的能力在很大程度上取决于其持有的现金存量，现金持有越充裕的公司，越有可能提供高息委托贷款。

公司规模变量（$Size_{t-1}$）用于衡量公司进入资本市场的机会和以低成本筹集资金的能力。企业发展变量托宾 Q 值（$TobinQ_{t-1}$）的计算方法为：用净资产的市场价值加上债务的账面价值再除以总资产的账面价值。托宾 Q 值经常用于衡量企业未来的发展状况，该值越高，说明市场认为该公司未来发展机会越好。前文提到，企业是否从事高息委托贷款业务是权衡收益和风险之后的结果，未来发展前景越好的公司，从事高息委托贷款的机会成本越大。因此，我们希望发现 $TobinQ_{t-1}$ 与 $EntrustLoans_t$ 之间存在负相关关系。资产负债率（Lev_{t-1}）的计算方法为总负债与总资产的比率，它被用来控制企业的财务风险。正如 Jensen（1986）所指出的，随着财务杠杆的增加，管理层的自由裁量权减少。因此，我们预计高杠杆的公司不太可能从事高息委托贷款业务。我们还纳入国有产权变量（$State_{t-1}$），具体衡量方式为：如果该企业的最终控制人背景是国有机构，则该值等于 1，否则等于 0。我们希望用这个变量控制国有产权属性对从事高息委托贷款决策的影响。随着公司成立时间的增加，行业发展停滞，企业可能面临产生短期利润的压力。因此，年龄较大的公司会更有提供高息委托贷款的动机。因此，我们预计随着企业年龄（Age_{t-1}）的增加，进行高息委托贷款的可能性会增加。按照已有研

---

① 详见 http：//www.caijing.com/cn/2011-05-20/110723759.html。

究的常见做法（Chen et al.，2010），我们采用公司上市年数加 1 的自然对数来衡量。此外，我们在回归中还控制了企业的行业固定效应。

为了检验 CEO 行为特征与发放高息委托贷款倾向之间的关系，我们在基础模型中添加了五个变量——CEO 的年龄（$CEOAge_t$）、CEO 是否有金融机构从业的经历（$Finance_t$）、CEO 的学位（$Degree_t$）、CEO 的性别（$Gender_t$）、CEO 的任职期限（$Tenure_t$），由于这些 CEO 特征是外生变量，我们使用当期值（t 期），而不使用滞后值。

传统观点认为，个体的冒险行为会随着年龄的增长而减少。由于年龄较大的 CEO 更不愿意采取有风险的政策（Farag & Mallin，2018），我们预期 $EntrustLoan_t$ 变量应该随着 CEO 的年龄（$CEOAge_t$）的增长而减少。CEO 的专业背景对风险承担行为也有重要影响。这里我们引入 CEO 是否有金融机构从业经历（$Finance_t$）这一虚拟变量，具体定义为：当 CEO 有金融服务行业的经验时等于 1，否则等于 0。[①] 我们希望有金融背景的 CEO 能够更好地理解高息委托贷款的风险性质，并在发放此类贷款时更有信心。CEO 的学位（$Degree_t$）的定义为：如果 CEO 拥有本科或以上学历，学位等于 1，否则为 0。前人研究发现，教育水平会影响 CEO 的战略决策。我们认为，$Degree_t$ 与 $EntrustLoan_t$ 之间的关系是双向的。一方面，受过高等教育的 CEO 可能更关注长期价值，不愿为短期利润承担风险，这意味着 $Degree_t$ 与 $EntrustLoan_t$ 之间存在负相关关系；另一方面，之前的研究表明，受过高等教育的 CEO 更具有创新性，思想更开放，更愿意冒险（Lin et al.，2005）。如果是这样的话，这种趋势应该意味着 $Degree_t$ 与 $EntrustLoan_t$ 之间存在正相关关系。

Faccio 等（2016）的研究表明，女性 CEO 表现出更高水平的风险规避。Hirshleifer（1993）认为任期较短的 CEO 有更强的动机去追求短期的结果。当 CEO 任期较长时，他们更致力于维持现状，也更不愿意承担可能损害其声誉的风险。因此，我们预计公司的 CEO 为女性或公司的 CEO 任期较长时，企业从事高息委托贷款的意愿会下降。具体而言，CEO 的性别（$Gender_t$）定义为：对于男性 CEO 来说，$Gender_t$ 等于 1，否则等于 0。我们将 CEO 的任职期限（$Tenure_t$）定

---

① 我们从公司年报中查阅了 CEO 的履历，以确定这些 CEO 是否有财务相关领域的工作经验。例如，如果一位 CEO 曾在银行或投资公司工作，那么 $Finance_t$ 等于 1。

义为 CEO 担任该职位的月数。

为了准确衡量市场不完善（如区域差异）造成的影响，我们使用了樊纲等（2000）为中国各省份制定的市场化指数（Market$_t$）。该指数包括 5 个领域的 19 个制度安排和政策指标：①政府与市场的关系；②非国有经济的发展；③产品市场的发育程度；④要素市场的发育程度；⑤市场中介组织发育和法律制度环境。我们使用"汇总指数"，它是 19 个指标得分的加权平均值。评分越高，各省市场化进程越快。我们希望发现 Market$_t$ 和 EntrustLoan$_t$ 之间存在正相关关系。为了检验政府区别化的行业信贷政策对过热行业信贷供应方面的影响，我们添加了一个区别化信贷政策变量（Policy$_{t,}$），该变量在 2011 年及之后为 1，否则为 0。我们期望 Policy$_t$ 和 EntrustLoan$_t$ 之间存在正相关关系。

为了检验公司治理的影响，我们在基础模型中加入了两个变量，独立董事占董事会成员的比例（Inddir$_{t-1}$）和机构投资者持股比例（Ins$_{t-1}$）。我们预期，当独立董事占董事会成员的比例和机构投资者持股比例增加时，提供高息委托贷款的倾向将降低。当这两个指标比例增加时，往往意味着公司治理机制能更好地发挥。由于提供高息委托贷款的可能性的影响取决于公司的现金持有量，因此在具体作用机制上，我们认为该机制的发挥需要借助于公司的现金持有水平，公司治理对现金持有量较大的公司的影响更强。为了检验这种可能性，我们在 Logit 模型中加入了 Inddir$_{t-1}$（Ins$_{t-1}$）和现金持水平（Cashholding$_{t-1}$）之间的交互项。主要变量定义如表 6-1 所示。

表 6-1　变量定义

变量名称	变量定义
EntrustLoan$_t$	代表在当年是否从事高息委托贷款，具体定义为：当公司在当年进行高息委托贷款时，该值取 1，否则为 0。我们将贷款利率超过一年期贷款基准利率 120% 的贷款定义为高息委托贷款
Loan$_t$	当年企业发放的高息委托贷款总额：用总资产标准化，再乘以 100
MP$_t$	货币政策宽松变量：我们将 2008~2009 年定义为货币政策宽松的时期，2008~2009 年为 1，其余时间取值为 0
Cashholding$_{t-1}$	上一年企业拥有的现金以及现金等价物：用当年总资产标准化
Size$_{t-1}$	企业规模变量：上一年企业总资产，并取自然对数

变量名称	变量定义
$TobinQ_{t-1}$	托宾 Q 值：上一年企业权益的市场价值加上债务的账面价值，除以总资产的账面价值
Lev_{t-1}	资产负债率变量：上一年企业负债账面价值，除以总资产账面价值
$State_{t-1}$	企业最终控制人产权变量：如果上一年该企业最终控制人背景是国有机构，则该变量取 1，否则取 0
Age_{t-1}	企业年龄变量：上一年距离企业上市时间，加 1，并取自然对数
$Degree_t$	CEO 学历虚拟变量：如果 CEO 有本科及以上学位，则该变量为 1，否则为 0
$Finance_t$	CEO 财务经验虚拟变量：如果 CEO 有金融服务行业的经验，则该变量为 1，否则为 0
$CEOAge_t$	当年企业 CEO 的年龄
$Tenure_t$	CEO 担任该职位的月数
$Gender_t$	CEO 性别虚拟变量：如果 CEO 是男性，则该变量为 1，否则为 0
$Policy_t$	区别化信贷政策变量：该变量主要目的在于衡量是否存在过热行业受区别化信贷政策影响的时间变量。具体衡量为，在 2011 年及之后为 1，否则为 0
$Market_t$	公司所在省份的市场化指数水平
$Inddir_{t-1}$	独立董事比例变量：上一年企业的独立董事人数占董事会总人数的比例
Ins_{t-1}	机构投资者持股变量：上一年年企业股东中，机构投资者持股比例大小

6.3.2 样本选择和数据来源

我们的样本包括 2007~2012 年中国所有 A 股上市公司。A 股是仅供中国公民购买的股票。按照以往的既有做法，我们在数据处理过程中剔除了特殊处理公司、特殊转让公司、财务公司和财务数据不完整的公司。高息委托贷款的信息是从公司公告和年度报告的脚注中手工收集得到的。这些信息包括贷款人和借款人的身份、他们的核心业务和贷款条款。基础财务数据来自中国证券市场与会计研究（CSMAR）数据库。我们对所有连续变量进行 1% 和 99% 的缩尾处理（winsorize），以消除离群值的影响。

表 6-2 给出了所有变量的汇总统计数据。我们的样本中大约有 1.4% 的企业从事高息委托贷款。总体来看，高息委托贷款与总资产的平均比率为 0.075%。

这一数字之所以较低，是因为大部分公司不进行高息委托贷款。在进行高息委托贷款的子样本公司中，这一平均值上升到 5.41%。样本企业的平均现金持有量占总资产的比例为 19.2%。① 我们抽样的公司杠杆率并不高，平均而言，总负债与资产的比率为 47.9%。我们的样本中，34.9% 的董事会成员是独立董事，19% 的公司股票由机构投资者持有，国有企业占样本的 50% 以上。这些数字与 Chen 等（2012）② 报告的结果一致。

表 6-2　描述性统计

变量	观测值	均值	标准差	最小值	25%分位数	50%分位数	75%分位数	最大值
$EntrustLoan_t$	8896	0.014	0.118	0.000	0.000	0.000	0.000	1.000
$Loan_t$	8896	0.075	1.006	0.000	0.000	0.000	0.000	33.778
MP_t	8896	0.304	0.460	0.000	0.000	0.000	1.000	1.000
$Cashholding_{t-1}$	8896	0.192	0.145	0.010	0.090	0.152	0.252	0.703
$Size_{t-1}$	8896	21.711	1.198	19.289	20.858	21.559	22.383	25.404
$TobinQ_{t-1}$	8896	2.564	4.842	0.828	1.341	1.918	2.925	10.382
Lev_{t-1}	8896	0.479	0.201	0.056	0.332	0.489	0.628	0.966
$State_{t-1}$	8896	0.535	0.499	0.000	0.000	1.000	1.000	1.000
Age_{t-1}	8896	1.987	0.828	0.693	1.609	2.303	2.639	2.944
$Degree_t$	8896	0.403	0.491	0.000	0.000	0.000	1.000	1.000
$Finance_t$	8896	0.060	0.237	0.000	0.000	0.000	0.000	1.000
$CEOAge_t$	8896	47.611	6.296	24.000	44.000	47.000	52.000	75.000
$Tenure_t$	8896	23.872	22.114	1.000	8.000	19.000	31.000	228.000
$Gender_t$	8896	0.945	0.228	0.000	1.000	1.000	1.000	1.000
$Policy_t$	8896	0.398	0.490	0.000	0.000	0.000	1.000	1.000
$Market_t$	8896	9.093	2.331	1.690	7.410	9.310	11.040	13.500

① 在我们的样本中，高息委托贷款的平均利率为 14.84%。
② 在 Chen 等（2012）的研究中，以 2000～2008 年在上海和深圳证券交易所上市的所有非金融企业为样本，国有企业的平均现金比例、资产负债率和国有企业占市场百分比分别为 23.4%、55.8% 和 70.7%。

变量	观测值	均值	标准差	最小值	25%分位数	50%分位数	75%分位数	最大值
Inddir$_{t-1}$	8896	34.895	8.774	15.000	30.000	33.330	40.000	60.000
Ins$_{t-1}$	8896	0.190	0.188	0.000	0.037	0.126	0.292	0.753

注：表 6-2 报告了 Logit 回归模型中所包含的所有变量的汇总统计信息。因变量为 EntrustLoan$_t$，如果公司进行高息委托贷款，则取 1，否则取 0，高息委托贷款收取基准利率 120% 以上的利息；Loan$_t$ 为公司当期高息委托贷款金额除以当期总资产×100；MP$_t$ 是货币扩张时期的虚拟变量，2008~2009 年为 1，否则为 0；Cashholding$_{t-1}$ 是现金和现金等价物除以总资产；Size$_{t-1}$ 是公司总资产的自然对数；TobinQ$_{t-1}$ 为股本的市场价值+债务的账面价值除以总资产的账面价值；Lev$_{t-1}$ 是总负债除以总资产；State$_{t-1}$ 是一个虚拟变量，对于国有企业，State$_{t-1}$ 为 1，否则为 0；Age$_{t-1}$ 是公司上市年数的自然对数；在 CEO 本科及以上学历的情况下，Degree$_t$ 为 1，否则为 0；Finance$_t$ 是一个虚拟变量，如果 CEO 有金融服务行业的工作经验，则为 1，否则为 0；CEOAge$_t$ 是当年 CEO 的年龄；Tenure$_t$ 是 CEO 担任该职位的月数；Gender$_t$ 是一个虚拟变量，男性 CEO 为 1，否则为 0；Policy$_t$ 是一个虚拟变量，当政府限制对过热行业企业的信贷资源配置时（从 2011 年开始），Policy$_t$ 为 1，否则为 0；Market$_t$ 是企业所在省份的"汇总的市场化指数"，该指数由樊纲等（2011）提出；Inddir$_{t-1}$ 为独立董事人数占董事会总人数的百分比；Ins$_{t-1}$ 为机构投资者持有公司股票的百分比。

表 6-3 给出了相关矩阵，代表宽松货币政策（MP$_t$）、滞后现金持有水平（Cashholding$_{t-1}$）、公司规模（Size$_{t-1}$）、公司年龄（Age$_{t-1}$）、CEO 金融从业背景（Finance$_t$）、市场化程度（Market$_t$）、限制特定行业信贷资源配置政策（Policy$_t$）与是否提供高息委托贷款的决策（EntrustLoan$_t$）显著正相关。上述结果与我们的预期一致，初步印证了我们的猜想：持有更多现金的公司有更大的动机从事高息委托贷款来获取短期利润；在货币政策宽松的时期，较高的市场流动性带来较低的融资成本，为企业从事高息委托贷款提供了更大的激励；规模更大的企业的融资能力更强，因此在高息委托贷款方面处于有利地位；上市年限较大的公司可能处于其业务生命周期的成熟阶段，在核心业务上的投资机会较少，因此更有动力提供高息委托贷款。托宾 Q（TobinQ$_{t-1}$）、机构投资者持股比例（Ins$_{t-1}$）、CEO 受教育程度（Degree$_t$）与是否提供高息委托贷款的决策（EntrustLoan$_t$）呈显著负相关。发展前景较好、公司治理结构更好的企业从事高息委托贷款的可能性较小。财务杠杆（Lev$_{t-1}$）、国有控制（State$_{t-1}$）、独立董事比例（Inddir$_{t-1}$）、CEO 年龄（CEOAge$_t$）与提供高息委托贷款的可能性不存在显著相关关系。相关矩阵仅表示变量之间的单变量关系。接下来，我们使用 Logit 模型来检验高息委托贷款的决定因素。

表6-3　相关系数矩阵

变量	(1)	(2)	(3)	(4)	(5)	(6)	(7)	(8)	(9)	(10)	(11)	(12)	(13)	(14)	(15)	(16)	(17)
$EntrustLoan_t$	1																
MP_t	0.004*	1															
$Cashholding_{t-1}$	0.029***	-0.095***	1														
$Size_{t-1}$	0.035***	-0.074***	-0.139***	1													
$TobinQ_{t-1}$	-0.030***	0.000	0.255***	-0.464***	1												
Lev_{t-1}	-0.015	0.029***	-0.382***	0.378***	-0.386***	1											
$State_{t-1}$	-0.013	0.105***	-0.159***	0.266***	-0.210***	0.188***	1										
Age_{t-1}	0.041***	-0.046***	-0.283***	0.209***	-0.173***	0.306***	0.216***	1									
$Degree_t$	-0.028***	-0.034***	0.111***	0.005	0.060***	-0.077***	-0.071***	-0.163***	1								
$Finance_t$	0.040***	-0.004	-0.022*	0.012	-0.009	0.020*	-0.043***	0.087***	0.021**	1							
$CEOAge_t$	-0.001	-0.078***	-0.013	0.133***	-0.046***	0.014	0.121***	0.057***	-0.067***	-0.083***	1						
$Tenure_t$	0.000	-0.134***	0.039***	0.055***	-0.070***	-0.043***	-0.061***	0.008	0.025**	-0.007	0.130***	1					
$Gender_t$	0.004	0.014	-0.036***	0.054***	-0.049***	-0.003	0.093***	0.013	-0.022**	-0.008	-0.003	-0.021*	1				
$Policy_t$	0.047***	-0.538***	0.141***	0.125***	0.014	-0.073***	-0.158***	0.061***	0.065***	0.057***	0.124***	0.247***	-0.026**	1			
$Market_t$	0.062***	-0.106***	0.162***	0.004	-0.031***	-0.085***	-0.176***	-0.051***	0.026***	0.056***	0.028***	0.066***	-0.019***	0.137***	1		
$Inddir_{t-1}$	-0.017	-0.062***	0.070***	-0.023***	0.036***	-0.118***	-0.082***	-0.210***	0.016	-0.013	0.028***	0.125***	0.014	0.070***	0.035***	1	
Ins_{t-1}	-0.041***	0.185***	-0.013	-0.004	0.158***	0.015	0.099***	-0.056***	0.025***	-0.044***	-0.029***	-0.253***	0.016	-0.405***	-0.110***	-0.029***	1

注：表6-3显示了6.2节中讨论的变量之间的Pearson相关系数。***、**、*分别表示在1%、5%、10%水平上显著。

6.4　实证结果

表6-4报告了基础模型的回归结果。MP_t 的系数为 0.400，在 5% 的水平上显著。该结果表明，在宽松的货币政策时期，企业更有可能从事高息委托贷款业务。这一发现支持了我们的观点，即宽松的货币政策允许企业以较低的成本筹集资金，这反过来又创造了通过提供高利率委托贷款来产生更高利润的机会。滞后一期的现金持有水平变量（$Cashholding_{t-1}$）的回归系数为 1.6150，在 5% 的水平上显著。这说明上一年现金持有水平越高，当年企业发放高息委托贷款的可能性越大，上述结果支持了我们的假设，即现金充裕的企业更有能力提供高息委托贷款。$TobinQ_{t-1}$ 和 Lev_{t-1} 与 $EntrustLoan_t$ 显著负相关。第一个结果与我们的预期一致，即具有良好发展前景的公司从事高息委托贷款业务的动机较小，而后一个结果表明高杠杆水平会限制管理者承担风险的能力。$State_{t-1}$ 的系数为 -0.462，在 5% 的水平上显著，说明此类企业不太可能从事高息委托贷款，可能是因为对社会和政治目标的追求减小了企业获取短期利润的压力。公司年龄（Age_t）与从事高息委托贷款的可能性呈正相关关系。这说明，当企业进入其业务生命周期的成熟期时，它更有可能以盈利为目的介入高息委托贷款业务，以弥补其核心业务收入的减少。

综上所述，表6-4的回归结果支持了我们先前的观点，即从事高息委托贷款出于企业短期利润的导向。当企业缺乏成长机会而现金过剩时，发放高息委托贷款就成为企业追求短期利润的另一种途径。

表6-4　基础模型的回归结果

变量	$EntrustLoan_t$
MP_t	0.400 **
	（1.94）
$Cashholding_{t-1}$	1.6150 **
	（2.53）

续表

变量	EntrustLoan$_t$
Size$_{t-1}$	0.275***
	(3.43)
TobinQ$_{t-1}$	−0.212**
	(−2.19)
Lev$_{t-1}$	−1.969***
	(−3.29)
State$_{t-1}$	−0.462**
	(−2.35)
Age$_{t-1}$	0.490***
	(2.98)
常数项	−9.832***
	(−5.69)
行业固定效应	控制
观测值	8896
Pesudo-R^2	0.054

注：表 6-4 报告了基本 Logit 模型的回归结果。因变量为 EntrustLoan$_t$，如果公司进行高息委托贷款则取 1，否则取 0，高息委托贷款收取基准利率 120%以上的利息；MP$_t$ 是货币扩张时期的虚拟变量，2008～2009 年为 1，否则为 0；Cashholding$_{t-1}$ 是现金和现金等价物除以总资产；Size$_{t-1}$ 是公司总资产的自然对数；TobinQ$_{t-1}$ 为股本的市场价值+债务的账面价值除以总资产的账面价值；Lev$_{t-1}$ 是总负债除以总资产；State$_{t-1}$ 是一个虚拟变量，对于国有企业，State$_{t-1}$ 为 1，否则为 0；Age$_{t-1}$ 是公司上市年数的自然对数。回归中包含了行业固定效应。***、**、*分别表示在 1%、5%、10%水平上显著，括号内数值表示对应系数的 t 统计量。

表 6-5 显示了 CEO 个人特征的回归结果。第（1）至第（5）列分别涵盖了单个 CEO 的特征，而第（6）列涵盖了所有 CEO 的特征。具体而言，CEO 的年龄（Age$_t$）、性别（Gender$_t$）和任职期限（Tenure$_t$）与高息委托贷款的发放概率无显著关系。过去的研究表明，年龄和冒险行为之间的关系并不是单调的负向关系，因为其他因素也会影响它们。例如，Mather 等（2012）发现，风险承担与年龄之间的关系受到所提出的选项的影响。他们认为，年龄差异只会影响在一个风险选项和一个特定选项之间的选择，而不会影响在两个风险选项之间的选择。我们的研究结果没有显示出性别偏见的迹象，也不支持当一位 CEO 接近退休时，他会更关注短期利润，以提高他的薪酬这一猜测。

表 6-5　CEO 个人特质的影响结果

变量	(1) EntrustLoan$_t$	(2) EntrustLoan$_t$	(3) EntrustLoan$_t$	(4) EntrustLoan$_t$	(5) EntrustLoan$_t$	(6) EntrustLoan$_t$
Degree$_t$	−0.485**					−0.493**
	(−2.35)					(−2.39)
Finance$_t$		0.729***				0.685**
		(2.63)				(2.39)
CEOAge$_t$			−0.006			−0.006
			(−0.35)			(−0.35)
Gender$_t$				0.333		0.321
				(0.80)		(0.77)
Tenure$_t$					0.004	0.005
					(0.97)	(1.11)
MP$_t$	0.417**	0.427**	0.420**	0.427**	0.457**	0.460**
	(2.01)	(2.06)	(2.04)	(2.06)	(2.20)	(2.23)
Cashholding$_{t-1}$	1.793***	1.679***	1.653***	1.701***	1.634**	1.811***
	(2.76)	(2.63)	(2.59)	(2.69)	(2.55)	(2.76)
Size$_{t-1}$	0.294***	0.262***	0.265***	0.261***	0.263***	0.286***
	(3.56)	(3.21)	(3.22)	(3.23)	(3.21)	(3.33)
TobinQ$_{t-1}$	−0.218**	−0.222**	−0.223**	−0.222**	−0.220**	−0.207**
	(−2.17)	(−2.22)	(−2.23)	(−2.23)	(−2.20)	(−2.07)
Lev$_{t-1}$	−1.899***	−1.874***	−1.909***	−1.877***	−1.976***	−1.901***
	(−3.14)	(−3.10)	(−3.18)	(−3.14)	(−3.27)	(−3.12)
State$_{t-1}$	−0.463**	−0.398**	−0.425**	−0.444**	−0.399**	−0.392*
	(−2.34)	(−1.99)	(−2.13)	(−2.27)	(−2.00)	(−1.94)
Age$_{t-1}$	0.434***	0.465***	0.482***	0.480***	0.482***	0.420**
	(2.65)	(2.84)	(2.92)	(2.92)	(2.93)	(2.56)
常数项	−10.013***	−9.631***	−9.337***	−9.811***	−9.689***	−10.154***
	(−5.64)	(−5.47)	(−5.44)	(−5.61)	(−5.56)	(−5.55)
行业固定效应	控制	控制	控制	控制	控制	控制

续表

变量	(1) EntrustLoan$_t$	(2) EntrustLoan$_t$	(3) EntrustLoan$_t$	(4) EntrustLoan$_t$	(5) EntrustLoan$_t$	(6) EntrustLoan$_t$
观测值	8896	8896	8896	8896	8896	8896
Pesudo-R^2	0.058	0.058	0.053	0.053	0.054	0.063

注：表6-6报告了包含 CEO 个人特征的拓展基础 Logit 模型的结果。因变量为 EntrustLoan$_t$，如果公司进行高息委托贷款则取 1，否则取 0，高息委托贷款收取基准利率 120%以上的利息；MP$_t$ 是货币扩张时期的虚拟变量，2008~2009 年为 1，否则为 0；Cashholding$_{t-1}$ 是现金和现金等价物除以总资产；Size$_{t-1}$ 是公司总资产的自然对数；TobinQ$_{t-1}$ 为股本的市场价值+债务的账面价值除以总资产的账面价值；Lev$_{t-1}$ 是总负债除以总资产；State$_{t-1}$ 是一个虚拟变量，对于国有企业，State$_{t-1}$ 为 1，否则为 0；Age$_{t-1}$ 是公司上市年数的自然对数；在 CEO 本科及以上学历的情况下，Degree$_t$ 为 1，否则为 0；Finance$_t$ 是一个虚拟变量，如果 CEO 有金融服务行业的工作经验，则为 1，否则为 0；CEOAge$_t$ 是当年 CEO 的年龄；Tenure$_t$ 是 CEO 担任该职位的月数；Gender$_t$ 是一个虚拟变量，男性 CEO 为 1，否则为 0。回归中包含了行业固定效应。***、**、* 分别表示在 1%、5%、10%水平上显著，括号内数值表示对应系数的 t 统计量。

　　CEO 教育程度和财务背景对 EntrustLoan$_t$ 的影响相反。具体来说，由受过大学教育的 CEO 经营的公司提供高息委托贷款的可能性较低，但当 CEO 有金融背景时，提供高息委托贷款的可能性增加。这一结果支持了一个观点，即拥有大学学位的 CEO 更倾向于规避风险，或更关注公司的长期价值，这与 Bantel 和 Jackson（1989）的发现一致，即受过高等教育的经理更有可能做出战略改变，以降低公司的风险，实现更好的成长。作为一项稳健性测试，我们使用了 CEO 教育水平的替代指标：CEO 是否有 MBA 学位（MBA$_t$）。该变量衡量标准为：当 CEO 拥有 MBA 学位时等于 1，否则等于 0。稳健性测试的结果表明，MBA$_t$ 系数在 5%水平上呈显著负相关关系。这再次肯定了 EntrustLoan$_t$ 与 CEO 教育水平之间的负相关关系。Finance$_t$ 的系数为 0.729，并在 1%水平上显著，这说明具有金融背景的 CEO 在公司没有好的投资项目时，更愿意从事高利率的委托贷款。过去的研究也发现，当 CEO 了解投资和融资策略时，他们对提供高息委托贷款更有信心。这一趋势也与 Custódio 和 Metzger（2014）的研究结果一致，即 CEO 的工作经验确实会影响公司的财务政策。

　　包含所有 CEO 个人特征变量的回归结果与上述发现基本相同。在 5%的水平上，Degree$_t$ 和 Finance$_t$ 的系数分别为负和正，并且显著，而 CEOAge$_t$、Gender$_t$ 和 Tenure$_t$ 的系数不显著。但是所有回归变量的系数符号均与预期方向相一致。

　　综上所述，高息委托贷款具有较高的信息不对称。我们的研究结果表明，

CEO 的教育和专业背景在高息委托贷款决策中发挥着重要作用，但是 CEO 的风险偏好并不影响其风险承担倾向。有金融背景的 CEO 更有信心为短期利润承担额外的风险。

表 6-6 考察了外部市场不完善带来的影响。如表中列（1）和列（2）所示，$Policy_t$ 和 $Market_t$ 的系数在 1% 水平上均为正，且统计学上显著（分别为 1.475 和 0.228）。在 Logit 模型中，两变量的符号和显著性仍然和预期一致。虽然这两个变量的系数略有下降，但在 1% 的水平上仍然显著。表 6-6 中其余变量的回归结果与表 6-4 所示结果基本相同。

表 6-6　外部市场不完善的影响

变量	(1) $EntrustLoan_t$	(2) $EntrustLoan_t$	(3) $EntrustLoan_t$
$Policy_t$	1.475***		1.376***
	(4.44)		(4.08)
$Market_t$		0.228***	0.201***
		(3.68)	(3.45)
MP_t	1.341**	1.455**	1.183*
	(2.04)	(2.31)	(1.81)
$Cashholding_{t-1}$	1.347***	0.402**	1.394***
	(3.95)	(2.04)	(4.11)
$Size_{t-1}$	0.223***	0.259***	0.206**
	(2.69)	(3.21)	(2.48)
$TobinQ_{t-1}$	−0.177*	−0.154*	−0.143*
	(−1.96)	(−1.78)	(−1.68)
Lev_{t-1}	−1.784***	−1.688***	−1.573***
	(−2.98)	(−2.86)	(−2.64)
$State_{t-1}$	−0.351*	−0.424**	−0.315
	(−1.75)	(−2.14)	(−1.55)
Age_{t-1}	0.473***	0.553***	0.529***
	(3.00)	(3.27)	(3.23)
常数项	−9.745***	−12.134***	−11.720***
	(−5.50)	(−7.26)	(−6.71)

续表

变量	（1）	（2）	（3）
	EntrustLoan$_t$	EntrustLoan$_t$	EntrustLoan$_t$
行业固定效应	Yes	Yes	Yes
观测值	8896	8896	8896
Pesudo-R^2	0.073	0.070	0.088

注：表 6-6 报告了包含外部市场完善程度特征的拓展基础 Logit 模型的结果。因变量为 EntrustLoan$_t$，如果公司进行高息委托贷款则取 1，否则取 0，高息委托贷款收取基准利率 120% 以上的利息；MP$_t$ 是货币扩张时期的虚拟变量，2008~2009 年为 1，否则为 0；Cashholding$_{t-1}$ 是现金和现金等价物除以总资产；Size$_{t-1}$ 是公司总资产的自然对数；TobinQ$_{t-1}$ 为股本的市场价值+债务的账面价值除以总资产的账面价值；Lev$_{t-1}$ 是总负债除以总资产；State$_{t-1}$ 是一个虚拟变量，对于国有企业，State$_{t-1}$ 为 1，否则为 0；Age$_{t-1}$ 是公司上市年数的自然对数；Policy$_t$ 是一个虚拟变量，当政府限制对过热行业企业的信贷资源配置时（从 2011 年开始），Policy$_t$ 为 1，否则为 0；Market$_t$ 是企业所在省份的“汇总的市场化指数”，该指数由樊纲等（2011）提出。回归中包含了行业固定效应。*** 、** 、* 分别表示在 1%、5%、10% 水平上显著，括号内数值表示对应系数的 t 统计量。

以上结果表明，政府对过热行业的企业实施信贷限制后，企业更倾向于提供高息委托贷款。一个可能的逻辑是，过热行业的企业的融资需求被行政命令强制排除出正式金融体系之后，这些行业为了解决自身融资需求，愿意提供远高于正式金融市场的均衡利率的借款利率。这促使有低成本资金的企业转向提供影子融资，所提供的高息委托贷款为过热行业规避政府区别对待的信贷资源配置政策提供了一种手段。在我们的样本中，大多数高息委托贷款提供给了名字中带有“房地产”“开发”或“建设”字样的公司，这类公司所在的领域正是监管机构鼓励银行减少放贷的领域。[①] Market$_t$ 系数为正，说明在市场化水平越高的地区、外部制度建设越好的地区，企业提供高息委托贷款的可能性越大。这些企业不仅向同一地区的企业提供贷款，而且还向市场化水平较低地区的企业提供贷款。在我们的样本中，超过 20% 的高息委托贷款的出借人位于市场化程度高于借款人的地区。[②]

表 6-6 的结果表明，高息委托贷款是市场不完善的结果。政府歧视性贷款政策和市场化程度的地区差异导致的信贷紧缩是委托贷款高息化的驱动因素。高息

---

① 在高息委托贷款的样本中，45% 的借款人在其公司名称中使用“房地产”“开发”或“建设”字样。而非高息委托贷款的借款人中，只有 26.92% 的人在姓名中包含这两个词。

② 在纳入样本的 432 笔高息委托贷款中，有 88 笔（20.4%）贷款机构位于市场化程度高于借款人的地区；平均市场化指数为 2.49；共有 249 笔贷款来自同一省份（57.6%）。因此，在高息委托贷款中，有 78% 的贷款人来自与借款人市场化指数相同或较高的地区。

委托贷款有助于规避市场缺陷,将资源分配给欠发达地区,解决受政府监管和难以进入传统银行体系的公司的融资需求。

表6-7给出了公司治理影响的结果。在第(1)列中,独立董事占比变量($Inddir_{t-1}$)的系数在统计上不显著,但其与现金持有水平($Cashholidng_{t-1}$)的交互项的系数在5%的水平上为负且显著。这一结果表明,对于持有大量现金的公司,独立董事降低了从事高息委托贷款的可能性。同样地,机构投资者持股比例(Ins_{t-1})本身与$EntrustLoan_t$并不显著相关,但与现金持有量的交互项在5%水平上显著负相关。将$Inddir_{t-1}$和Ins_{t-1}以及它们与$Cashholidng_{t-1}$的交互项相结合,可以得到类似的结果。这些结果与我们的预测一致,即公司治理较强的公司从事高息委托贷款的可能性较小。

表6-7 公司治理的影响

变量	(1)	(2)	(3)
	$EnstrustLoan_t$	$EntrustLoan_t$	$EnstrustLoan_t$
$Inddir_{t-1}$	0.089		0.145
	(0.08)		(0.13)
$Inddir_{t-1} \times Cashholding_{t-1}$	−10.211*		−10.591**
	(−1.93)		(−1.96)
Ins_{t-1}		0.021	0.021
		(1.29)	(1.25)
$Ins_{t-1} \times Cashholding_{t-1}$		−0.147**	−0.140**
		(−2.20)	(−2.15)
MP_t	0.526**	0.370*	0.491**
	(2.39)	(1.73)	(2.23)
$Cashholding_{t-1}$	2.448***	6.531***	7.115***
	(2.95)	(2.82)	(3.12)
$Size_{t-1}$	0.300***	0.280***	0.306***
	(3.24)	(3.05)	(3.31)
$TobinQ_{t-1}$	−0.166*	−0.210**	−0.166*
	(−1.92)	(−2.44)	(−1.93)
Lev_{t-1}	−1.858***	−1.963***	−1.855***
	(−3.18)	(−3.36)	(−3.17)

续表

变量	(1)	(2)	(3)
	$EnstrustLoan_t$	$EntrustLoan_t$	$EnstrustLoan_t$
$State_{t-1}$	−0.436**	−0.481**	−0.455**
	(−2.19)	(−2.44)	(−2.29)
Age_{t-1}	0.492***	0.445***	0.438***
	(3.35)	(3.03)	(2.98)
常数项	−10.589***	−10.564***	−11.264***
	(−5.16)	(−5.03)	(−5.30)
行业固定效应	Yes	Yes	Yes
观测值	8896	8896	8896
Pesudo-R^2	0.064	0.058	0.068

注：表6-7报告了包含公司治理特征的拓展基础 Logit 模型的结果。因变量为 $EntrustLoan_t$，如果公司进行高息委托贷款则取1，否则取0，高息委托贷款收取基准利率120%以上的利息；MP_t 是货币扩张时期的虚拟变量，2008~2009年为1，否则为0；$Cashholding_{t-1}$ 是现金和现金等价物除以总资产；$Size_{t-1}$ 是公司总资产的自然对数；$TobinQ_{t-1}$ 为股本的市场价值+债务的账面价值除以总资产的账面价值；Lev_{t-1} 是总负债除以总资产；$State_{t-1}$ 是一个虚拟变量，对于国有企业，$State_{t-1}$ 为1，否则为0；Age_{t-1} 是公司上市年数的自然对数；$Inddir_{t-1}$ 为独立董事人数占董事会总人数的百分比；Ins_{t-1} 为机构投资者持有公司股票的百分比。回归中包含了行业固定效应。***、**、*分别表示在1%、5%、10%水平上显著，括号内数值表示对应系数的 t 统计量。

6.5　稳健性检验

在本节中，我们尝试寻找采用替代变量考察结果的稳健性。

除了使用现金持有量或现金等价物进行现金持有水平的衡量以外，过去的研究中也从行业水平的角度对现金持有进行衡量。因此，我们使用两种衡量超额现金持有量的方法重新估计基础 Logit 模型：$ExcessCashholding1_{t-1}$，即超过行业平均现金持有量的现金持有量；$ExcessCashholding2_{t-1}$，即超过行业现金持有量中位数的现金持有量。从表6-8可以看出，无论用什么基准来定义现金持有量，现金持有量都与委托贷款显著正相关。$ExcessCashholding1_{t-1}$ 和 $ExcessCashholding2_{t-1}$ 的系数分别为1.134和1.233，两者都在10%的水平上显著。基准模型中其他变量的系数和显著性水平与表6-4类似。以上结果表明，对于不同的现金持有量衡量，我们的结果都是稳健的。

表6-8　稳健性检验——用超额现金持有替代现金持有水平

变量	(1)	(2)
	EntrustLoan$_t$	EntrustLoan$_t$
ExcessCashholding1$_{t-1}$	1.134*	
	(1.73)	
ExcessCashholding2$_{t-1}$		1.233*
		(1.88)
MP$_t$	0.350*	0.358*
	(1.73)	(1.76)
Size$_{t-1}$	0.272***	0.271***
	(3.49)	(3.47)
TobinQ$_{t-1}$	−0.207**	−0.210**
	(−2.18)	(−2.20)
Lev$_{t-1}$	−1.966***	−1.935***
	(−3.30)	(−3.24)
State$_{t-1}$	−0.448**	−0.448**
	(−2.31)	(−2.30)
Age$_{t-1}$	0.483***	0.491***
	(2.89)	(2.94)
常数项	−9.383***	−9.423***
	(−5.60)	(−5.61)
行业固定效应	Yes	Yes
观测值	8896	8896
Pesudo-R^2	0.047	0.047

　　注：表6-8报告了采用超额现金持有水平替代原有现金持有水平变量后的基础 Logit 模型的回归结果。因变量为 EntrustLoan$_t$，如果公司进行高息委托贷款则取1，否则取0，高息委托贷款收取基准利率120%以上的利息；MP$_t$ 是货币扩张时期的虚拟变量，2008～2009年为1，否则为0；变量 ExcessCashholding1$_{t-1}$ 是本年超过行业现金持有量均值的数额；ExcessCashholding2$_{t-1}$ 是本年超过行业现金持有量中值的数额；Size$_{t-1}$ 是公司总资产的自然对数；TobinQ$_{t-1}$ 为股本的市场价值+债务的账面价值除以总资产的账面价值；Lev$_{t-1}$ 是总负债除以总资产；State$_{t-1}$ 是一个虚拟变量，对于国有企业，State$_{t-1}$ 为1，否则为0；Age$_{t-1}$ 是公司上市年数的自然对数。回归中包含了行业固定效应。*** 、 ** 、 * 分别表示在1%、5%、10%水平上显著，括号内数值表示对应系数的 t 统计量。

我们设计了另一个高息委托贷款的替代变量。我们使用高息委托贷款除以贷款公司总资产（$Loan_t$）来替代原有的 $EntrustLoan_t$ 作为因变量，并使用 Tobit 模型进行回归。表6-9 给出了相关结果。列（1）显示基准模型的所有变量都与预期的符号方向相符，并且都显著。由此可见，表6-4 得出的结论是稳健的。列（2）显示，受过大学教育的 CEO（有金融背景的 CEO）进行高息委托贷款的数量较少（较多），而其他 CEO 行为特征对高息委托贷款的数量没有影响。列（3）证实了 $Market_t$ 和 $Policy_t$ 对高息委托贷款数额的正向影响，说明了市场不完善对高息委托贷款决策的作用。列（4）报告了两个公司治理变量的结果，以及它们与 $Cashholding_{t-1}$ 的交互项。结果表明，对于现金持有量较大的公司来说，更严格的监管会减少它们提供的高息委托贷款的数量。总体来说，使用 $Loan_t$ 作为 $EntrustLoan_t$ 的替代变量进行回归，并不会改变我们的主要结论。从事高息委托贷款的动机既包括了对短期利润的追求，其余的因素也影响高息委托贷款的发放，比如 CEO 的个人特点、外部金融市场的不完善、公司治理等因素等，这说明高息委托贷款的形成并非是单一负面因素导致的，可能存在多种影响力量。

表6-9　高息委托贷款除以公司总资产作为替代变量的回归结果

变量	（1）$Loan_t$	（2）$Loan_t$	（3）$Loan_t$	（4）$Loan_t$
$Gender_t$		1.883		
		(0.75)		
$Tenure_t$		0.015		
		(0.60)		
$Degree_t$		−3.212**		
		(−2.57)		
$Finance_t$		4.771**		
		(2.46)		
$CEOAge_t$		0.022		
		(0.23)		
$Policy_t$			7.794***	
			(4.15)	

续表

变量	（1）	（2）	（3）	（4）
	$Loan_t$	$Loan_t$	$Loan_t$	$Loan_t$
$Market_t$			1.290***	
			(4.47)	
MP_t	2.552**	2.044*	8.023***	1.925
	(2.07)	(1.74)	(4.07)	(1.55)
$Cashholding_{t-1}$	10.614**	11.823***	7.448	47.143***
	(2.47)	(2.71)	(1.59)	(3.06)
$Size_{t-1}$	1.301***	1.480***	0.941	1.574***
	(2.74)	(2.93)	(1.60)	(2.66)
$TobinQ_{t-1}$	-1.200**	-1.028**	-0.730	-0.791*
	(-2.21)	(-1.98)	(-1.61)	(-1.68)
Lev_{t-1}	-13.604***	-13.351***	-11.094***	-13.178***
	(-3.24)	(-3.16)	(-3.06)	(-3.60)
$State_{t-1}$	-3.328***	-3.192**	-2.083*	-3.157**
	(-2.72)	(-2.54)	(-1.69)	(-2.57)
Age_{t-1}	3.290***	2.891***	3.402***	2.812***
	(3.00)	(2.68)	(3.91)	(3.18)
常数项	-59.798***	-65.810***	-71.163***	-67.566***
	(-5.55)	(-5.55)	(-4.91)	(-4.72)
行业固定效应	Yes	Yes	Yes	Yes
观测值	8896	8896	8896	8896
Pesudo-R^2	0.046	0.051	0.071	0.054

注：表6-9报告了高息委托贷款除以公司总资产作为替代变量的回归结果。因变量为 $Loan_t$，当年企业发放的高息委托贷款总额用总资产标准化，再乘以100。高息委托贷款收取基准利率120%以上的利息；MP_t 是货币扩张时期的虚拟变量，2008~2009年为1，否则为0；$Cashholding_{t-1}$ 是现金和现金等价物除以总资产；$Size_{t-1}$ 是公司总资产的自然对数；$TobinQ_{t-1}$ 为股本的市场价值+债务的账面价值除以总资产的账面价值；Lev_{t-1} 是总负债除以总资产；$State_{t-1}$ 是一个虚拟变量，对于国有企业，$State_{t-1}$ 为1，否则为0；Age_{t-1} 是公司上市年数的自然对数。回归中包含了行业固定效应。***、**、*分别表示在1%、5%、10%水平上显著，括号内数值表示对应系数的t统计量。

虽然在上文中我们使用滞后现金持有量作为一个自变量来解决现金持有量可能存在的内生性问题，但这只是在一定程度上解决了这个问题。为了进一步解决这个潜在的问题，我们使用工具变量（IV）方法来排除现金持有的内生部分。

由于在工具变量法中，我们直接解决了现金持有中潜在的内生性问题，我们使用了现金持有的当前价值（在时间 t）而不是滞后一期的数值。在第一阶段的分析中，我们将现金持有水平回归到三个工具变量上。这三个工具变量只影响企业现金持有的水平，但是对企业是否参与高息委托贷款并没有直接作用。参考 Fresard（2010）的方法，我们使用资产有形性（Tang）来作为现金持有水平的工具变量，此外，我们还选取现金流的标准差（Stdcf）和一个虚拟变量的股息支付（Paydiv）作为工具。虽然公司的资产有形性、现金流不确定性和股利政策与其现金持有量相关，但几乎没有理由相信它们对是否进行高息委托贷款的决定有直接影响。根据 Berger 等（1996）的定义，我们将资产有形性定义为：0.75×应收款+0.547×存货+0.535×固定资本。Li and Wang（2013）使用同样的方法，并将其应用到中国公司的样本中。Stdcf 是过去三年营运现金流占总资产的比例，并取标准差。Paydiv 是一个虚拟变量，当公司在当期支付现金股利时等于 1，否则等于 0。经过第一阶段回归之后，我们将第一阶段利用式（6-1）得出的现金持有量预测值纳入高息委托贷款的第二阶段分析中。

表 6-10 给出了相关的回归结果。列（1）中，IV 的所有系数在 1%水平上显著。与 Fresard（2010）一致，Tang 与现金持有呈负相关关系。Stdcf 和 Paydiv 是决定当前现金持有量的重要因素。这两个变量都与现金持有量显著正相关。现金流不确定性高的企业往往持有更多的现金。正如 Drobetz 和 Grüninger（2007）所建议的，支付股利的公司可能会持有更多的现金以避免遗漏股利。

表 6-10 稳健性检验——工具变量法

变量	(1)	(2)
	Cashholding$_t$	EntrustLoan$_t$
Cashholding$_{t(predict)}$		7.741***
		(5.27)
Tang$_t$	−0.570***	
	(−48.04)	
Paydiv$_t$	0.186***	
	(9.68)	

续表

变量	（1）	（2）
	Cashholding$_t$	EntrustLoan$_t$
Stdcf$_t$	0.023***	
	(9.19)	
MP$_t$	−0.008***	0.444**
	(−3.51)	(2.19)
Size$_{t-1}$	−0.003***	0.281***
	(−2.71)	(3.49)
TobinQ$_{t-1}$	0.001	−0.217**
	(0.39)	(−2.28)
Lev$_{t-1}$	−0.097***	−0.633
	(−14.05)	(−0.94)
State$_{t-1}$	0.023	−0.457**
	(0.95)	(−2.33)
Age$_{t-1}$	−0.036***	0.596***
	(−23.22)	(3.90)
常数项	0.498***	−11.973**
	(20.86)	(−6.69)
行业固定效应	Yes	Yes
观测值	8876	8876
调整后的 R^2/Pseudo R^2	0.409	0.070
J-统计量（p-值）	0.347	
Durbin−Wu−Hausman	0.028	

注：表6-10报告了工具变量分析的结果。在第一阶段的分析中，我们将三个工具变量回归到Cashholding$_t$上，然后利用基本模型将现金持有量预测值纳入第二阶段的高息委托贷款分析中。三个工具变量分别是资产有形度（Tang）、现金流标准差（Stdcf）和股息支付虚拟变量（Paydiv）。Tang$_t$是资产有形性的度量，等于0.75×应收账款+0.547×存货+0.535×固定资本；Paydiv$_t$是一个虚拟变量，如果公司支付股利，Paydiv$_t$为1，否则为0；Stdcf$_t$是过去三年营运现金流与总资产的比例的标准差。其余变量与前文相同。回归中包含了行业固定效应。***、**、*分别表示在1%、5%、10%水平上显著，括号内数值表示对应系数的t统计量。

回归结果中的J-统计量为0.347，说明不能拒绝不存在过度识别的零假设，即工具变量与误差项不相关，且工具变量的选择是适当的。Durbin-Wu-Hausman统计量为0.028，这拒绝了内生性不存在的零假设。在表6-10的第（2）列中，预测现金持有量的系数为 7.741，在 1% 水平上显著。MP、Size、TobinQ、State 和 Age 的系数均与预期的符号方向以及显著性相一致。这说明，控制现金持有的内生性后，我们的结论仍然是稳健的。也就是说，拥有更多现金的成熟期的公司更有可能发放高息委托贷款，尤其是当政府采取宽松的货币政策时。另外，受多元目标约束的企业和高增长企业进行高息委托贷款的可能性较小。

6.6　本章主要结论

委托贷款是中国特有的贷款方式。公司间可以通过金融中介相互贷款。委托贷款可以提高企业集团内部资源配置的效率，为企业提供获取利润的机会。与子公司或关联方的贷款利率通常较低不同，非子公司或关联方的高息委托贷款以利润为导向、信息不对称水平高、贷款违约风险大。通过对高息委托贷款的分析，我们可以更好地理解企业的风险承担行为及其参与非正规融资的原因。

本章从企业风险承担的角度考察了高息委托贷款的决定因素。研究结果表明，在货币政策宽松、现金充裕但核心业务缺乏增长机会的时期，企业更有可能提供高息委托贷款。这些结果支持了我们的观点，即高息委托贷款主要是以短期利润为目的。然而，短期利润并不是高息委托贷款的唯一推动力。CEO 的个人特质，特别是他们的教育水平和金融背景会影响是否提供高息委托贷款的决定。由受过大学教育的 CEO（有金融背景的 CEO）经营的公司提供高息委托贷款的可能性更小（更大）。此外，高息委托贷款在一定程度上是市场不完善的结果。市场化指数和政府信贷资源配置政策的影响表明，高息委托贷款能够缩小地区差异，帮助企业规避政府偏好的信贷资源配置政策。研究结果表明，现金充裕、增长有限的企业更倾向于提供高息委托贷款，CEO 个人特征也对企业从事高息委托贷款具有重要的解释作用，而市场不完善为企业承担风险获取收益创造了机会。我们的研究结果与基于代理的管理层风险承担理论相一致，表明公司治理与公司风险承担之间存在着很强的联系，也与高层梯队理论强调高管特征对风险接受能力和风险承担行为的影响的预期相一致。

第7章 高息委托贷款、企业创新与真实盈余管理

7.1 研究背景

企业创新对于企业个体和经济整体的发展都具有重要意义。对于企业而言，企业的创新能力和企业的未来发展息息相关，良好且持续的创新活动能降低企业的成本，是一个公司长期竞争优势的来源（Porter，1992），对于一个经济体而言，企业创新也是经济体内生增长的重要组成部分（Solow，1957）。

随着综合国力的提升，中国在世界经济中所扮演的角色越发重要，但是中国经济增长的持久性却令人担忧。学界和实务界对中国经济增长模式转变的问题日益重视，学者们也普遍达成共识，主张将原来粗放、基于廉价劳动、高储蓄和高投资的增长方式，转变为基于技术进步和资源利用的集约型长效增长机制（吴敬琏，2006）。这种转变至关重要的主导因素就是企业创新。企业创新对企业自身的竞争和发展也至关重要。企业的研发活动不但能持续提高企业的竞争力，也有利于企业价值的提高。

影响企业创新的因素众多，包括了企业外部因素，如外在经济环境、国家对产权的保护、税收、社会价值文化等；也包括了企业自身的特征因素，比如企业的规模、产品独特性、股权和公司治理结构等。诸多研究也表明，企业的管理者在企业创新中起到至关重要的作用（Schumpeter，1934）。同时也有文献指出，管

理者的短视行为是企业委托代理问题中存在的重要现象，不可忽视短视对企业创新活动的负面影响。Stein（1989）认为，即便在理性市场中，管理层由于业绩压力，短视也不可避免，而短视的程度取决于管理层关心短期绩效还是企业长期价值。Asker 等（2011）的研究表明，上市公司会倾向于牺牲当期的研发活动以维持短期业绩。这都会造成管理者削减企业创新活动以提高短期业绩的真实盈余管理活动（real earnings managementactivities）的现象出现。

近几年来，委托贷款占社会融资总量比例飞速提高，成为影子银行的重要组成部分。中国人民银行《2013 年 11 月社会融资规模统计数据报告》显示，2013 年 11 月社会融资规模为 1.23 万亿元，比上年同期多 1053 亿元。其中，当月人民币贷款增加 6246 亿元，同比多增 1026 亿元；委托贷款增加 2704 亿元，同比多增 1486 亿元。在此背景下，上市公司委托贷款数额和家数也在逐年上升，其重要性也逐渐受到学界的关注。据上海证券交易所资本市场研究所年报专题小组（2012）统计，委托贷款借款对象为独立第三方的委托贷款往往远远高于同期贷款利率，最高能达到 20%~25%，对于整体 ROA 水平只有 7%[1]左右的上市公司来说具有很大的吸引力。同时中国上市公司的 ST 制度和各类再融资政策都对企业的盈余水平做了相关规定，企业管理层有动机通过各类盈余管理以满足上述规定（Chen & Yuan，2004；魏涛等，2007）。高息委托贷款项目的出现是个全新的现象，此业务会给企业带来怎样的影响值得讨论。创新活动具有风险性高、投资周期长和投资规模大等特点，高息委托贷款的高收益率无疑增加了企业从事这项业务的动机，提高了企业管理者出现短视行为的可能。这又可能伴随出现挪用企业的现金、牺牲企业创新活动以获取委托贷款的高收益的现象。考察这个问题，不但能深化对上市公司企业贷款对企业价值影响的认识、深入了解对企业价值产生影响的作用渠道，也能更好地理解管理层短视行为的动机及其对公司创新行为的影响。

文章的研究动机正在于此。本书结合管理层的短视和真实盈余管理行为，考察了企业从事高息委托贷款后企业创新活动的变化以及盈利水平和盈利构成的变化，并对高息委托贷款对于放款公司的影响进行了研究。本书以 2007~2011 年的上市公司作为研究主体，从管理层短视的角度分析了上市公司是否从事高息委

---

① 由笔者通过相关数据计算获得。

托贷款与企业创新活动的相关关系。结果表明，从事高息委托贷款降低了企业的创新活动，同时意味着未来更低的营业利润率和更高的营业外收入利润率。进一步分析表明，未发放高息委托贷款的企业和发放高息委托贷款企业的前一年、当年以及下一年的销售利润率和营业利润率都没有显著差异，整体盈利能力上也没有显著差异。两者之间主营业务和非经常损益的差别也未在发放高息委托贷款的上一年显现出来。说明企业介入高息委托贷款业务并非是由于公司主营业务不善，而更多可能是出于管理层的短视动机的一种盈余管理。

本章的意义体现在：①首次结合了管理者短视和真实盈余管理的相关理论，对企业从事高息委托贷款业务进行了分析。国内现有研究中尚未看到与此类似的话题研究。②检验了公司从事高息委托贷款与否与企业创新活动之间的关系。研究发现，企业从事高息委托贷款后，其创新活动明显减少。本章的研究结果为理解介入影子银行业务的上市公司运营活动的变化提供了直接证据。③也在委托贷款的环境下，为真实盈余管理的研究提供了新的证据。研究发现，在整体盈利能力上，从事高息委托贷款的公司和未从事的公司没有显著差别，但是从事高息委托贷款业务的公司在盈利构成中有着更低的营业利润率和更高的营业外收入利润率。说明高息委托贷款活动具有真实盈余管理的属性。

7.2　文献回顾

学界一般认为，企业的研发活动是一种特殊的交易行为。企业的创新活动具有资产专用性（David et al.，2008）、不确定性（温军等，2011）和弱排他性三种特征（Teece，1986）。针对企业创新活动的相关研究大多结合研发活动的特性，从企业内部特征和外部市场特征两个维度进行研究。企业内部特征方面的研究关注于企业的内部特质对创新活动的影响，而市场特征方面的研究则针对企业的外部参与者与企业创新活动之间的关系展开。

企业内部特征方面，已有文献大多强调管理者的作用，现有的研究也大多支持管理者特质会影响企业创新活动。Schumpeter 在《经济发展理论》中论述到，企业家精神的本质是创新。Schumpeter 认为，企业的创新是由具有企业家精神的管理者所主导的。Hambrick 和 Mason（1984）也认为在不确定性环境中，决策者会对企业战略决策产生重要影响，他们认为面对创新这种非常规组织行为，无法通过简单模仿或沿革旧方法来解决，更多的是需要根据对环境的解释和判断制定新措施，决策者在其中起到重要作用。但有研究指出管理层的短视（myopia）会对企业的创新活动产生巨大影响，Asker 等（2011）的文章表明，由于上市公司需要满足资本市场对短期业绩的需求，相对于非上市公司，它们有更大的动机减少企业对创新活动的长期投资。因为管理者在企业创新中具有重要作用，后续有学者结合了公司治理理论，强调了管理层激励对避免管理者短视以及企业创新的重要作用，例如 Tosi 等（2000）的文章指出，如果过多依赖工资、奖金等短期激励来激励管理层，可能会使管理层放弃创新等长期活动以规避短期风险，并加剧管理层的短视。Coles 等（2006）认为，长期激励与企业的投资政策、投资风险程度有着显著的因果关系，通过股票等方式对管理层进行的长期激励能有效缓解企业管理层的短视行为，并降低 CEO 的风险规避倾向。激励水平越高的公司，CEO 发起研发活动风险性项目的可能性也越大。Balkin 等（2000）、Lerner 和 Wulf（2007）的研究也都证实了这点。

除了针对管理层本身的研究之外，也有学者从企业产权性质组织结构特征角度来讨论企业特征对创新活动的影响。股权性质方面，有的学者认为，政府介入能显著解决创新活动本身的市场失灵问题。由于创新活动本身具有外部性和巨大的不确定性，这种不完全独占性和高风险会带来创新活动不足的市场失灵。例如 Atkinson 和 Stiglitz（1980）认为，政府通过行政手段能够弥补这种市场失灵，市场失灵因企业自身或者政府对它们的直接干预而得到缓解。国内的研究结论也大多支持这一观点，学者认为，在我国特殊的市场环境下，市场对专利产权的认识和相关法律建设不完善，导致了市场进一步失灵。在没有适当的行政手段收入的情况下，企业保护其创新成果的能力较低，也造成了企业创新活动的不足。而足够良好的制度建设和政府"有形的手"的指引能够促进相关企业的创新活动。比如李春涛和宋敏（2010）的研究证据表明无论从研发费用的投入还是从专利数量的产出来看，具有产权优势和制度优势的企业都更具有创新性。

市场因素的研究从资本市场、债务市场和宏观环境几个方面展开。

资本市场方面，学者主要讨论了机构投资者在企业创新方面的作用。相关的研究归纳起来主要有两种观点：①机构短视论。机构由于自身流动性和赎回压力以及排名等，机构投资者主要倾向于短期收益，也倾向于给企业施压，使得企业经营者无意实施创新战略（Bushee，1998；Porter，1992）。②机构积极主义论。持有这个论调的学者认为，相对于个人投资者和公司控制权市场，机构投资者可以采取企业调查、实地调研等手段对公司实行有效的监督，减少上市公司治理的代理成本；同时作为外部人，机构投资者又能够避免对专业管理的过多干预。某些机构长期性持有公司，降低了监管的成本（Grossman & Hart，1980；Chen，Harford & Li，2007），也减少了信息不对称的程度。因此，机构投资者作为一种较为温和的外部治理机制，在一定程度上能对上市公司形成有效的监督（Scholes et al.，1976），从而鼓励企业创新（Jensen，1993）。此类文献的一个分支还探讨了风险投资在企业创立初期的作用。诸如风险投资等机构，对于持有公司的技术创新起到了支持作用（Kortum & Lerner，2000）。Tian 和 Wang（2014）的研究也表明，对企业创新失败容忍度更高的风险投资，其所在公司的创新活动更加活跃。也有学者从股票信息含量的角度考察了股票的流通性对企业创新活动的影响（Fang et al.，2011）。

此外，学者们还从分析师的角度考察了外部环境对企业创新活动的影响。分析师身为资本市场中介，是重要的信息提供者，能有效地减少上市公司和资本市场之间的信息不对称。由于创新活动具有巨大的风险和不确定性，容易出现研发失败的现象。分析师可能由于对企业的短期失败的容忍程度不够而看空公司，管理层为了避免此类现象迎合分析师预期而牺牲企业的研发活动（Manso，2011）。Benner（2010）认为，分析师常常会忽略企业的创新活动，甚至对企业的投资施加负面的市场压力。Benner 和 Ranganathan（2012）的研究显示，分析师推荐和企业研发与资本支出负相关。He 和 Tian（2013）的文章也证实了分析师关注和企业研发投入以及专利产出之间的负相关关系，他们认为，分析师关注对管理层形成短期的业绩压力，影响企业对创新活动的长期投资。

债务市场方面的研究强调了借贷人的性质对企业创新的影响。已有文献由最早的将企业债务同质看待，发展到将企业的债务关系分为银行主导的关系型债务和由企业债为主要成分的交易型债务。David 等（2008）认为，由于研发投资的专用性和高风险性，研发一旦失败，会造成巨大的价值损失。而企业债等债务具有刚性兑付的特征，一旦企业未能满足债务条款的一些规定，就可能被债务人要求破产清算，因此，对企业来说，交易型债务并不一定是一种良好的治理机制关系型债务。而银行主导的债务在适应性、监督性和弹性上与交易型的企业债存在异质性。不像交易型债务的债权人，关系型债务的债权人银行等除了和企业有债权、债务关系之外，还有其他的业务往来，能从企业的创新活动中获得企业成长的好处（David et al.，2008）。而长期的业务往来过程中，关系型债权人对企业的了解远胜于交易型债权人，对企业研发有着更深入的认识，对企业研发失败也具有更大的忍耐力，企业与关系型债权人之间的偿付关系更为弹性，在企业出现短期风险时，可以私下解决以帮助企业渡过危机（温军等，2011）。因此企业在进行债务结构安排时，会根据自己创新活动的程度，选择合适的异质债务结构，以更好地安排自身经营风险。

其余宏观方面的影响因素研究以制度为主，包括了市场化程度和政府干预程度、银行竞争水平等。这部分的研究主要考察各种制度性因素对企业研发和创新活动的激励或抑制作用。其作用机理都延续着企业研发活动的特点，研究特定的外在制度因素对企业研发的影响。Hsu等（2011）通过32个国家的国别比较发现，国家中的资本市场和信贷市场的发展显著影响所在国企业的创新水平。解维敏等（2009）通过对我国上市公司研发支出数据的研究发现，在政府干预下，企业获得的补助有助于提高国有企业的研发支出。Cornaggia等（2013）的文章研究了美国银行间竞争程度的改变对企业研发活动的影响，结果显示对于非上市公司来说，银行竞争的加剧提高了它们的专利产出水平。

综上所述，企业的创新活动受到企业内因和外因多方面因素的影响，但是究其根本，管理者个人的因素是决定企业创新活动最根本的来源，内因和外因都或多或少地通过管理层或正向促进、或负向抑制作用于企业的研发活动。由于管理者和股东之间利益不一致，往往出现管理者出于维护自身利益的目的削减企业创新活动的短视行为，这样的行为虽然会在短期内降低企业成本，并提高企业的营业外收入，但是对于企业的长期发展却是不利的。以往的文献为本书进一步分析高息委托贷款和企业创新活动之间的关系提供了思路。此外上市公司介入影子银行业务是中国特有的现象，和国外削减创新活动降低成本的真实盈余管理行为相比，国内的上市公司能将削减创新活动空余出的资金用于高息委托贷款，因此进一步提高了短视的可能，加强了真实盈余管理的动机。下文将结合企业创新的特点，讨论在有真实盈余管理的动机下，管理者在高息委托贷款和创新活动之间的权衡。在过去研究发现企业创新活动和未来业绩显著正相关的基础上，本章通过两者之间的关系分析存在高息委托贷款业务的企业的业绩特点。

7.3 假设提出

相较于传统企业活动的稳定和高度确定性，创新活动与企业日常的经营生产活动的不同之处在于投入和产出关系之间的高度不确定性及由此带来的风险（Holmstrom，1989；Davila et al.，2009），创新活动具有风险性高、投资周期长和投资规模大等特点。由此带来的后果就是创新活动是一个长期的过程，在短期内并不能给企业带来显而易见和立竿见影的实惠。

企业对盈余的管理可以通过应计进行，也可以通过真实的企业活动，后者被称为真实活动盈余管理（Roychowdury，2006）。对研发费用的操控是真实活动的盈余管理最重要的手段之一。过去研究表明，由于管理层存在短视的现象，企业会削减研发以满足特定的目的。例如 Bushee（1998）的研究显示，当企业盈余在下降时管理层为了迎合公司中占大比例的短期机构投资者，会倾向于削减研发支出以维持公司业绩。

委托贷款的利率远高于企业营业利润率，因此对于管理者而言，发放高息委托贷款是一种短期内提高业绩的好方法。上海证券交易所资本市场研究所年报专题小组（2012）的统计结果显示，向独立第三方委托贷款的利率明显高于其他类型的委托贷款，最高能达到20%～25%，远高于各个时期的同期贷款基准利率，也高于上市公司整体的资产收益率[①]。如图7-1所示[②]，上市公司在2007～2012年息税前利润在6%～3.5%，但是同期一年期贷款基准利率却在5%以上浮动。在这种情况下，极易出现公司抽调资金出主业，投资"副业"的情况。

此外，根据我国2007年后实行的会计准则，企业巨大的研发支出在支出当年一般作为一种期间费用，直接进入当年的损益，所以研发费用对于企业来说，是一笔短期的成本。《企业会计准则第6号——无形资产》第八、第九条明文规

---

① 上市公司整体的资产收益率大约为7%左右，由笔者通过 CSMAR 相关数据计算获得。
② 由笔者通过 CSMAR 相关数据计算获得。

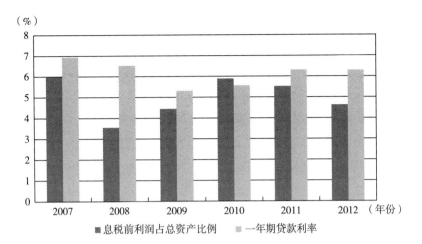

图7-1　上市公司历年息税前利润与一年期贷款利率对比（2007~2012年）

定，企业内部研究开发项目的支出，应当区分研究阶段支出与开发阶段支出。企业内部研究开发项目研究阶段的支出，应当于发生时计入当期损益。企业内部研究开发项目开发阶段的支出，同时满足五个条件①才能确认为无形资产。所以大量的研发支出对于管理层来说是当期的净流出。对于管理者而言，将钱用于高息委托贷款还是用于研发是一个对未来现金流折现估值的权衡过程。一方面是短期高息的诱惑，另一方面是收益期较长、风险极大的创新活动。对于短视的管理层而言，他们更加偏好短期的实惠。虽然牺牲企业的研发活动并从事高息委托贷款不利于企业的长远发展，但高息委托贷款短期内就能充实当期利润。这加剧了企业的管理层出现短视行为的可能性，管理层抽调原本储备的用于企业研发等的资金来发放高息委托贷款，牺牲了将来的持续经营能力，造成企业创新活动的不足。因此本章提出假设：

假设1：企业的高息委托贷款会造成未来企业创新活动的下降。

企业创新与企业未来绩效以及企业竞争力之间有显著的正相关关系。企业对研发的投入，能推动自身技术进步，取得领先同行业者的竞争优势，提高企业的

---

① 这五个条件如下：第一，完成该无形资产以使其能够使用或出售在技术上具有可行性；第二，具有完成该无形资产并使用或出售的意图；第三，无形资产产生经济利益的方式，包括能够证明运用该无形资产生产的产品存在市场或无形资产自身存在市场，无形资产将在内部使用的，应当证明其有用性；第四，有足够的技术、财务资源和其他资源支持，以完成该无形资产的开发，并有能力使用或出售该无形资产；第五，归属于该无形资产开发阶段的支出能够可靠地计量。

盈利水平。国内外许多研究都证实了这一点。Lev 和 Sougiannis（1996）的研究发现，R&D 支出中能被资本化的部分和公司的经营业绩密切相关。Hana 和 Manry（2004）通过对韩国企业的研究发现，R&D 支出和股价之间也有密切的相关关系，这意味着投资者认同 R&D 支出所创造的价值。罗婷等（2009）的研究也显示，企业研发投资对企业的经营业绩具有正向作用。

基于真实活动的盈余管理往往会影响到企业正常的活动经营，因此会对公司的绩效产生深远影响（Royehowdhury，2006）。若企业的管理层出现短视行为，将原有用于研发投入的资金用来从事高息委托贷款，可能会提高企业将来的非经常性损益。但是这个行为无疑减少了原本用于企业研发等目的资金储备，造成企业创新活动的减少，必然带来将来经营能力下降的问题，降低企业未来在主营业务中的经营业绩。据此本章提出假设 2 和假设 3：

假设 2：从事高息委托贷款提高了企业未来的非经常性损益。

假设 3：从事高息委托贷款降低了企业未来的主营业务盈利能力。

7.4 研究设计、数据来源与描述性统计

7.4.1 研究设计

为了清晰研究委托贷款与企业创新活动之间的关系，本章采取横截面回归方法进行研究，为了检验本章所提出的假设 1，建立了如下研究基本模型：

$$R\&D_{t+1} = \delta_0 + \delta_1 EntrsutedLoans_t + \delta_i ControlVariable_{it} + \varepsilon_t \tag{7-1}$$

其中，$R\&D_{t+1}$ 是本章主要关注的被解释变量，用于衡量企业的研发行为。对于企业研发行为的测量，本章采取两个维度衡量：①下一年与当年研发活动的开发支出比例之差（dRD），开发支出比例定义为当年开发费用占总资产的比例；②企业下一年与当年新申请专利的总数之差（dPatent）。He 和 Tian（2012）认为，研发活动的投入和产出衡量同样重要，他们认为，如果只管研发支出的比例，则会受到会计准则的影响，而结合专利申请数目能有效地利用到企业全部的创新信息。解释变量是 $EntrustedLoans_t$，根据前文的讨论，将其定义为企业当年

是否存在发放超过基准利率 20% 以上的委托贷款，是则取 1，否则取 0。在控制变量上，本章主要控制公司的基本特征，并做如下选择：

（1）企业绩效，用资产收益率（ROA）表示。

（2）公司年龄，用企业上市年限（Age）表示，企业上市越久，越可能是成熟期企业，而成熟期企业的创新活动较低，李春涛和宋敏（2010）的研究发现，企业的创新活动和企业上市年限之间存在负相关关系，因此本章预期该控制变量与被解释变量之间符号为负。

（3）资产负债率，用企业的总负债占总资产的比例（Lev）表示。Bhagat 和 Welch（1995）的研究认为，高杠杆的公司由于财务风险，很难有足够的信心支持企业的研发活动，本书预期该控制变量与被解释变量之间符号为负。

（4）成长性，采用企业年末的市值账面比（MB）。Ryan 和 Wiggins（2002）将这个指标用于衡量企业的成长性，本章预期该控制变量与被解释变量之间符号为正。

（5）企业规模，用企业当年总资产的自然对数（Size）表示，有研究认为，企业的规模和研发活动正相关，李春涛和宋敏（2010）的研究发现，企业的规模越大，研发活动越频繁，本章预期该控制变量与被解释变量之间符号为正。

（6）产权性质，用企业最终控制人（SOE）进行控制，如果最终控制人属于国有法人，则取 1，否则取 0，李春涛和宋敏（2010）认为，产权性质会对研发活动造成影响，预期该控制变量与被解释变量之间符号为正。

此外本章还控制了企业的年度和行业固定效应。

对于假设 2 和假设 3 的检验，本章在模型（7-1）的基础上将企业下一年扣除非经常损益的资产收益率（$ROAEx_{t+1}$）、用总资产标准化后的非经常损益（$NonRGain_{t+1}$）作为被解释变量，用于检验假设。在时间维度上，考察出现高息委托贷款之后企业绩效的变化情况。具体模型如下：

$$ROAEx(NonRGain)_{t+1} = \delta_0 + \delta_1 EntrsutedLoans_t + \delta_i ControlVariable_t + \varepsilon_t \qquad (7-2)$$

本章所有自变量的定义如表 7-1 所示：

表 7-1　主要的变量定义

变量名称	变量定义
$dPaten_{t+1}$	t 年新增专利与 t+1 年新增专利之差

续表

变量名称	变量定义
dRD_{t+1}	公司 t 年与 t+1 年开发支出差值，用总资产标准化
$NonRGain_{t+1}$	公司 t+1 年非经常损益资产收益率
$ROAEx_{t+1}$	公司 t+1 年扣除非经常损益后的资产收益率
$EntrsutedLoans_t$	企业在 t 年放出的委托贷款利率是否超过同期基准利率的 20%，是则取 1，否则取 0
Roa_t	企业当年资产报酬率
Age_t	公司成立时间长度
Lev_t	企业当年的资产负债率
$Size_t$	企业当年总资产，取自然对数
$State_t$	企业产权变量，如果最终控制人为国有性质则取 1，否则取 0
$TobinQ_t$	公司当年的 TobinQ 值

7.4.2 数据来源

本章选择 2007~2011 年 A 股上市公司为样本检验上述假设。按照以往文献，本章去除了 ST 和 PT 的公司、金融机构的上市公司以及财务数据不完整的公司。委托贷款的数据部分来自手工收集的上市公司对外公告，本章从公告中收集了公司委托贷款的对象及其与公司的关系等信息。公司的所有财务指标来源于 CSMAR 数据库，专利数据来自中华人民共和国国家知识产权局每年出版的《中国专利数据库》。同时本章对所有的连续变量进行了 1% 和 99% 的缩尾（winsorized）处理，以保证结果不受极值的影响。

表 7-2 显示了高息委托贷款公司样本的行业分布，从表中可以看出，在行业分布上，制造业的企业占高息委托贷款公司的大部分，其占比达到了 42.11%。此外，占比较高的行业分别为批发零售、房地产和交通运输物流业。表 7-3 记录了样本描述性统计结果。表 7-3 显示，平均来说，上市公司 t+1 年较 t 年的新增专利数为 4.493 件，新增开发支出占总资产的比例平均为 0.03%。t+1 年的平均非经常损益资产收益率为 1.1%，而扣除非经常损益资产收益率为 3%。约有 1.2% 的样本企业在当年发放了高息委托贷款，由此可见从事高息委托贷款的公司占样本总体比例较小。样本的平均资产负债率为 50.5%，企业总资产取自然对

数后为 21.839。样本中约 48% 的企业为国有企业。

表 7-2 高息委托贷款公司的行业分布

行业代码	行业	家数	占比（%）
A	农、林、牧、渔业	4	5.26
C	制造业	32	42.11
D	电力、煤气及水的生产和供应业	1	1.32
F	交通运输、仓储业	8	10.53
G	信息技术业	4	5.26
H	批发和零售贸易业	12	15.79
J	房地产业	10	13.16
K	社会服务业	1	1.32
M	综合类	4	5.26
总和		76	100

表 7-3 描述性统计

变量	观测值	均值	标准差	最小值	25%百分位	50%百分位	75%百分位	最大值
$dPatent_{t+1}$	6545	4.493	18.624	-33.000	0.000	0.000	3.000	124.000
dRD_{t+1}	6545	0.000	0.002	-0.003	0.000	0.000	0.000	0.011
$NonRGain_{t+1}$	6545	0.011	0.023	-0.022	0.001	0.004	0.012	0.145
$ROAEx_{t+1}$	6545	0.030	0.065	-0.192	0.003	0.024	0.057	0.258
$EntrsutedLoans_t$	6545	0.012	0.107	0.000	0.000	0.000	0.000	1.000
Roa_t	6545	0.038	0.060	-0.218	0.013	0.035	0.065	0.214
Age_t	6545	12.923	4.166	4.000	10.000	13.000	16.000	23.000
Lev_t	6545	0.505	0.193	0.079	0.367	0.513	0.646	0.998
$Size_t$	6545	21.839	1.213	19.307	20.969	21.699	22.543	25.504
$State_t$	6545	0.480	0.500	0.000	0.000	0.000	1.000	1.000
$TobinQ_t$	6545	2.431	1.648	0.822	1.352	1.939	2.894	10.382

7.5 实证结果

表7-4显示了按照企业当年发放高息委托贷款与否将样本分为两组后，各组企业 t+1 年的研发活动和 t+1 年的扣除非经常损益的资产收益率（NonRGain$_{t+1}$），以及总资产标准化后非经常损益（ROAEx$_{t+1}$）的均值和中值比较结果。结果显示，未发放高息委托贷款的企业 t+1 年较 t 年新专利增加数为 4.548 件，而发放高息委托贷款的企业 t 年新专利较上年增加的数值的平均值为 -0.237 件。前者数值显著高于后者。研发支出的结果也类似。同时本章发现，两类企业在 t+1 年的非经常收益率分别为 0.011 和 0.017，发放高息委托贷款的企业显著高于未发放高息委托贷款的企业。扣除非经常损益的资产收益率的结果显示，在 t+1 年，发放高息委托贷款的企业的 ROAEx 为 0.015，显著低于未发放高息委托贷款的企业的 0.03。中值比较结果也较为类似。本章的假设初步得到验证。

表 7-4 主要变量均值与中值比较

变量名称	未发放组（a）	均值	发放组（b）	均值	显著性（t 值）
dPatent$_{t+1}$	6469	4.548	76	-0.237	(4.634)***
dRD$_{t+1}$	6469	0	76	0	(5.424)***
NonRGain$_{t+1}$	6469	0.011	76	0.017	(-3.368)***
ROAEx$_{t+1}$	6469	0.03	76	0.015	(3.359)***
变量名称	未发放组（a）	均值	发放组（b）	中值	显著性（Chi2 值）
dPatent$_{t+1}$	6469	0	76	0	(4.966)**
dRD$_{t+1}$	6469	0	76	0	(2.262)
NonRGain$_{t+1}$	6469	0.004	76	0.014	(30.687)***
ROAEx$_{t+1}$	6469	0.024	76	0.015	(10.428)***

注：***、**、*分别表示在 1%、5%、10%水平上显著。

7.5.1　高息委托贷款与企业创新活动

前文假设提到，创新活动的高度不确定性和由此带来的风险以及高息委托贷款的诱惑促使企业的管理层出现削减企业研发活动的短视行为，其抽调原本储备的用于企业研发等的资金来发放委托贷款，造成企业创新活动的减少。在此，本章用回归模型检验此假设。

回归结果如表 7-5 所示，表中可以看到，EntrsutedLoans$_t$ 和 dPatent$_t$、EntrsutedLoans$_t$ 和 dRD$_t$ 的回归系数都为负，分别为-3.6088 和-0.0003，并且显著，说明企业当年若发放高息委托贷款，企业下一年申请专利数较当年增长的数值和企业下年新确认的开发支出则较低。这个结果符合假设 1 的设想，即企业的高息委托贷款会造成企业创新活动的下降。

表 7-5　高息委托贷款与企业创新活动

变量	dPatent$_{t+1}$	dRD$_{t+1}$
EntrsutedLoans$_t$	-3.6088**	-0.0003***
	(-2.23)	(-3.05)
Roa$_t$	-2.0623	-0.0004
	(-0.87)	(-0.50)
Age$_t$	-0.1106*	-0.0000**
	(-1.82)	(-2.30)
Lev$_t$	-2.7332**	-0.0001
	(-2.07)	(-0.70)
Size$_t$	4.1901***	0.0000
	(5.81)	(1.63)
State$_t$	-0.9241*	0.0000
	(-1.74)	(0.01)
TobinQ$_t$	0.5996***	0.0001***
	(3.93)	(2.72)
常数项	-87.7644***	-0.0007
	(-5.68)	(-1.16)
行业	控制	控制
年度	控制	控制

变量	dPatent$_{t+1}$	dRD$_{t+1}$
观测值	6545	6545
调整后的 R^2	0.094	0.049

注：表7-5描述了高息委托贷款与企业未来创新活动的回归，表中创新活动的被解释变量 dPaten$_{t+1}$ 为 t 年新增专利与 t+1 年新增专利之差；dRD$_{t+1}$ 为公司 t 年与 t+1 年开发支出差值，用总资产标准化。解释变量为 EntrsutedLoans$_t$，企业在 t 年放出的委托贷款利率是否超过同期基准利率的20%，是则取1，否则取0。控制变量包括：Roa$_t$，企业当年资产报酬率；Age$_t$，公司成立时间长度；Lev$_t$，企业当年的资产负债率；Size$_t$，企业当年总资产，取自然对数；State$_t$，企业产权变量，如果最终控制人为国有性质则取1，否则取0；TobinQ$_t$，公司当年的 TobinQ 值。本章还控制了年度和行业固定效应。***、**、* 分别表示在1%、5%、10%水平上显著，括号内数值表示对应系数的 t 统计量。回归采用了 Gow 等（2010）的方法，按公司和年度做了聚类。

在控制变量方面，企业上市年限 Age$_t$ 和企业创新活动之间负相关，这与李春涛和宋敏（2010）的研究一致。上市年限越久，企业的生命周期越可能处于成熟期，而成熟期的企业创新活动较少。企业规模变量 Size$_t$ 和企业创新活动之间正相关，这符合过去研究的发现。过去的研究表明，企业规模是决定企业创新的重要因素（Cohen & Lev，1989）。公司当年的 TobinQ 值和企业创新活动之间正相关，企业的 TobinQ 值越高往往意味着企业处于成长期，因此有更多的创新活动。He 和 Tian（2013）的文章也发现，企业的 TobinQ 值和企业创新活动之间存在显著的正相关关系。

7.5.2 高息委托贷款与企业未来一年绩效

假设2和假设3认为，高息委托贷款能提高企业未来的非经常损益，但是由于其以牺牲企业创新活动为代价，所以会削弱企业未来的主营业务盈利能力。下面将针对这个假设进行检验。

表7-6的回归是对假设2和假设3的检验。结果显示，EntrsutedLoans$_t$ 和 NonRGain$_{t+1}$ 的相关系数为 −0.0121，显著为负，说明若企业在当年存在发放高息委托贷款的行为，企业下一年扣除非经常损益的资产收益率会处于较低水平。表7-6中 ROAEx$_{t+1}$ 的回归显示，EntrsutedLoans$_t$ 和 ROAEx$_{t+1}$ 的相关系数为 0.0065，显著为正，说明若企业在当年存在发放高息委托贷款，则能提高企业下一年的非经常损益水平。假设2和假设3得到支持。

表 7-6　高息委托贷款与企业未来绩效

变量	ROAEx$_{t+1}$	NonRGain$_{t+1}$
EntrsutedLoans$_t$	−0.0121 **	0.0065 ***
	（−1.96）	（3.11）
Roa$_t$	0.5258 ***	−0.0614 ***
	（16.75）	（−3.37）
Age$_t$	−0.0010 ***	0.0005 ***
	（−3.79）	（6.82）
Lev$_t$	−0.0486 ***	0.0075 **
	（−6.25）	（2.19）
Size$_t$	0.0080 ***	−0.0016 ***
	（7.42）	（−5.96）
State$_t$	0.0013	−0.0000
	（0.75）	（−0.01）
TobinQ$_t$	0.0065 ***	0.0028 ***
	（5.17）	（4.53）
常数项	−0.1475 ***	0.0352 ***
	（−6.56）	（6.49）
行业固定效应	控制	控制
年度固定效应	控制	控制
观测值	6545	6545
调整后的 R^2	0.443	0.095

注：表 7-6 描述了高息委托贷款与企业未来绩效的回归，表中被解释变量为 NonRGain$_{t+1}$，公司 t+1 年非经常资产收益率；ROAEx$_{t+1}$，公司 t+1 年扣除非经常损益后的资产收益率。解释变量为 EntrsutedLoans$_t$，企业在 t 年放出的委托贷款利率是否超过同期基准利率的 20%，是则取 1，否则取 0。控制变量包括：Roa$_t$，企业当年资产报酬率；Age$_t$，公司成立时间长度；Lev$_t$，企业当年的资产负债率；Size$_t$，企业当年总资产，取自然对数；State$_t$，企业产权变量，如果最终控制人为国有性质则取 1，否则取 0；TobinQ$_t$，公司当年的 TobinQ 值。本章还控制了年度和行业固定效应。***、**、* 分别表示在 1%、5%、10%水平上显著，括号内数值表示对应系数的 t 统计量。回归采用了 Gow 等（2010）的方法，按公司和年度做了聚类。

总体而言，上述检验结果显示，相对于当年未从事高息委托贷款的企业，从事高息委托贷款的企业 t+1 年的研发活动较少，同时 t+1 年有着更低的经常性损益利润率和更高的非经常性损益利润率。本章假设初步得到印证。

7.6 进一步分析

上述分析表明，企业当年存在高息委托贷款会导致企业未来营业利润率下降和营业外利润率上升。但上述发现存在内生性，即企业主营业务未来前景不好，导致企业的管理者将资源分配到高息委托贷款上，用以改善企业资源使用情况和经营业绩。下面将进一步做一系列分析，以逐步排除这类担忧。

7.6.1 内生性问题

一方面，本章尝试排除上述检验中的内生性问题。企业的研发活动是长期行为，而委托贷款的发放所依据的往往是对短期利率的判断。因此这两种不同的投资行为的差异之一就在于判断的依据是长期利率还是短期利率。另一方面，当货币政策扩张时，短期内市场会充斥大量的流动性，短期利率受到货币政策的影响会显著大于长期利率。因此本章采取类似的思路，选取货币扩张时期作为工具变量以解决内生的问题。在选取工具变量方面，本章采用饶品贵、姜国华（2011）的定义方法，从上海银行间一周的拆借利率（Shibor）方面考虑。Shibor 的利率在 2007 年基本在 2.5% 上下浮动，这个趋势在 2008 年保持延续，但是 2008 年 10 月 Shibor 的利率急剧下降到 1% 左右，在低位的趋势延续到 2010 年 6 月，2010 年 11 月，Shibor 的利率急剧上升到 8%，后几年延续 2%~4%。银行间的拆借标志着银行的资金成本，也可以反映信贷资金的供给变化（饶品贵和姜国华，2013）。因此本章将 2008~2009 年定义为货币宽松的年度（MP_t），并以此作为第一阶段的工具变量。

相关结果如表 7-7 所示，在第一阶段中，本章在原有变量的基础上将 MP_t 作为工具变量纳入模型回归，结果显示，MP_t 和 $EntrsutedLoans_t$ 之间显著正相关，说明企业确实更愿意在货币政策扩张年度发放高息委托贷款。在第一阶段回归之后，本章求出逆米尔斯值（Inverse Mill's Ratio，IMR），再将其加入表 7-6 的回归中，以控制自选择问题。结果如表 7-7 所示，两阶段模型中本章的主要结果没有发生改变。

表 7-7 控制内生性后的结果

变量	Stage1	Stage2			
	EntrsutedLoans$_{it}$	dPaten$_{t+1}$	dRD$_{t+1}$	ROAEx$_{t+1}$	NonRGain$_{t+1}$
EntrsutedLoans$_t$		-3.3655**	-0.0002***	-0.0115*	0.0065***
		(-2.23)	(-2.91)	(-1.89)	(3.19)
MP$_t$	0.2075**				
	(2.10)				
Roa$_t$	-1.4036	78.2293	0.0028*	0.7232***	-0.0730
	(-1.43)	(1.64)	(1.71)	(4.31)	(-1.53)
Age$_t$	0.0332**	-2.0054*	-0.0001***	-0.0056	0.0007
	(2.57)	(-1.71)	(-3.23)	(-1.61)	(0.57)
Lev$_t$	-0.8400***	45.5810	0.0019**	0.0701	0.0005
	(-2.76)	(1.55)	(2.48)	(0.79)	(0.01)
Size$_t$	0.0906*	-0.9585	-0.0002*	-0.0046	-0.0008
	(1.69)	(-0.31)	(-1.89)	(-0.48)	(-0.24)
State$_t$	-0.1611	8.3380	0.0004**	0.0240	-0.0014
	(-1.61)	(1.48)	(2.14)	(1.35)	(-0.21)
TobinQ$_t$	-0.1819***	11.2538*	0.0005***	0.0327*	0.0012
	(-2.93)	(1.73)	(2.80)	(1.69)	(0.16)
IMR		-62.9757*	-0.0025**	-0.1548	0.0092
		(-1.65)	(-2.54)	(-1.33)	(0.21)
常数项	-4.3089***	192.4107	0.0106**	0.5412	-0.0056
	(-3.59)	(1.14)	(2.40)	(1.04)	(-0.03)
行业	控制	控制	控制	控制	控制
年度	未控制	控制	控制	控制	控制
观测值	6545	6545	6545	6545	6545
调整后的 R^2	0.1633	0.095	0.049	0.443	0.095

注：表 7-7 描述了控制内生后的回归，表中第一阶段的被解释变量为 EntrsutedLoans$_t$，工具变量为货币政策，本章将其定义为 2008~2009 年为货币政策宽松的年度。第二阶段的创新活动的被解释变量为 dPaten$_{t+1}$，t 年新增专利与 t+1 年新增专利之差；dRD$_{t+1}$，公司 t 年与 t+1 年开发支出差值，用总资产标准化。绩效解释变量为 NonRGain$_{t+1}$，公司 t+1 年非经常资产收益率；ROAEx$_{t+1}$，公司 t+1 年扣除非经常损益后的资产收益率。解释变量为 EntrsutedLoans$_t$，企业在 t 年放出的委托贷款利率是否超过同期基准利率的 20%，是则取 1，否则取 0。控制变量包括：Roa$_t$，企业当年资产报酬率；Age$_t$，公司成立时间长度；Lev$_t$，企业当年的资产负债率；Size$_t$，企业当年总资产，取自然对数；State$_t$，企业产权变量，如果最终控制人为国有性质则取 1，否则取 0；TobinQ$_t$，公司当年的 TobinQ 值。本章还控制了年度和行业固定效应。***、**、*分别表示在 1%、5%、10% 水平上显著，括号内数值表示对应系数的 t 统计量。回归采用了 Gow 等（2010）的方法，按公司和年度做了聚类。

7.6.2 高息委托贷款与企业短期运营指标

本章从企业短期运营指标方面考察高息委托贷款的动机是否源于企业对公司业务不看好。短期运营指标方面，本章考察的被解释变量是企业 t-1 年到 t+1 年的营业毛利率（Operating Margin，OM）和销售净利率（Net Profit Margin，NPM），计算方法分别为（营业收入－营业成本）/营业收入和净利润/营业收入。解释变量是企业当年是否存在高息委托贷款。表 7-8 的结果显示，企业从 t-1 年到 t+1 年的企业营业毛利率、销售净利率和企业是否发放高息委托贷款之间都不存在显著的相关关系，说明企业发放高息委托贷款并非自身经营活动不好所导致。

表 7-8　高息委托贷款与企业短期运营指标

变量	OM_{t-1}	OM_t	OM_{t+1}	NPM_{t-1}	NPM_t	NPM_{t+1}
$EntrsutedLoans_t$	-0.0105	-0.0071	-0.0148	-0.3203	-0.0056	0.0047
	(-0.54)	(-0.32)	(-0.67)	(-1.09)	(-0.39)	(0.37)
Roa_t	0.5252***	0.8502***	0.6431***	-4.1758	2.0245***	0.7328***
	(6.26)	(15.36)	(12.82)	(-0.74)	(27.40)	(6.17)
Age_t	-0.0010	-0.0004	-0.0002	-0.0307	0.0006	-0.0000
	(-1.11)	(-0.43)	(-0.19)	(-1.23)	(1.34)	(-0.04)
Lev_t	-0.1619***	-0.1066***	-0.1007***	-5.5458	-0.0425***	-0.1216***
	(-7.16)	(-5.15)	(-5.04)	(-1.28)	(-3.44)	(-7.23)
$Size_t$	0.0079***	0.0022	0.0030	0.2457	0.0023	0.0189***
	(2.70)	(0.64)	(0.71)	(1.05)	(1.05)	(6.00)
$State_t$	-0.0106*	-0.0134**	-0.0139**	0.1796	0.0057*	0.0089
	(-1.95)	(-2.53)	(-2.42)	(1.14)	(1.81)	(1.63)
$TobinQ_t$	0.0189***	0.0183***	0.0217***	-0.6193	-0.0070***	0.0131***
	(4.64)	(5.48)	(5.60)	(-1.54)	(-2.72)	(3.74)
常数项	0.1177	0.1891***	0.1672*	-0.6895	-0.0400	-0.3469***
	(1.63)	(2.59)	(1.82)	(-0.44)	(-0.82)	(-5.16)
行业固定效应	控制	控制	控制	控制	控制	控制
年度固定效应	控制	控制	控制	控制	控制	控制
观测值	6545	6545	6545	6545	6545	6545

续表

变量	OM$_{t-1}$	OM$_t$	OM$_{t+1}$	NPM$_{t-1}$	NPM$_t$	NPM$_{t+1}$
调整后的 R^2	0.372	0.429	0.377	0.017	0.635	0.225

注：表 7-8 描述高息委托贷款与企业短期运营指标，表中的被解释变量是企业 t-1 年到 t+1 年的营业毛利率（Operating Margin，OM）和销售净利率（Net Profit Margin，NPM），计算方法分别为（营业收入-营业成本）/营业收入和净利润/营业收入。解释变量为 EntrsutedLoans$_t$，企业在 t 年放出的委托贷款利率是否超过同期基准利率的 20%，是则取 1，否则取 0。控制变量包括：Roa$_t$，企业当年资产报酬率；Age$_t$，公司成立时间长度；Lev$_t$，企业当年的资产负债率；Size$_t$，企业当年总资产，取自然对数；State$_t$，企业产权变量，如果最终控制人为国有性质则取 1，否则取 0；TobinQ$_t$，公司当年的 TobinQ 值。本章还控制了年度和行业固定效应。***、**、*分别表示在 1%、5%、10% 水平上显著，括号内数值表示对应系数的 t 统计量。回归采用了 Gow 等（2010）的方法，按公司和年度做了聚类。

7.6.3　高息委托贷款与企业过度投资水平

Malmendier 和 Tate（2005）认为，企业主的过度自信会导致企业存在过度投资的现象。所以在某种程度上，企业的过度投资水平能反映管理者对企业未来发展的看法。对于前文的结果，一个最大的担忧就是，管理者将资金用于高息委托贷款，是由于其对企业主营业务未来的发展不看好导致的。所以管理者对企业未来不看好，会减少企业的研发活动，必然也会降低企业的过度投资水平。如果由于企业不看好未来所以转向高息委托贷款的逻辑成立，本书应该看到从事高息委托贷款的企业会有较低的过度投资水平。

对于"主业空心化"的问题的检验，我们采用 Richardson（2006）的方法衡量，将投资（I$_{TOTAL}$）分解为维持性投资（I$_{MAINTENCE}$）和新投资（I$_{NEW}$）。

$$I_{TOTAL,t} = I_{MAITENANCE} + I_{NEW,t} \tag{7-3}$$

其中，I$_{MAINTENCE}$ 是企业为了维持现有资产而发生的投资支出，用折旧和摊销来代替。I$_{NEW}$ 是企业的新投资，进一步被分解为预期新投资 I$_{NEW}^*$ 和非正常投资 I$_{NEW}^e$，如式（7-4）所示：

$$I_{NEW,t} = I_{NEW,t}^* + I_{NEW,t}^e \tag{7-4}$$

$$I_{TOTEL,t} = CAPEX_t + Acquisitions_t + RD_t - SalePPE_t \tag{7-5}$$

其中，I$_{TOTAL}$ 是企业一年的投资总额，CAPEX$_t$ 是企业的资本支出，Acquisitions$_t$ 是企业进行现金收购的支出，RD$_t$ 是企业的研发费用，SalePPE$_t$ 是企业出售资产的收入。

式（7-4）中的 I_{NEW} 可以表示为：

$$I_{NEW,t} = \alpha + \beta_1 \frac{V}{P_{t-1}} + \beta_2 Lev_{t-1} + \beta_3 Cash_{t-1} + \beta_4 Age_{t-1} + \beta_5 Size_{t-1} + \beta_6 Return_{t-1} +$$

$$\beta_7 I_{NEW,t-1} + \sum Year + \sum Industry + \varepsilon \qquad (7-6)$$

V/P 代表公司的成长机会，我们参照张敏等（2009）和姜付秀等（2009）的方法用企业的销售收入增长率来代替，最终对式（7-6）进行回归，将回归系数估计代入式（7-4）中，即可得出每个企业新投资的拟合值，如果该拟合值小于等于0，定义为投资不足（变量定义为 Underinvest）。

在此基础上，我们参考张敏等（2009）和姜付秀等（2009）的文献，控制了企业的盈利能力、规模、资产负债率、增长率和产权等，分析企业从事高息委托贷款对于其投资抑制的影响，考察从事高息委托贷款之后的"主业空心化"问题，具体模型如下：

$$Underinvest_{it} = \delta_0 + \delta_1 EntrustedLoans_{it} + \delta_2 ROA_{it} + \delta_3 Size_{it} + \delta_4 Tobin's Q_{it} + \delta_5 Lev_{it} +$$

$$\delta_6 State_{it} + \delta_7 Age_{it} + IndustryEffect + YearEffect + \varepsilon_{it} \qquad (7-7)$$

在估计出企业的过度投资水平之后，本章将其作为被解释变量（Underinvest）考察上述问题。结果如表 7-9 所示，表中结果显示，EI 和 Underinvest 的回归系数为-0.0014，但是不显著，即发放高息委托贷款的公司并未有着比未发放高息委托贷款的公司显著更低的过度投资水平。这个结果说明管理者对企业未来发展的看法没有显著差异，发放高息委托贷款可能并非是因为管理者对公司未来发展不看好。

表 7-9　高息委托贷款和企业过度投资水平

变量	Underinvest
EntrsutedLoans$_t$	-0.0014
	(-0.60)
Roa$_t$	0.1019 ***
	(3.33)
Age$_t$	-0.0001
	(-0.39)
Lev$_t$	0.0376 ***
	(6.20)

续表

变量	Underinvest
$Size_t$	0.0032***
	(4.65)
$State_t$	−0.0021
	(−1.01)
$TobinQ_t$	−0.0010
	(−1.01)
常数项	−0.0850***
	(−3.92)
行业固定效应	控制
年度固定效应	控制
观测值	6545
调整后的 R^2	0.023

注：表7-9 描述了高息委托贷款和企业过度投资水平的回归，表中的被解释变量是过度投资（oinvt），本章采用 Richardson（2006）的做法。解释变量为 $EntrsutedLoans_t$，企业在 t 年放出的委托贷款利率是否超过同期基准利率的 20%，是则取 1，否则取 0。控制变量包括：Roa_t，企业当年资产报酬率；Age_t，公司成立时间长度；Lev_t，企业当年的资产负债率；$Size_t$，企业当年总资产，取自然对数；$State_t$，企业产权变量，如果最终控制人为国有性质则取 1，否则取 0；$TobinQ_t$，公司当年的 TobinQ 值。本章还控制了年度和行业固定效应。***、**、* 分别表示在 1%、5%、10% 水平上显著，括号内数值表示对应系数的 t 统计量。回归采用了 Gow 等（2010）的方法，按公司和年度做了聚类。

7.6.4　高息委托贷款与企业上年及当年业绩

此外，本章在时间维度上，考察企业上年、当年总体盈利能力、非经常损益和主营业务利润的情况，通过在更长时间段里考察是否发放委托贷款和企业业绩之间的关系，以期对高息委托贷款与企业未来绩效之间的关系有更为全面的理解。本章希望通过比较两组企业在 t−1 年到 t+1 年 ROA 和 ROA 组成部分的变化（三年），进一步深入分析发放高息委托贷款前后企业盈利水平的变化和构成的变化，来排除管理者看空企业未来导致高息委托贷款的出现这一隐忧。

首先，表 7-10 记录了从事高息委托贷款和未从事高息委托贷款的样本公司 t−1 年、t 年和 t+1 年 ROA 均值和中值的对比。从表 7-10 可以看出，不论是 ROA 的中值还是均值，从事高息委托贷款和未从事企业高息委托贷款的企业都不存在显著差别。

表 7-10   t-1 年到 t+1 年 Roa 均值与中值比较

变量名称	未发放组	均值	发放组	均值	均值差异显著性（T 值）
Roa_{t-1}	6469	0.041	76	0.047	（1.192）
Roa_t	6469	0.039	76	0.03	（-0.970）
Roa_{t+1}	6469	0.035	76	0.031	（0.627）
变量名称	未发放组	中值	发放组	中值	中值差异显著性（Chi2 值）
Roa_{t-1}	6469	0.036	76	0.042	（1.334）
Roa_t	6469	0.035	76	0.03	（0.477）
Roa_{t+1}	6469	0.032	76	0.028	（1.913）

其次，按照企业当年发放高息委托贷款与否将样本分为两组，考察企业 ROA 构成中营业利润和非经常损益之间的状况。表 7-11 显示了企业 t-1 年到 t+1 年的扣除非经常损益的资产收益率（ROAEx），以及总资产标准化后非经常损益（NonRGain）的均值和中值比较结果。结果显示，两类企业的非经常损益在 t-1 年和当年均值并没有显著差异，但是 t+1 年发放高息委托贷款的企业的非经常收益率显著高于未发放高息委托贷款的企业。两类企业的经常性损益资产报酬率均值在 t-1 年也没有显著差异。但是在当年和 t+1 年，发放高息委托贷款的企业的经常性损益资产报酬率却显著低于未发放高息委托贷款的企业。中值比较结果也较为类似，说明更高的非经常损益和更低的经常性损益资产报酬率更可能是在从事高息委托贷款之后发生的。

表 7-11   分组后企业历年业绩均值与中值比较

变量名称	未发放组	均值	发放组	均值	均值差异显著性（t 值）
$NonRGain_{t-1}$	6469	0.009	76	0.014	（-1.118）
$NonRGain_t$	6469	0.009	76	0.012	（-1.637）
$ROAEx_{t-1}$	6469	0.022	76	0.032	（-1.393）
$ROAEx_t$	6469	0.026	76	0.015	（2.1365）**
变量名称	未发放组	中值	发放组	中值	中值差异显著性（Chi2 值）
$NonRGain_{t-1}$	6469	0.003	76	0.008	（15.400）***
$NonRGain_t$	6469	0.003	76	0.01	（15.400）***

变量名称	未发放组	中值	发放组	中值	中值差异显著性（Chi2 值）
ROAEx$_{t-1}$	6469	0.025	76	0.021	(0.850)
ROAEx$_t$	6469	0.024	76	0.015	(7.661)***

最后，本章用回归的方式考察高息委托贷款与企业上年及当年业绩之间的情况。结果如表 7－12 所示，结果（1）和结果（3）显示，EntrsutedLoans$_t$ 和 ROAEx$_{t-1}$ 的回归系数为－0.0032，和 NonRGain$_{t-1}$ 的回归系数为 0.0056，检验结果都不显著，说明发放高息委托贷款的企业和不发放高息委托贷款的企业在 t-1 年的主营业务和非经常损益并未出现显著差别，二者的差别在 t 年逐渐显现出来。结合前文的分析，如果企业是由于主业发展前景变坏而调配资源，那么存在高息委托贷款企业在上一年就有较低的主营业务利润。但是表 7－12 的结果拒绝了这种假设。

表 7－12　高息委托贷款与企业上年及当年业绩

变量	（1）ROAEx$_{t-1}$	（2）ROAEx$_t$	（3）NonRGain$_{t-1}$	（4）NonRGain$_t$
EntrsutedLoans$_t$	−0.0032	−0.0057*	0.0056	0.0042**
	（−0.35）	（−1.91）	（1.31）	（2.05）
Roa$_t$	0.5109**	0.7741***	0.0060	0.0832***
	（2.55）	（36.39）	（0.09）	（7.37）
Age$_t$	−0.0022***	−0.0008***	0.0009**	0.0006***
	（−3.18）	（−7.15）	（2.14）	（5.42）
Lev$_t$	−0.2117***	−0.0410***	0.0250	0.0159***
	（−3.01）	（−5.05）	（0.84）	（4.13）
Size$_t$	0.0133***	0.0046***	−0.0024	−0.0032***
	（4.06）	（5.67）	（−1.17）	（−6.46）
State$_t$	0.0003	0.0004	−0.0003	0.0000
	（0.10）	（0.45）	（−0.28）	（0.07）
TobinQ$_t$	−0.0234	−0.0016***	0.0052	0.0006
	（−1.45）	（−2.58）	（1.22）	（1.64）
常数项	−0.1194	−0.0714***	0.0253	0.0616***
	（−1.27）	（−5.53）	（1.47）	（6.67）

续表

变量	(1) $ROAEx_{t-1}$	(2) $ROAEx_t$	(3) $NonRGain_{t-1}$	(4) $NonRGain_t$
行业固定效应	控制	控制	控制	控制
年度固定效应	控制	控制	控制	控制
观测值	6545	6545	6545	6545
调整后的 R^2	0.059	0.814	0.023	0.116

注：表 7-12 描述了高息委托贷款与企业未来绩效的回归，表中被解释变量为 $NonRGain_{t-1(t)}$，公司 t+1（t）年为非经常资产收益率；$ROAEx_{t-1(t)}$，公司 t-1（t）年扣除非经常损益后的资产收益率。解释变量为 $EntrsutedLoans_t$，企业在 t 年放出的委托贷款利率是否超过同期基准利率的 20%，是则取 1，否则取 0。控制变量包括：Roa_t，企业当年资产报酬率；Age_t，公司成立时间长度；Lev_t，企业当年的资产负债率；$Size_t$，企业当年总资产，取自然对数；$State_t$，企业产权变量，如果最终控制人为国有性质则取 1，否则取 0；$TobinQ_t$，公司当年的 TobinQ 值。本章还控制了年度和行业固定效应。***、**、* 分别表示在 1%、5%、10%水平上显著，括号内数值表示对应系数的 t 统计量。回归采用了 Gow 等（2010）的方法，按公司和年度做了聚类。

7.6.5 企业产权性质的调节作用

为了清晰研究企业与主营业务无关的委托贷款与企业创新活动之间的关系，下面我们在主回归方程的基础上加入产权的要素，进一步考虑相关问题，具体回归方程变为：

$$R\&D_{it+1} = \delta_0 + \delta_1 EntrsutedLoans_t + \delta_2 State_t \times EntrsutedLoans_t + \delta_i ControlVariable_t + \varepsilon_{it} \tag{7-8}$$

$$ROAEx(NonRGain)_{it+1} = \delta_0 + \delta_1 EntrsutedLoans_t + \delta_2 State_t \times EntrsutedLoans_t + \delta_i ControlVariable_{it} + \varepsilon_{it} \tag{7-9}$$

实证回归结果如表 7-13 所示，从表中可以看到，$EntrsutedLoans_t$ 和 $dPatent_t$ 以及 $EntrsutedLoans_t$ 和 dRD_t 的回归系数都为负，分别为 -2.9884 和 -0.0328，并且显著，说明企业当年若发放高息委托贷款，企业下一年申请专利数较当年的数值和企业下年新确认的开发支出则较低。但是产权变量 $State_t$ 与 $EntrsutedLoans_t$ 交乘项回归结果并不显著，这个比较让人意外，说明产权性质并不对从事高息委托贷款与公司研发活动之间的关系产生影响。另外，我们观察到 $State_t$ 和研发活动之间的相关关系显著为负或者为负但是不显著，这说明在我们样本中国企的研发产出是显著弱于民营企业的。

表7-13　产权性质、高息委托贷款与企业研发

变量	(1)	(2)
	$dPatent_{t+1}$	dRD_{t+1}
$EntrsutedLoans_t$	-2.9884*	-0.0328***
	(-1.88)	(-2.67)
$State_t$	-0.9062*	-0.0001
	(-1.82)	(-0.04)
$State_t×EntrsutedLoans_t$	-1.5181	0.0169
	(-0.55)	(1.22)
Roa_t	-2.0702	-0.0370
	(-0.62)	(-1.01)
Age_t	-0.1109*	-0.0016***
	(-1.82)	(-3.65)
Lev_t	-2.7235**	-0.0068
	(-2.24)	(-0.69)
$Size_t$	4.1904***	0.0045**
	(10.71)	(2.28)
$TobinQ_t$	0.6002***	0.0062***
	(3.64)	(3.18)
常数项	-87.7766***	-0.0667
	(-10.41)	(-1.52)
行业固定效应	控制	控制
年度固定效应	控制	控制
观测值	6545	6545
调整后的 R^2	0.090	0.044

注：表7-13描述了高息委托贷款与企业未来创新活动的回归，表中创新活动的被解释变量为 $dPatent_{t+1}$，表示 t 年新增专利与 t+1 年新增专利之差；dRD_{t+1}，表示公司 t 年与 t+1 年开发支出差值，用总资产标准化。解释变量为 $EntrsutedLoans_t$，企业在 t 年放出的委托贷款利率是否超过同期基准利率的20%，是则取 1，否则取 0。主要关注变量为 $State_t×EntrsutedLoans_t$。控制变量包括：Roa_t，企业当年资产报酬率；Age_t，公司成立时间长度；Lev_t，企业当年的资产负债率；$Size_t$，企业当年总资产，取自然对数；$State_t$，企业产权变量，如果最终控制人为国有性质则取 1，否则取 0；$TobinQ_t$，公司当年的 TobinQ 值。本章还控制了年度和行业固定效应。***、**、*分别表示在1%、5%、10%水平上显著，括号内数值表示对应系数的 t 统计量。回归采用了 Gow 等（2010）的方法，按公司和年度做了聚类。

回归结果表明（见表7-14），$EntrsutedLoans_t$ 和 $ROAEx_{t+1}$ 的相关系数为

-0.0113，显著为负，说明若企业在当年存在发放高息委托贷款的行为，企业下一年的扣除非经常损益的资产收益率会处于较低水平。$State_t \times EntrsutedLoans_t$ 的系数并不显著，说明不同产权类型的企业在主营业务收入与从事高息委托贷款的关系上并没有表现出不同。表中 $NonRGain_{t+1}$ 的回归显示，$EntrsutedLoans_t$ 和 $NonRGain_{t+1}$ 的相关系数为 0.0087，显著为正，说明若企业在当年存在发放高息委托贷款能提高企业下一年的非经常损益水平。同时，$State_t \times EntrsutedLoans_t$ 显著为负，检验后发现系数相加在统计上显著异于 0（p=0.0631），这意味着对于获利动机不明显，但违约风险较低的企业而言，从事高息委托贷款降低了未来主营业务收入，同时对于营业外收入提升的作用只有获利动机较高的企业的 38%。所以从某种程度上，对于此类企业来说，从事高息委托贷款是一件相对更得不偿失的事情。

表 7-14　产权性质、高息委托贷款与未来业绩

变量	(1)	(2)
	$ROAEx_{t+1}$	$NonRGain_{t+1}$
$EntrsutedLoans_t$	-0.0113 **	0.0087 ***
	(-2.05)	(3.44)
$State_t$	0.0013	0.0001
	(1.04)	(0.09)
$State_t \times EntrsutedLoans_t$	-0.0020	-0.0054 *
	(-0.28)	(-1.77)
Roa_t	0.5258 ***	-0.0614 ***
	(24.61)	(-6.48)
Age_t	-0.0010 ***	0.0005 ***
	(-6.10)	(6.39)
Lev_t	-0.0486 ***	0.0075 ***
	(-7.05)	(2.78)
$Size_t$	0.0080 ***	-0.0016 ***
	(10.51)	(-4.97)
$TobinQ_t$	0.0065 ***	0.0028 ***
	(7.75)	(7.47)
常数项	-0.1476 ***	0.0351 ***
	(-9.90)	(5.51)

续表

变量	（1） ROAEx$_{t+1}$	（2） NonRGain$_{t+1}$
行业固定效应	控制	控制
年度固定效应	控制	控制
观测值	6545	6545
调整后的 R^2	0.440	0.091

注：表 7-14 描述了高息委托贷款与企业未来绩效的回归，表中被解释变量为 NonRGain$_{t+1}$，表示公司 t+1 年非经常资产收益率；ROAEx$_{t+1}$，表示公司 t+1 年扣除非经常损益后的资产收益率。解释变量为 EntrsutedLoans$_t$，企业在 t 年放出的委托贷款利率是否超过同期基准利率的 20%，是则取 1，否则取 0。主要关注变量为 State$_t$×EntrsutedLoans$_t$。控制变量包括：Roa$_t$，企业当年资产报酬率；Age$_t$，公司成立时间长度；Lev$_t$，企业当年的资产负债率；Size$_t$，企业当年总资产，取自然对数；State$_t$，企业产权变量，如果最终控制人为国有性质则取 1，否则取 0；TobinQ$_t$，公司当年的 TobinQ 值。本书还控制了年度和行业固定效应。***、**、* 分别表示在 1%、5%、10% 水平上显著，括号内数值表示对应系数的 t 统计量。回归采用了 Gow 等（2010）的方法，按公司和年度做了聚类。

综上所述，现有结果表明，发放高息委托贷款的企业的运营指标并未和未发放高息委托贷款的企业有显著的不同。具体表现为：从事高息委托贷款的企业其营业毛利率和销售利润率同其余企业并未有显著不同，同时以过度投资衡量的企业对未来的信心也未表现出显著的差异。进一步分析表明，发放高息委托贷款的企业和未发放高息委托贷款的企业近三年的盈利能力并未出现显著差别，但是主营业务和非经常损益的利润率的差异在发放高息委托贷款当年以及下一年出现。通过上述检验，本章能排除企业高息委托贷款发放是由于企业主营业务不善因而选择更多地介入高息委托贷款业务的猜想，认为这类行为更多是管理者基于追寻当期业绩的一种短视行为。

7.7　稳健性检验

由于样本中从事高息委托贷款的公司过少，可能出现结果被未从事高息委托贷款公司主导的现象。为了确认前述实证结果是稳健的，本章采取样本配对的方式重复假设 1 到假设 3 的检验。采用配对样本检验，能显著减少上述的担忧。配对的方法如下：本章选取同一会计年度同行业中规模最相近的公司，且在样本期内从未发生高息委托贷款业务的公司作为配对组样本。配对后的结果如表7-15和表7-16所示。表7-15显示，高息委托贷款和企业下年研发活动的回归系数为-5.1781和-0.0003，符号检验显著。同时表7-16的结果显示，当年存在高息委托贷款的企业，下年非经常损益会处于较高水平，回归结果为正并且显著，主营业务的回归结果为负，并且边际显著。总体上来说，结果没有发生显著改变。

表7-15　假设1的稳健性检验

变量	$dPatent_{t+1}$	dRD_{t+1}
EntrsutedLoans$_t$	−5.1781***	−0.0003***
	(−4.31)	(−2.94)
Roa$_t$	−3.9025	0.0036
	(−0.11)	(1.36)
Age$_t$	0.0270	0.0000
	(0.04)	(0.29)
Lev$_t$	−0.1747	0.0004
	(−0.03)	(1.60)
Size$_t$	2.8235***	0.0003
	(3.29)	(1.38)
State$_t$	−6.4767***	0.0003
	(−4.13)	(1.46)
TobinQ$_t$	2.1519	0.0005
	(1.05)	(1.11)
常数项	−62.6160*	−0.0075
	(−1.86)	(−1.34)
行业固定效应	控制	控制
年度固定效应	控制	控制
观测值	152	152
调整后的 R^2	0.143	0.319

注：***、**、*分别表示在1%、5%、10%水平上显著。

表 7-16 假设 2 和假设 3 的稳健性检验

变量	NonRGain$_{t+1}$	ROAEx$_{t+1}$
EntrsutedLoans$_t$	−0.0124	0.0067**
	(−1.40)	(2.56)
Roa$_t$	0.4869***	−0.0690***
	(4.24)	(−4.01)
Age$_t$	−0.0012*	0.0003
	(−1.65)	(1.01)
Lev$_t$	−0.0157	−0.0062
	(−0.70)	(−0.64)
Size$_t$	0.0061	0.0004
	(1.05)	(0.30)
State$_t$	0.0034	−0.0028
	(0.57)	(−0.89)
TobinQ$_t$	0.0141***	0.0029*
	(4.06)	(1.67)
常数项	−0.1285	−0.0047
	(−0.96)	(−0.16)
行业固定效应	控制	控制
年度固定效应	控制	控制
观测值	152	152
调整后的 R^2	0.653	0.303

注：表 7-15 和表 7-16 描述了根据企业规模配对后的回归。其中，创新活动的被解释变量为 dPaten$_{t+1}$，表示 t 年新增专利与 t+1 年新增专利之差；dRD$_{t+1}$，表示公司 t 年与 t+1 年开发支出差值，用总资产标准化。绩效解释变量为 NonRGain$_{t+1}$，表示公司 t+1 年非经常资产收益率；ROAEx$_{t+1}$，表示公司 t+1 年扣除非经常损益后的资产收益率。解释变量为 EntrsutedLoans$_t$，企业在 t 年放出的委托贷款利率是否超过同期基准利率的 20%，是则取 1，否则取 0。控制变量包括：Roa$_t$，企业当年资产报酬率；Age$_t$，公司成立时间长度；Lev$_t$，企业当年的资产负债率；Size$_t$，企业当年总资产，取自然对数；State$_t$，企业产权变量，如果最终控制人为国有性质则取 1，否则取 0；TobinQ$_t$，公司当年的 TobinQ 值。本书还控制了年度和行业固定效应。***、**、* 分别表示在 1%、5%、10% 水平上显著，括号内数值表示对应系数的 t 统计量。回归采用了 Gow 等（2010）的方法，按公司和年度做了聚类。

7.8　本章主要结论

　　企业创新和企业的未来发展息息相关，而管理者是企业创新活动的重要决定因素。管理者的短视行为会损害企业的创新活动，并牺牲企业的长期价值。近几年来，上市公司委托贷款数额和家数都逐年上升，高息委托贷款也层出不穷，其相关年化利率最高能达到 20%~25%，委托贷款项目的高收益率无疑加强了企业从事这项业务的动机，而创新活动的风险性高、投资周期长和投资规模大等特点也提高了企业管理者出现短视行为的可能，出现占用企业的现金、牺牲企业创新活动以博取委托贷款的高收益的现象。本章研究的动机在于考察企业从事委托贷款后企业创新活动所受到的影响。

　　本章以 2007~2011 年的上市公司作为研究主体，从管理层短视的角度出发分析了上市公司是否从事高息委托贷款与企业创新活动的相关关系。结果表明，从事高息委托贷款降低了企业的创新活动，同时意味着未来更低的经常性损益资产报酬率和更高的非经常性损益资产报酬率。进一步的分析表明，未发放高息委托贷款的企业和发放高息委托贷款企业的前一年、当年以及下一年的销售利润率和营业利润率都没有显著差异。两者之间主营业务和非经常损益的差别也未在发放高息委托贷款的上一年显现出来。说明企业介入高息委托贷款业务并非是由于公司业务已经不善，而更多可能是源于管理层的短视。

第8章　高息委托贷款、盈余持续性和盈余价值相关性

8.1　研究背景

在现代经济生活中，会计信息已广泛应用于股票定价、债务契约和管理层报酬契约等（Watts & Zimmerman，1990），信息质量的降低必然会导致相应的经济后果。企业的盈余持续性是会计质量的重要组成部分，是企业向外界传递关于企业在会计期间内经营成果的信号，其不但关系到企业会计信息质量的高低，也关系到投资者对企业未来业绩的预期。盈余持续性强，意味着当期的盈利能在未来持续下去。而企业的盈余持续性弱，意味着企业的当期盈余更可能是一种的短期现象，并不能在下一期维持下去；如果投资者根据这样的盈余数据预测下一期盈余就有很高的难度。盈余持续性关系到盈余的可靠性，也是盈余相关性的重要指标。如果企业的盈余持续性较差，投资者也很难依据盈余对股票进行准确的定价，也表现为盈余在股票中的定价作用较低（Thomas & Rama，1991）。因此企业的会计盈余持续性对资本市场来说具有重要意义。

近几年来，上市公司委托贷款数额和家数都逐年上升，其重要性也逐渐受到学界的关注。其中借款对象为独立第三方的委托贷款的利率往往远远高于同期贷

款利率，最高能达到20%~25%，对于整体 ROA 水平仅有7%[①]左右的上市公司来说，具有很大的吸引力。这类委托贷款由于其具有极高的收益，在此，本书将其定义为上市公司的高息委托贷款。高息委托贷款的回报率较高，能充实上市公司短期的盈利能力，如果管理者存在短视，希望提振当期盈余水平，就可能以高息委托贷款为工具进行真实的盈余管理行为。前章研究也发现，企业介入高息委托贷款是一种以管理层短视为特征的现金持有套利行为，同时高息委托贷款具有发放项目也许不能持续、可能牺牲企业自身创新活动、项目本身具有极大的风险等特点。因此在上市公司委托贷款业务越来越多的背景下，委托贷款业务对企业盈余持续性的影响便成为一个重要问题。而盈余的持续性关系到盈余的质量，低质量的盈余对于投资者而言，其定价作用和价值相关性就较差，这又会导致盈余的定价作用降低。

本章通过对高息委托贷款持续性差、可能牺牲企业自身持续经营能力、项目本身具有极大的风险等特征进行总结，以2007~2011年上市公司为研究主体，研究了其与企业盈余持续性和企业盈余的价值相关性。研究发现，在盈余持续性方面，总体来说，高息委托贷款存续期间的企业有着较低的盈余持续性。进一步分析表明，较低盈余持续性是主营业务盈余持续性较低造成的。同时盈余价值的相关性分析显示，从事高息委托贷款的企业，其主营业务盈余的价值相关性较低，非主营业务盈余并没有更高的价值相关性，说明对于投资者而言，高息委托贷款的收益并未从实质上改变其对企业股价的看法。

本章的意义体现在：①研究上市公司从事委托贷款后盈余持续性和盈余价值相关性的问题，有助于加深理解企业委托贷款业务对企业盈余持续性和盈余价值相关性的影响，为监管部门理解高息委托贷款的后果及更好地监管上市公司委托贷款业务提供理论依据。②从非正式金融系统的角度考察了资金的借出方在非正式金融系统运行过程中自身盈余受到的影响，丰富了公司介入影子银行业务后会计信息后果的研究。③丰富了代理问题对盈余质量以及价值相关性影响的研究。本章将高息委托贷款视作管理者短视的信号，并对管理者短视对会计信息质量的降低和相应的后果进行了讨论。

---

① 由笔者通过 CSMAR 相关数据计算得到。

8.2　文献回顾与研究假设

企业的会计盈余是企业向外界传递的关于企业在会计区间内经营成果的信号。盈余的持续性指的是当期盈余中能够成为盈余时间序列中永久的部分（Lipe，1990）。Dechow 等（2010）认为，盈余持续性是由公司的基本业绩和会计系统共同决定的。按照相关文献的脉络，现有对于盈余持续性的研究大体可分为两种思路：

一种思路认为，盈余持续性是由会计操纵带来的。这种思路认为，企业的利润是由应计利润和非应计利润所构成的，其中应计利润部分经常是企业操控盈余的直接对象，受到企业盈余管理的影响很大，是管理层机会主义的表现（Xie，2001），这种操控的应计也导致盈余持续性较差。Sloan（1996）的研究表明，企业盈余中的应计部分是企业业绩不可持续的原因。Richardson 等（2005）也发现，低可靠性的应计带来了低盈余持续性，而会计信息扭曲是主因，应计持续性较差并不是由销售增长带来的，而是源于盈余操纵。

另一种思路从经济因素方面讨论了盈余持续性的问题，这个思路的学者认为，企业的盈余持续性与某些经济因素关系密切，比如企业的成长性等。这类因素具有暂时性，而暂时性的因素往往具有较低的持续性（Komendi & Lipe，1987）。Farfield 等（2003）认为，应计的增长既可以是盈余的增长，也可以是净经营性资产的增长。将应计按照盈余和净经营性资产分开以后，他们发现，净经营性资产的增长也会带来盈余持续性的下降。因此他们认为经济利润低和新项目投资回报率递减的交互影响导致了应计利润的盈余持续性降低。

此外，真实活动的盈余管理也能对企业盈余的持续性带来影响，这种真实的盈余管理行为在中国有着更大的现实意义。孙谦（2010）认为，在中国的会计研究中，应该将中国特色的制度背景与盈余持续性结合起来。中国特殊的 ST 制度以及再融资制度，都将企业相关权益和自身盈余水平联系在一起。在相关制度约束下，企业会通过各种非经常性损益和营业外收入来拉高整体的盈余水平，以保证自己当年不亏损（陈小悦等，2000），这种行为也使盈余持续性下降。中国学者甚至还发现，这种依赖非经常性损益来避免亏损以规避 ST 制度或者实现盈利增长的公司，其比例远远大于依赖可操控应计来进行利润调节的公司（魏涛等，2007）。而市场的投资者大多时候并不能准确区分盈余中经常性部分和非经常性部分，从而导致了对会计信息理解的失真和扭曲（孟焰等，2008）。但是，基于真实活动的盈余管理却会对公司绩效产生深远影响，损害公司未来的经营业绩（Roychowdhury，2006；Cohen & Zarowin，2010）。前章也发现，从事高息委托贷款减少了企业的创新活动，同时意味着未来更低的扣除非经常损益后的资产收益率和更高的非经常损益资产收益率。

随着经济体制的改革和国民经济的发展，中国的房地产业迅速崛起，飞速上涨的房价背后是企业对新项目开发的融资需求。2007 年以后，特别是从 2008 年起，宽松货币政策实行，中国也开始了新一轮的基础建设热潮，各地开始各类城市基础建设。在贷款管制制度下，正式的银行贷款不能完全满足这些项目对资金的渴求，这些项目方逐渐将目光转向非正式金融系统，通过各类信托公司和委托贷款为项目融资，造就了这几年影子银行和信托融资业务的快速发展。中国人民银行的数据显示，2013 年 11 月社会融资规模为 1.23 万亿元，比上年同期多 1053 亿元。其中，当月人民币贷款增加 6246 亿元，同比多增 1026 亿元；委托贷款增加 2704 亿元，同比多增 1486 亿元。由此可见，委托贷款已经成为社会融资的重要组成部分。

某些行业为了获得资金愿意付出相对较高的资金成本，有些项目的成本甚至能高达 20% 以上的年利率。这类委托贷款项目，本书称之为高息委托贷款。委托贷款的利率远高于企业主营业务的利润率，因此对于管理者而言，发放高息委托贷款是一种短期内提高业绩的好方法。对于上市公司而言，这类非主营业务类的委托贷款成为主业之外极具吸引力的投资品种，越来越多的公司加入委托贷款的大军。而这类委托贷款的收益在会计处理上大多是计入投资收益并最后归结到营业外收入当中的。

虽然上市公司的非主营业务类的委托贷款拥有极高的收益，能充实上市公司短期的盈利能力，但是世上并没有免费的午餐，上市公司将自身闲余资金用于发放委托贷款也具有极高的风险，这种风险包括了以下几个方面：

8.2.1　项目不具备持续性

一般意义上的企业投资行为大多具有持续经营的特点。委托贷款项目虽然也可以理解为企业的投资行为，但是其具有偶发性和不可持续性。委托贷款大多是依据特定的需求出现的，比如房地产或是地方融资平台的融资需求，这种融资需求具有偶然性。即便考虑到一定时期内需要融资的项目较多，但其搜寻成本和了解项目过程中产生的交易费用也决定了高息委托贷款项目不可能成为和企业主营业务一样稳定的利润来源。即便项目本身的收益比较高，但是这种偶然性只能让企业获得短期内的收益，这种收益并不能转化成企业持续性的盈利能力，因此对企业的盈余持续性是一种损害。

8.2.2　可能牺牲企业自身持续经营能力

相较于传统企业活动的稳定和高度确定性，创新活动与企业日常的经营生产活动的不同之处在于投入和产出关系之间的高度不确定性和由此带来的风险（Holmstrom，1989；Davila，2009），创新活动具有风险性高、投资周期长和投资规模大等特点。由此带来的后果就是创新活动是一个长期的过程，在短期内并不能给企业带来显而易见和立竿见影的实惠。Bushee（1998）的研究显示，当企业盈余下降时，管理层为了迎合公司中占大比例的短期机构投资者，会倾向于削减研发支出以维持公司业绩。委托贷款的利率远高于企业营业利润率，对于短视管理者而言，这是一种短期内获得高收益的好方法。向独立第三方委托贷款的利率明显高于其他类型的委托贷款，最高能达到20%~25%，远高于同期贷款基准利率，也高于上市公司整体的资产收益率，企业很难拒绝高利率带来的高利息收益的诱惑。

此外，根据我国2007年后实行的会计准则，企业巨大的研发支出在支出当年一般作为一种期间费用，直接计入当年的损益中。《企业会计准则第6号——无形资产》第七、第八、第九条明文规定，企业内部研究开发项目的支出，应当区分研究阶段支出与开发阶段支出。企业内部研究项目研究阶段的支出应当于发生时计入当期损益。企业内部研究开发项目开发阶段的支出，同时满足五个条件①才能确认为无形资产。所以大量的研发支出对于管理层来说是当期的净流出。一方面是高息的诱惑，另一方面是风险极大、收益期较长的创新活动，这加剧了企业的管理层出现短视行为的可能性，造成抽调原本储备的用于企业研发等的资金来发放委托贷款，牺牲将来的持续经营能力。

8.2.3 项目本身也具有极大的风险

委托贷款的高利率具有极高的诱惑，同时在货币政策宽松期内"几乎"已看作无风险。但是这种无风险很可能只是上市公司作为借款方的错觉，一旦货币政策发生转变，委托贷款的借款方的违约风险就会急剧上升②。委托贷款的高利率是一种借贷行为市场化的利率，其来源于委托贷款的非正式金融特性。由于委托贷款是非正式金融的产物，它并不受银行系统的监管。虽然委托贷款协议规定是由委托银行签收利息和回款，但是在借款人出现违约的情况下，银行并不承担借款人的违约责任，所有风险只能由委托贷款的借出方承担。同时委托贷款的繁荣也产生于特定的宏观背景下，房地产业和城市基础建设的火爆造成了全民地产的热潮，进而催生了一批高利率的委托贷款。高利率对宏观方面的冲击具有很高的敏感性，政府政策、央行利率变化等都会对贷款人的偿债能力形成巨大的挑战。高敏感性带来的是此类委托贷款的高违约可能性，上市公司的委托贷款可能会面临极高比例的展期和违约。而上市公司由于不是金融机构，并不会对委托贷款计提拨备和坏账准备，并且对于收到委托贷款的利息处理都是按照当期确认的。如果未来贷款人违约，则需要在违约出现的时候重新计提损失，这就导致风险上升和利润下降，进而也降低了盈余的持续性。

---

① 第八条　企业内部研究开发项目研究阶段的支出，应当于发生时计入当期损益。第九条　企业内部研究开发项目开发阶段的支出，同时满足下列条件的，才能确认为无形资产：（一）完成该无形资产以使其能够使用或出售在技术上具有可行性；（二）具有完成该无形资产并使用或出售的意图；（三）无形资产产生经济利益的方式，包括能够证明运用该无形资产生产的产品存在市场或无形资产自身存在市场，无形资产将在内部使用的，应当证明其有用性；（四）有足够的技术、财务资源和其他资源支持，以完成该无形资产的开发，并有能力使用或出售该无形资产；（五）归属于该无形资产开发阶段的支出能够可靠地计量。

② 例如波导股份2014年2月13日的公告显示，该公司提供给淮安弘康房地产公司的5000万元委托贷款，再度展期半年至2014年8月6日，而这已经是第三次展期。早在2012年，波导股份通过中信银行向淮安弘康房地产公司提供了上述委托贷款，年利率为15%，期限为一年。不过，淮安弘康房地产公司在这笔贷款到期前向波导股份提出展期并获得同意，到期时间延至2014年2月6日。

上述三个特点的存在决定了由高息委托贷款带来的盈余不具有持续性，而牺牲企业的创新活动又会带来未来主营业务盈利能力的下降，这些都会影响企业的盈余质量，据此本章提出下列假设：

假设 1： 当年存在高息委托贷款的公司，其盈余持续性较差。

会计盈余的持续性关系到会计盈余信息的质量，而会计盈余信息质量关系到会计盈余信息的决策有用性，低持续的会计盈余会对会计盈余信息的决策有用性产生负面影响。如果一家公司盈余中不可持续的部分比例过大，那么该公司总体盈余质量就较低。Thomas 和 Rama（1991）的研究发现，相同大小盈余的公司，盈余质量高的公司会有更高的股价。他们将盈余分为永久性盈余、暂时性盈余和价格不相关性盈余。其中，永久性盈余是只在未来长期中发生，并且可重复和增长的盈余，这类盈余表明企业经营平稳；暂时性盈余是仅限在特定会计期间内出现的盈余，具有偶发性；价格无关性盈余是指那些无关未来经营业绩和现金流的盈余。虽然上市公司的非主营业务类的委托贷款拥有极高的收益，能充实上市公司短期的盈利能力，但是发放高息委托贷款具有不持续、可能牺牲企业自身持续经营能力、项目本身也具有极大的风险等特点，这些特点可能带来企业依靠委托贷款的盈余不可持续的问题，更低的盈余持续性意味着更低的盈余质量。此外，从盈余属性的角度出发，由前文分析可知，高息委托贷款带来的盈余大部分为暂时性盈余和价格无关性盈余，因此当期盈余的价值相关性小，据此本章提出假设：

假设 2： 当年存在高息委托贷款的企业，其盈余的价值相关性较低。

8.3　研究设计、数据来源与描述性统计

8.3.1　研究设计

为了清晰研究高息委托贷款、盈余持续性和盈余定价之间的关系，本章采取横截面回归方法，按照企业当年是否存在高息委托贷款分组进行研究，为了检验本章所提出的假设 1，参考 Sloan（1996）的文章建立了如下研究基本模型：

$$ROA_{it+1} \mid (EntrsutedLoans_{it} = 1 \ or \ 0) = \delta_0 + \delta_1 ROA_{it} + \delta_i ControlVariable_{it} + \varepsilon_{it}$$

$$(8-1)$$

其中，ROA_i 是企业的盈余水平，用税前利润除以总资产表示。定义为企业当年是否发放高息委托贷款，是则取 1，否则为 0。本章按照从事与否进行分组回归后，再比较不同组别 ROA_{it} 的系数 δ_1 的大小。系数越大，说明盈余持续性越高；系数越低，说明盈余持续性越低。控制变量方面，根据已有文献（Dichev & Tang, 2009；肖华、张国清，2013），本章控制了公司规模（Size），用企业上年末总资产的自然对数表示；公司成长水平（Growth），用企业主营业务增长率表示；资产负债率（Lev），用企业年末的负债占总资产比例表示；当年是否亏损（Loss），如果当年净利润为负，取 1，否则取 0。此外本章还控制了企业的年度和行业固定效应。得出回归系数之后，本章再通过系数比较验证假设。此外本章还将税前盈余按照营业利润（ROA1）和营业外利润（ROA2）进行区分，考察不同部分的盈余持续性。

Felthem 和 Olhson（1995）提出的剩余收益模型很好地刻画了公司财务数据与股票价格之间的关系。他们认为，股票价格是现在净资产和未来各期超额盈余的总和，而超额盈余是当期盈余与期初账面净资产和资本成本乘积的差额。股票价格可由下列公式表示：

$$P_t = BV_t + \sum_{\tau=1}^{\infty} R^{-\tau} E(X_{t+\tau}^{\alpha} \mid \theta_t)$$

$$(8-2)$$

其中，P_t 是当期股票价格，BV_t 是期末账面资产，$E(X_{t+\tau}^{\alpha} \mid \theta_t)$ 是给定信息集 θ_t 下企业在 $t+\tau$ 期间内的差额盈余 X^{α} 的条件期望，R 是企业的资本成本。剩余收益模型将股票价格和企业账面盈余很好地联系在一起，因此可以用于盈余信息定价和价值相关性的研究（Chen et al., 2001）。因此本章利用剩余收益模型进行假设 2 的检验，具体模型如下：

$$P_t \mid (EntrsutedLoans_{it} = 1 \ or \ 0) = \delta_0 + \delta_1 Income1_{it} + \delta_i ControlVariable_{it} + \varepsilon_{it} \quad (8-3)$$

其中，P_t 是企业在 $t+1$ 年 4 月 30 日的股票收盘价，$Income1_{it}$ 是企业的每股税前利润，用企业当年税前利润除以在外发行的股票总数表示，$EntrustedLoans_{it}$ 定义为企业当年是否向独立第三方借出过委托贷款，是则取 1，否则取 0。本章在控制变量中控制了企业当年末的每股净资产（BV）和公司的规模（Size）。本章还控制了企业的年度和行业固定效应。此外本章还将每股盈余按照营业利润

（Income2）和营业外利润（Income3）进行区分，考察不同部分的盈余价值相关性。

8.3.2　样本选择

本章选择 2007~2011 年 A 股上市公司为样本检验上述假设。按照以往文献，本章去除了 ST 和 PT 的公司、金融机构的上市公司以及财务数据不完整的公司。委托贷款的数据部分来自手工收集的上市公司对外公告，本章从公告中收集了公司委托贷款的对象及其与公司的关系等信息。公司的所有财务指标来源于 CS-MAR 数据库，同时本章对所有的连续变量进行了 1% 和 99% 的缩尾（winsorized）处理，以保证结果不受极值的影响。

最后本章将所有自变量的定义汇总至表 8-1。

表 8-1　主要变量定义

变量名	变量定义
$EntrustedLoans_{it}$	企业当年放出的委托贷款利率是否超过同期基准利率的 20%，是则取 1，否则取 0
ROA_{t+1}	企业下一年的税前利润，用下一年的总资产标准化
ROA_t	企业当年的税前利润，用总资产标准化
$ROA1_t$	企业当年的营业利润，用总资产标准化
$ROA2_t$	企业当年的税前利润与营业利润差值，用总资产标准化
$Size_t$	企业当年总资产，取自然对数
Lev_t	企业当年资产负债率
$Growth_t$	企业主营业务收入增长率
$Loss_t$	当年净利润为负，则该值取值为 1，否则为 0
P_t	企业下一年 4 月 30 日收盘价
$Income1_t$	企业当年每股税前利润
$Income2_t$	企业当年每股营业利润
$Income3_t$	企业当年每股税前利润与营业利润差值
Bv_t	企业当年每股净资产

8.3.3 描述性统计

表8-2记录了样本描述性统计的结果。表8-2显示，约有1.8%的公司在研究时间段内参与了高息委托贷款业务。平均来说，上市公司的 t+1 年 ROA 为4.6%，当年的 ROA 为5.1%，当年营业利润率平均为4.4%，营业外利润率约为0.6%。每股利润方面，税前利润平均为4.77元，其中营业利润平均为0.429元，营业外利润平均为0.047元，对于样本总体来说，营业外利润占营业利润的10%左右。上述数据与肖华和张国清（2013）的研究较为一致。

表 8-2　描述性统计

变量	观测值	均值	标准差	最小值	25%分位数	50%分位数	75%分位数	最大值
EntrustedLoans$_{it}$	7059	0.018	0.134	0.000	0.000	0.000	0.000	1.000
ROA$_{t+1}$	7059	0.046	0.066	−0.210	0.016	0.042	0.075	0.251
ROA$_t$	7059	0.051	0.067	−0.210	0.019	0.046	0.081	0.256
ROA1$_t$	7059	0.044	0.067	−0.219	0.014	0.041	0.075	0.240
ROA2$_t$	7059	0.006	0.012	−0.018	0.000	0.003	0.008	0.078
Size$_t$	7059	21.800	1.218	19.313	20.928	21.648	22.507	25.574
Lev$_t$	7059	0.489	0.197	0.061	0.345	0.498	0.636	0.966
Growth$_t$	7059	0.220	0.441	−0.613	0.016	0.159	0.334	2.844
Loss$_t$	7059	0.087	0.283	0.000	0.000	0.000	0.000	1.000
P$_t$	7059	13.345	8.821	3.550	7.440	10.760	16.290	52.500
Income1$_t$	7059	0.477	0.622	−0.969	0.123	0.339	0.681	3.208
Income2$_t$	7059	0.429	0.615	−0.994	0.085	0.300	0.634	3.160
Income3$_t$	7059	0.047	0.094	−0.117	0.002	0.019	0.055	0.581
Bv$_t$	7059	4.045	2.392	0.149	2.427	3.523	5.088	13.549

8.4　实证结果

本章列出了主要变量的相关系数矩阵，结果如表8-3所示。表8-3的上半部分记录了主要变量的 Spearman 相关系数，下半部分记录了主要变量的 Pearson 相

表8-3　相关系数矩阵

变量	(1)	(2)	(3)	(4)	(5)	(6)	(7)	(8)	(9)	(10)	(11)	(12)	(13)	(14)
Entrusted Loans$_{it}$ (1)		-0.002 (0.898)	-0.009 (0.428)	-0.015 (0.199)	0.042*** (0.001)	0.05*** (0.000)	0.000 (0.974)	-0.032*** (0.007)	-0.0086*** (0.000)	-0.069*** (0.000)	-0.012 (0.308)	-0.016 (0.175)	0.038*** (0.001)	-0.012 (0.298)
ROA_{t+1} (2)	-0.005 (0.666)		0.705*** (0.000)	0.697*** (0.000)	0.001 (0.959)	0.019 (0.11)	-0.327*** (0.000)	0.184*** (0.000)	-0.256*** (0.000)	0.465*** (0.000)	0.585*** (0.000)	0.59*** (0.000)	0.003 (0.816)	0.244*** (0.000)
ROA_t (3)	-0.011 (0.365)	0.596*** (0.000)		0.956*** (0.000)	0.037** (0.002)	0.066*** (0.000)	-0.401*** (0.000)	0.32*** (0.000)	-0.488*** (0.000)	0.502*** (0.000)	0.838*** (0.000)	0.821*** (0.000)	0.045*** (0.000)	0.34*** (0.000)
$ROA1_t$ (4)	-0.013 (0.276)	0.6*** (0.000)	0.939*** (0.000)		-0.136*** (0.000)	0.106*** (0.000)	-0.392*** (0.000)	0.328*** (0.000)	-0.476*** (0.000)	0.498*** (0.000)	0.825*** (0.000)	0.869*** (0.000)	-0.117*** (0.000)	0.361*** (0.000)
$ROA2_t$ (5)	0.024** (0.04)	-0.025** (0.036)	0.11*** (0.000)	-0.159*** (0.000)		-0.135*** (0.000)	-0.082*** (0.000)	-0.022 (0.061)	-0.0873*** (0.000)	0.049*** (0.000)	-0.014 (0.231)	-0.155*** (0.000)	0.943*** (0.000)	-0.022* (0.06)
$Size_t$ (6)	0.052*** (0.000)	0.042*** (0.000)	0.094*** (0.000)	0.135*** (0.000)	-0.137*** (0.000)		0.382*** (0.000)	0.147*** (0.000)	-0.140*** (0.000)	-0.035*** (0.004)	0.364*** (0.000)	0.358*** (0.000)	0.035*** (0.003)	0.445*** (0.000)
Lev_t (7)	-0.001 (0.942)	-0.305*** (0.000)	-0.388*** (0.000)	-0.403*** (0.000)	-0.013 (0.268)	0.353*** (0.000)		0.05*** (0.000)	0.178*** (0.000)	-0.191*** (0.000)	-0.105*** (0.000)	-0.126*** (0.000)	0.042*** (0.000)	-0.158*** (0.000)
$Growth_t$ (8)	-0.015 (0.196)	0.111*** (0.000)	0.236*** (0.000)	0.24*** (0.000)	-0.028** (0.019)	0.118*** (0.000)	0.062*** (0.000)		-0.243*** (0.000)	0.267*** (0.000)	0.38*** (0.000)	0.38*** (0.000)	0.033** (0.006)	0.211*** (0.000)
$Loss_t$ (9)	-0.009*** (0.000)	-0.260*** (0.000)	-0.608*** (0.000)	-0.579*** (0.000)	-0.084 (0.674)	-0.131 (0.081)	0.194*** (0.000)	-0.185*** (0.000)		-0.230*** (0.000)	-0.487*** (0.000)	-0.477*** (0.000)	-0.118*** (0.000)	-0.290*** (0.000)

续表

变量	(1)	(2)	(3)	(4)	(5)	(6)	(7)	(8)	(9)	(10)	(11)	(12)	(13)	(14)
P_t (10)	-0.061***	0.447***	0.459***	0.462***	-0.005	0.021*	-0.169***	0.19***	-0.174***		0.59***	0.577***	0.125***	0.495***
	(0.000)	(0.000)	(0.000)	(0.000)	(0.674)	(0.081)	(0.000)	(0.000)	(0.000)		(0.000)	(0.000)	(0.000)	(0.000)
$Income1_t$ (11)	-0.017	0.47***	0.723***	0.711***	0.004	0.358***	-0.098***	0.263***	-0.428***			0.97***	0.117***	0.663***
	(0.167)	(0.000)	(0.000)	(0.000)	(0.719)	(0.000)	(0.000)	(0.000)	(0.000)	(0.62)		(0.000)	(0.000)	(0.000)
$Income2_t$ (12)	-0.019	0.479***	0.709***	0.743***	-0.151***	0.355***	-0.115***	0.266***	-0.414***	0.615***	0.978***		-0.031**	0.639***
	(0.116)	(0.000)	(0.000)	(0.000)	(0.000)	(0.000)	(0.000)	(0.000)	(0.000)	(0.000)	(0.000)		(0.01)	(0.000)
$Income3_t$ (13)	0.018	0.006	0.098***	-0.11***	0.812***	0.071***	0.092***	0.014	-0.101***	0.000	0.18***	0.984***		0.171***
	(0.129)	(0.647)	(0.000)	(0.000)	(0.000)	(0.000)	(0.000)	(0.248)	(0.000)	(0.109)	(0.000)	(0.000)		(0.000)
Bv_t (14)	-0.011	0.22***	0.31***	0.332***	-0.072***	0.424***	-0.163***	0.135***	-0.240***	0.504***	0.685***	0.665***	0.19***	
	(0.358)	(0.000)	(0.000)	(0.000)	(0.000)	(0.000)	(0.000)	(0.000)	(0.000)	(0.000)	(0.000)	(0.000)	(0.000)	

注：表 8-3 是主要变量的相关系数矩阵。上半部分记录了主要变量的 Spearman 相关系数，下半部分记录了主要变量的 Pearson 相关系数。EntrustedLoan-s_it 是企业当年放出的委托贷款利率是否超过同期基准利率的 20%，是则取 1，否则取 0。回归中被解释变量为 ROA_{t+1}，是企业下一年的税前利润，用下一年的总资产标准化。解释变量是 ROA_t，为企业当年的税前利润，用总资产标准化。$ROA1_t$ 是企业当年的税前利润，用总资产标准化。$ROA2_t$ 是企业当年的营业利润，用总资产标准化。$Growth_t$ 是企业当年主营业务收入增长率。税前利润与营业利润标准化，用总资产标准化。$Size_t$ 是企业当年资产总值，用总资产标准化。Lev_t 是企业当年资产负债率。$Loss_t$ 是当年净利润，是当年净利润，负则为 0。P_t 是企业下一年 4 月 30 日收盘价。负则为 0。$Income1_t$ 是企业当年每股税前利润。$Income2_t$ 是企业当年每股营业利润。$Income3_t$ 是企业当年每股营业利润与营业利润差值。Bv_t 是企业当年每股净资产。回归采用了 Gow 等（2010）的方法，按公司和年度做了聚类。***、**、* 分别表示在 1%、5%、10% 水平上显著，括号内数值表示对应系数的 t 统计量。

关系数。可以看出，当年从事高息委托贷款变量 EntrustedLoans$_{it}$ 和营业外利润率 ROA2$_t$ 之间显著正相关，说明从事高息委托贷款的企业在当年会有较高营业外利润。这点和前文推断一致。同时本章还发现 EntrustedLoans$_{it}$ 和企业次年 4 月 30 日的收盘价负相关，说明从事高息委托贷款的企业有着较低的股价。接下来本章采取分组回归的方式，验证假设 1 和假设 2。

8.4.1　高息委托贷款与公司盈余持续性

在前文的推论中，本书认为高息委托贷款业务具有不可持续性、可能牺牲企业自身持续经营能力和高回收风险的特征，这些造成发放高息委托贷款的企业在盈余的持续性上会弱于不发放高息委托贷款的企业。对此本章将 t+1 年的税前利润 ROA 作为被解释变量，将 t 年的税前利润作为解释变量，将企业按照当年是否从事高息委托贷款进行分组考察盈余的持续情况。

回归的结果如表 8-4 所示，回归（1）是将所有样本一起回归的结果，ROA 的回归系数为 0.630，显著为正。回归（2）表示从事高息委托贷款组别的回归结果，回归系数显著为正，为 0.392。回归（3）表示未从事高息委托贷款组别的回归结果，回归系数显著为正，为 0.633。通过比较，两回归的系数显著不同，说明从事高息委托贷款组别的盈余持续性显著低于未从事高息委托贷款的组别的公司。假设 1 得到支持。

表 8-4　高息委托贷款与公司盈余持续性

变量	（1）	（2）	（3）	系数对比
	全样本	高息委托贷款组	无高息委托贷款组	（2）=（3）
ROA$_t$	0.630 ***	0.392 ***	0.633 ***	0.241 **
	(15.38)	(2.90)	(15.58)	(5.79)
Size$_t$	0.002 ***	0.003	0.002 ***	
	(2.65)	(0.81)	(2.62)	
Lev$_t$	−0.033 ***	−0.063 ***	−0.033 ***	
	(−4.89)	(−3.43)	(−4.61)	
Growth$_t$	0.001	0.010	0.001	
	(0.90)	(1.22)	(0.54)	

变量	（1）	（2）	（3）	系数对比
	全样本	高息委托贷款组	无高息委托贷款组	（2）=（3）
$Loss_t$	0.036***	-0.004	0.037***	
	（8.10）	（-0.12）	（8.51）	
常数项	-0.024	-0.013	-0.024	
	（-1.61）	（-0.19）	（-1.59）	
年度固定效应	控制	控制	控制	
行业固定效应	控制	控制	控制	
观测值	7059	129	6930	
调整后的 R^2	0.407	0.540	0.408	

注：表8-4描述了高息委托贷款与公司盈余持续性的回归。回归按照企业财年是否存在发放中的高息委托贷款进行分组。回归中被解释变量为 ROA_{t+1}，是企业下一年的税前利润，用下一年的总资产标准化。解释变量是 ROA_t，为企业当年的税前利润，用总资产标准化。$Size_t$ 是企业当年总资产，取自然对数。Lev_t 是企业当年资产负债率。$Growth_t$ 是企业主营业务收入增长率。$Loss_t$ 是当年净利润，负则为1，否则为0。本章还控制了行业固定效应和年度固定效应。***、**、*分别表示在1%、5%、10%水平上显著，括号内数值表示对应系数的 t 统计量。回归采用了 Gow 等（2010）的方法，按公司和年度做了聚类。

8.4.2 不同类型盈余的持续性对比

高息委托贷款业务的特征中，不同特征影响盈余的部分也是不同的，不具有持续性和高回收风险的特征会导致营业外利润呈现出不可持续的特性，而牺牲企业自身持续经营能力的特征会降低营业利润的持续性。因此本章将税前盈余按照营业内和营业外收入进行区分，考察不同类型盈余相应的持续性，以深入分析不同类型盈余在持续性方面的差异。

表8-5显示了相关检验的结果。（1）、（2）显示了营业利润持续性的回归结果，（3）、（4）显示了营业外利润持续性的回归结果。（1）、（2）结果显示，从事高息委托贷款组别的营业利润持续性系数为0.393，未从事的公司组别为0.683。检验系数差异的 t 值为8.05，显示两者显著不同，说明从事高息委托贷款的企业有着更低的营业利润持续性。营业外利润的回归结果显示，从事高息委托贷款的企业的回归系数为0.088，但是系数不显著；而未从事的公司组别的回归系数显著，为0.373。检验两者系数差异的 t 值为6.00，显示两者显著不同。

表 8-5　不同类型盈余的持续性对比

变量	(1)	(2)	(3)	(4)
	高息委托贷款组	无高息委托贷款组	高息委托贷款组	无高息委托贷款组
	$ROA1_{t+1}$		$ROA2_{t+1}$	
$ROA1_t$	0.393***	0.683***		
	(2.92)	(20.66)		
$ROA2_t$			0.088	0.373***
			(0.41)	(7.94)
$Size_t$	0.004	0.002	−0.001	−0.001***
	(1.06)	(1.59)	(−0.98)	(−2.94)
Lev_t	−0.060***	−0.030***	−0.005	0.005**
	(−3.05)	(−5.31)	(−0.33)	(2.14)
$Growth_t$	0.010	0.000	0.001	−0.000
	(1.23)	(0.09)	(0.43)	(−0.88)
$Loss_t$	0.003	0.026***	−0.003	0.008***
	(0.16)	(5.35)	(−0.30)	(5.26)
常数项	−0.043	−0.026	0.035*	0.022***
	(−0.60)	(−1.09)	(1.84)	(3.68)
年度固定效应	控制	控制	控制	控制
行业固定效应	控制	控制	控制	控制
观测值	129	6930	129	6930
调整后的 R^2	0.525	0.486	0.287	0.181
两组样本的 ROA1 (ROA2) 系数差异	−0.290***		−0.265**	
Chi 值	(8.05)		(6.00)	

注：表 8-5 描述了不同类型盈余持续性的回归。回归中被解释变量为 $ROA1_{t+1}$，是企业下一年的税前利润，用下一年的总资产标准化。$ROA2_{t+1}$ 是企业下一年的税前利润和营业税前利润的差值，用下一年的总资产标准化。解释变量为 $ROA1_t$，是企业当年的营业利润，用总资产标准化。$ROA2_t$ 是企业当年的税前利润与营业利润差值，用总资产标准化。$Size_t$ 是企业当年总资产，取自然对数。Lev_t 是企业当年资产负债率。$Growth_t$ 是企业主营业务收入增长率。$Loss_t$ 是当年净利润，负则为 1，否则为 0。本章还控制了行业固定效应和年度固定效应。***、**、* 分别表示在 1%、5%、10% 水平上显著，括号内数值表示对应系数的 t 统计量。回归采用了 Gow 等（2010）的方法，按公司和年度做了聚类。

8.4.3 不同类型利润对整体盈余持续性的影响

不同部分的盈余对整体盈余持续性的影响并非是独立的，更高的营业外利润持续性可能是以降低营业利润持续性为代价的，从表 8-3 可以看出，企业的 ROA1 和 ROA3 存在相关关系，因此在检验中将当期盈余进行区分。对于整体盈余持续性降低来源的判断需要考察不同部分盈余对整体盈余持续性的影响。因此，本章将不同类型盈余一起放入回归中，表 8-6 显示了相关检验的结果。在表 8-6 的检验中，本章将企业当年的税前利润按营业内和营业外区分，作为两个新的解释变量，回归中的被解释变量仍然是企业 t+1 期的税前利润。回归结果显示，对于全样本来说，主营业务税前利润的回归系数为 0.655，营业外利润的回归系数为 0.467，而从事高息委托贷款组的回归系数分别为 0.391 和 0.652。系数差异检验显示，两组之间营业税前利润的持续性存在显著差异，但是营业外利润持续性之间的差异并不显著。这说明从事高息委托贷款组公司和未从事高息委托贷款公司盈余持续性的差异，主要来源于主营业务利润盈余持续性的下降。

表 8-6　不同类型利润对整体盈余持续性的影响

变量	(1) 全样本 ROA_{t+1}	(2) 高息委托贷款组 ROA_{t+1}	(3) 无高息委托贷款组 ROA_{t+1}	系数对比 模型 (2) = 模型 (3)
$ROA1_t$	0.655 ***	0.391 ***	0.659 ***	-0.285 **
	(22.00)	(2.88)	(22.44)	(6.56)
$ROA2_t$	0.467 ***	0.652 **	0.460 ***	0.172
	(3.98)	(2.13)	(4.01)	(0.36)
$Size_t$	0.001	0.003	0.001	
	(0.69)	(0.97)	(0.60)	
Lev_t	-0.021 ***	-0.062 ***	-0.020 ***	
	(-4.97)	(-2.82)	(-4.66)	
$Growth_t$	-0.000	0.010	-0.001	
	(-0.15)	(1.16)	(-0.39)	
$Loss_t$	0.034 ***	-0.005	0.035 ***	
	(5.94)	(-0.15)	(5.97)	

续表

变量	（1）	（2）	（3）	系数对比
	全样本	高息委托贷款组	无高息委托贷款组	
	ROA_{t+1}	ROA_{t+1}	ROA_{t+1}	模型（2）= 模型（3）
常数项	0.008	−0.031	0.009	
	（0.50）	（−0.48）	（0.58）	
年度固定效应	控制	控制	控制	
行业固定效应	控制	控制	控制	
观测值	7059	129	6930	
调整后的 R^2	0.413	0.536	0.414	

注：表 8-6 描述了不同类型利润对整体盈余持续性的影响的回归。回归中被解释变量为 ROA_{t+1}，是企业下一年的税前利润，用下一年的总资产标准化。解释变量是 $ROA1_t$，是企业当年的营业利润，用总资产标准化。$ROA2_t$ 是企业当年的税前利润与营业利润差值，用总资产标准化。$Size_t$ 是企业当年总资产，取自然对数。Lev_t 是企业当年资产负债率。$Growth_t$ 是企业主营业务收入增长率。$Loss_t$ 是当年净利润，负则为 1，否则为 0。本章还控制了行业固定效应和年度固定效应。***、**、* 分别表示在 1%、5%、10% 水平上显著，括号内数值表示对应系数的 t 统计量。回归采用了 Gow 等（2010）的方法，按公司和年度做了聚类。

8.4.4 企业盈余的价值相关性

前面的检验结果表明，企业从事高息委托贷款业务会降低企业的盈余持续性，特别是营业利润的持续性。前文的推论也提到，如果一家公司盈余中不可持续的部分比例过大，那么该公司总体盈余质量就较低，盈余在市场定价中的作用也较低。对此，本章将验证发放高息委托贷款的企业，其盈余的价值相关性弱于不从事高息委托贷款的企业这一假设。

表 8-7 记录了上述假设的实证结果。表 8-7 中的被解释变量为企业下一年 4 月 30 日的收盘价 P，解释变量是企业当年税前利润 Income1。回归结果显示，对于全样本来说，Income1 和 P 的回归系数为正，并且显著，数值为 7.233。分组的结果显示，从事高息委托贷款的组别中，Income1 和 P 的回归系数为 3.812；未从事高息委托贷款的组别中，Income1 和 P 的回归系数为 7.233。系数差异检验显示，两者之间存在显著差异，说明对于从事高息委托贷款的公司而言，其盈余的价值相关性较差。假设 2 初步得以验证。

表 8-7 企业盈余的价值相关性

变量	(1) 全样本 P_t	(2) 高息委托贷款组 P_t	(3) 无高息委托贷款组 P_t
Income1$_t$	7.233***	3.812***	7.233***
	(9.55)	(3.58)	(9.48)
Bv$_t$	0.962***	0.909**	0.969***
	(6.04)	(2.48)	(6.01)
Size$_t$	−1.830***	−0.928***	−1.842***
	(−4.77)	(−4.64)	(−4.71)
常数项	44.032***	22.640***	44.306***
	(5.41)	(6.71)	(5.34)
年度固定效应	控制	控制	控制
行业固定效应	控制	控制	控制
观测值	7059	129	6930
调整后的 R^2	0.532	0.600	0.532
(2) Income1 = (3) Income1	3.421***		
Chi 值	(10.00)		

注：表 8-7 描述了企业盈余的价值相关性的回归。回归按照企业财年是否存在发放中的高息委托贷款进行分组。回归中被解释变量为 P_t，是企业下一年 4 月 30 日收盘价。解释变量是 Income1$_t$，是企业当年每股税前利润。Bv$_t$ 是企业当年每股净资产。本章还控制了行业固定效应和年度固定效应。***、**、* 分别表示在 1%、5%、10% 水平上显著，括号内数值表示对应系数的 t 统计量。回归采用了 Gow 等（2010）的方法，按公司和年度做了聚类。

8.4.5 区分营业利润和营业外利润后企业盈余的价值相关性

同样地，基于不同部分盈余价值相关性不独立的考虑，在表 8-8 中，本章将税前盈余按照营业利润和营业外利润区分开，分别考察不同类税前盈余的价值相关性。从表 8-8 可以看出，全样本中营业利润 Income2 和 P 之间的回归系数是 7.411，从事高息委托贷款的组别营业利润 Income2 和 P 之间的回归系数是 3.837，而未从事高息委托贷款的组别相应回归系数为 7.410，系数差异检验显示，表 8-8（2）和（3）中 Income2 和 P 的回归系数存在显著差异。说明营业利润的价值相关性上，前者远低于后者。但是，这样的模式并没在营业外税前利润的回归系数中发现。以上结果表明，从事高息委托贷款的公司较低的盈余价值相关性主要是由主营业务盈余的价值相关性较低带来的。先前的研究也表明，企业从事高息委托贷款业务之后，会牺牲企业的创新活动，而企业创新活动与企业未来业绩息息相关。因此降低了企业盈余的持续性，进而导致主营业务盈余的价值相关性较低。

表 8-8　区分营业利润和营业外利润后企业盈余的价值相关性

变量	(1)	(2)	(3)	系数对比
	全样本	高息委托贷款组	无高息委托贷款组	
	P_t	P_t	P_t	(2) = (3)
Income2$_t$	7.411***	3.837***	7.410***	3.573***
	(10.20)	(3.58)	(10.12)	(10.00)
Income3$_t$	7.101***	7.231***	7.239***	0.008
	(5.05)	(3.49)	(5.02)	(0.02)
Bv$_t$	0.935***	0.874**	0.941***	
	(5.90)	(2.30)	(5.87)	
Size$_t$	-1.851***	-0.919***	-1.863***	
	(-4.94)	(-4.73)	(-4.88)	
常数项	44.573***	22.036***	44.853***	
	(5.62)	(6.87)	(5.54)	
年度固定效应	控制	控制	控制	
行业固定效应	控制	控制	控制	
观测值	7059	129	6930	
调整后的 R^2	0.537	0.603	0.538	

注：表 8-8 描述了区分营业利润和营业外利润后企业盈余的价值相关性的回归。回归按照企业财年是否存在发放中的高息委托贷款进行分组，回归中被解释变量为 P_t，是企业下一年 4 月 30 日收盘价。解释变量是 Income2$_t$，是企业当年每股营业利润。Income3$_t$ 是企业当年每股税前利润与营业利润差值。Bv$_t$ 是企业当年每股净资产。本章还控制了行业固定效应和年度固定效应。***、**、* 分别表示在 1%、5%、10% 水平上显著，括号内数值表示对应系数的 t 统计量。回归采用了 Gow 等（2010）的方法，按公司和年度做了聚类。

8.5 稳健性检验

8.5.1 区分组别

之前的检验中，本书将非高息委托贷款公司和无委托贷款公司并在一组进行回归，为了使结果更加稳健，本书将样本分为无委托贷款组、非高息委托贷款组（委托贷款年利率小于当期基准利率 120%）和高息委托贷款组。分组之后本章重复了表 8-6 和表 8-8 的回归。回归结果如表 8-9 和表 8-10 所示。

表 8-9 的结果显示，高息委托贷款组的 ROA1 系数为 0.453，非高息委托贷款组的 ROA 系数为 0.566，无委托贷款组的 ROA 系数为 0.658。系数差异检验显示，高息委托贷款组和无委托贷款组在 ROA1 的系数上存在显著差异，而非高息委托贷款组与无委托贷款组之间的差异检验不显著，同时在 ROA2 的系数上各组之间均不存在显著差异。以上结果表明，仅仅是高息委托贷款组的样本，存在较低的盈余持续性。表 8-10 的结论也类似，样本分成三组以后，高息委托贷款组的回归系数为 3.837，非高息委托贷款组的回归系数为 5.334，无委托贷款组的回归系数为 7.421。系数差异检验显示，高息委托贷款组和无委托贷款组之间在 Income2 的系数上存在显著差异，而非高息委托贷款组与无委托贷款组之间在 Income2 系数上的差异检验不显著，Income3 在各组之间均不存在显著差异。

表 8-9　表 8-6 的稳健性检验

变量	(1)	(2)	(3)
	高息委托贷款组	非高息委托贷款组	无委托贷款组
	ROA_{t+1}	ROA_{t+1}	ROA_{t+1}
$ROA1_t$	0.453***	0.566*	0.658***
	(3.00)	(1.81)	(22.54)
$ROA2_t$	0.676	1.004	0.457***
	(1.40)	(0.61)	(3.96)

续表

变量	（1）	（2）	（3）
	高息委托贷款组	非高息委托贷款组	无委托贷款组
	ROA_{t+1}	ROA_{t+1}	ROA_{t+1}
$Size_t$	0.004	0.005	0.001
	（1.11）	（0.80）	（0.58）
Lev_t	-0.048^*	-0.130	-0.020^{***}
	（-1.65）	（-1.03）	（-4.38）
$Growth_t$	0.008	0.024	-0.001
	（0.96）	（0.66）	（-0.54）
$Loss_t$	0.010	-0.004	0.035^{***}
	（0.42）	（-0.13）	（5.87）
常数项	-0.066	-0.046	0.009
	（-1.12）	（-0.32）	（0.50）
年度固定效应	控制	控制	控制
行业固定效应	控制	控制	控制
观测值	129	75	6855
调整后的 R^2	0.543	0.711	0.412
（1）ROA1＝（3）ROA1		-0.205^{***}	
Chi 值		（6.57）	
（2）ROA1＝（3）ROA1		-0.092	
Chi 值		（0.42）	
（1）ROA2＝（3）ROA2		0.22	
Chi 值		（0.37）	
（2）ROA2＝（3）ROA2		0.547	
Chi 值		-0.52	

注：表 8-9 描述了表 8-6 的稳健性检验的回归。回归按照企业财年存在发放中的高息委托贷款、存在委托贷款和无委托贷款进行分组。回归中被解释变量为 ROA_{t+1}，是企业下一年的税前利润，用下一年的总资产标准化。解释变量是 $ROA1_t$，是企业当年的营业利润，用总资产标准化。$ROA2_t$ 是企业当年的税前利润与营业利润差值，用总资产标准化。$Size_t$ 是企业当年总资产，取自然对数。Lev_t 是企业当年资产负债率。$Growth_t$ 是企业主营业务收入增长率。$Loss_t$ 是当年净利润，负则为1，否则为0。本章还控制了行业固定效应和年度固定效应。$***$、$**$、$*$ 分别表示在 1%、5%、10% 水平上显著，括号内数值表示对应系数的 t 统计量。回归采用了 Gow 等（2010）的方法，按公司和年度做了聚类。

表 8-10　表 8-8 的稳健性检验

变量	（1）	（2）	（3）
	高息委托贷款组	非高息委托贷款组	无委托贷款组
	P_t	P_t	P_t
$Income2_t$	3.837***	5.334**	7.421***
	(3.58)	(2.11)	(10.16)
$Income3_t$	7.231***	0.084	7.225***
	(3.49)	(0.01)	(5.07)
Bv_t	0.874**	0.499	0.945***
	(2.30)	(0.84)	(5.88)
$Size_t$	−0.919***	−3.064***	−1.846***
	(−4.73)	(−3.93)	(−4.85)
常数项	22.036***	72.105***	44.490***
	(6.87)	(4.79)	(5.51)
年度固定效应	控制	控制	控制
行业固定效应	控制	控制	控制
观测值	129	75	6855
调整后的 R^2	0.603	0.628	0.538
（1）income2 =（3）income2	3.584***		
Chi 值	(13.51)		
（1）income3 =（3）income3	2.087		
Chi 值	(1.86)		
（2）income2 =（3）income2	−0.006		
Chi 值	(0.10)		
（2）income3 =（3）income3	7.141		
Chi 值	(0.59)		

注：表 8-10 描述了表 8-8 的稳健性检验的回归。回归按照企业财年存在发放高息委托贷款、存在委托贷款和无委托贷款进行分组。回归中被解释变量为 P_t，是企业下一年 4 月 30 日收盘价。解释变量是 Income2$_t$，是企业当年每股营业利润。Income3$_t$ 是企业当年每股税前利润与营业利润差值。Bv_t 是企业当年每股净资产。本章还控制了行业固定效应和年度固定效应。***、**、* 分别表示在 1%、5%、10% 水平上显著，括号内数值表示对应系数的 t 统计量。回归采用了 Gow 等（2010）的方法，按公司和年度做了聚类。

8.5.2　标准化处理

先前的检验所采用的是数值的原始值进行回归后系数比较，但是由于两组样本的均值水平不同，所以直接比较可能不够稳健，因此将二者标准化之后才适合进行相互比较。标准化的方法如下：本章先将样本按照是否从事高息委托贷款分组后求出各组相应的均值和标准差，然后用变量减去所在组的均值，并用标准差标准化，本节重复了表8-6和表8-8的回归分析。回归结果如表8-11和表8-12所示。从表中可以观察到，主要结果没有发生改变。

表8-11　标准化后表8-6的稳健性检验

变量	（1）全样本	（2）高息委托贷款组	（3）无高息委托贷款组	系数对比
	ROA_{t+1}	ROA_{t+1}	ROA_{t+1}	（2）＝（3）
$ROA1_t$	0.661 ***	0.463 ***	0.666 ***	0.203 *
	（20.49）	（2.87）	（21.33）	（3.29）
$ROA2_t$	0.089 ***	0.174 **	0.086 ***	0.088
	（3.86）	（2.13）	（3.87）	（1.19）
$Size_t$	0.012	0.099	0.010	
	（0.66）	（1.00）	（0.53）	
Lev_t	−0.064 ***	−0.249 ***	−0.060 ***	
	（−4.23）	（−2.88）	（−3.78）	
$Growth_t$	−0.000	0.111	−0.004	
	（−0.05）	（1.24）	（−0.38）	
$Loss_t$	0.519 ***	0.020	0.527 ***	
	（6.23）	（0.04）	（6.18）	
常数项	−0.063 **	−0.130	−0.057 **	
	（−2.51）	（−1.02）	（−2.28）	
年度固定效应	控制	控制	控制	
行业固定效应	控制	控制	控制	
观测值	7059	129	6930	
调整后的 R^2	0.413	0.569	0.414	

注：表8-11描述了标准化后表8-6的稳健性检验的回归。回归中被解释变量为 ROA_{t+1}，是企业下一年的税前利润，用下一年的总资产标准化。解释变量是 $ROA1_t$，是企业当年的营业利润，用总资产标准化。$ROA2_t$ 是企业当年的税前利润与营业利润差值，用总资产标准化。$Size_t$ 是企业当年总资产，取自然对数。Lev_t 是企业当年资产负债率。$Growth_t$ 是企业主营业务收入增长率。$Loss_t$ 是当年净利润，负则为1，否则为0。以上变量都是标准化后的变量。此外，本章还控制了行业固定效应和年度固定效应。***、**、*分别表示在1%、5%、10%水平上显著，括号内数值表示对应系数的 t 统计量。回归采用了 Gow 等（2010）的方法，按公司和年度做了聚类。

表 8-12　标准化后表 8-8 的稳健性检验

变量	（1）	（2）	（3）	系数对比
	全样本	高息委托贷款组	无高息委托贷款组	
	P_t	P_t	P_t	（2）=（3）
Income2$_t$	0.514 ***	0.341 ***	0.516 ***	-0.175 **
	（10.38）	（3.50）	（10.11）	（4.59）
Income3$_t$	0.077 ***	0.139 ***	0.077 ***	0.062
	（4.97）	（2.86）	（4.96）	（0.57）
Bv$_t$	0.257 ***	0.444 **	0.254 ***	
	（5.84）	（2.31）	（5.91）	
Size$_t$	-0.255 ***	-0.251 ***	-0.255 ***	
	（-4.91）	（-3.61）	（-4.86）	
常数项	-0.211 ***	-0.569 ***	-0.206 ***	
	（-3.99）	（-5.71）	（-3.91）	
年度固定效应	控制	控制	控制	
行业固定效应	控制	控制	控制	
观测值	7059	129	6930	
调整后的 R^2	0.537	0.605	0.538	

注：表 8-12 描述了标准化后表 8-8 的稳健性检验的回归。回归中被解释变量为 P_t，是企业下一年 4 月 30 日收盘价。解释变量是 Income2$_t$，是企业当年每股营业利润。Income3$_t$ 是企业当年每股税前利润与营业利润差值。Bv$_t$ 是企业当年每股净资产。本章还控制了行业固定效应和年度固定效应。*** 、 ** 、 * 分别表示在 1%、5%、10% 水平上显著，括号内数值表示对应系数的 t 统计量。回归采用了 Gow 等 （2010） 的方法，按公司和年度做了聚类。

8.5.3　配对样本

由于样本中从事高息委托贷款的公司过少，可能出现结果被未从事高息委托贷款公司主导的现象。为了确认前述实证结果是稳健的，本小节采取配对的方式重复了表 8-6 和表 8-8 的回归分析，采用配对样本检验能显著减少上述的担忧。配对的方法如下：本节选取同一会计年度同行业中规模最相近且在样本期内从未发生高息委托贷款业务的公司作为配对组样本。配对后的结果如表 8-13 和表 8-14 所示。从表中可以观察到，主要结果没有发生改变。

表 8-13　配对后表 8-6 的稳健性检验

| 变量 | (1) | (2) | (3) | 系数对比 |
| | 全样本 | 高息委托贷款组 | 无高息委托贷款组 | |
	ROA$_{t+1}$	ROA$_{t+1}$	ROA$_{t+1}$	(2) = (3)
ROA1t	0.570 ***	0.391 ***	0.725 ***	0.334 **
	(4.60)	(2.88)	(4.49)	(4.29)
ROA2t	0.710	0.652 **	0.366	0.088
	(1.50)	(2.13)	(1.12)	(0.24)
Size t	0.006 ***	0.003	0.007 ***	
	(3.60)	(0.97)	(2.61)	
Levt	−0.029	−0.062 ***	−0.000	
	(−1.47)	(−2.82)	(−0.01)	
Growth t	0.005	0.010	−0.011	
	(0.70)	(1.16)	(−0.92)	
Loss t	0.054	−0.005	0.116 ***	
	(1.58)	(−0.15)	(3.58)	
常数项	−0.111 ***	−0.031	−0.164 ***	
	(−5.83)	(−0.48)	(−2.75)	
年度固定效应	控制	控制	控制	
行业固定效应	控制	控制	控制	
观测值	258	129	129	
调整后的 R^2	0.462	0.536	0.608	

注：表 8-13 描述了配对后表 8-6 的稳健性检验的回归。回归中被解释变量为 ROA$_{t+1}$，是企业下一年的税前利润，用下一年的总资产标准化。解释变量是 ROA1$_t$，是企业当年的营业利润，用总资产标准化。ROA2$_t$ 是企业当年的税前利润与营业利润差值，用总资产标准化。Size$_t$ 是企业当年总资产，取自然对数。Lev$_t$ 是企业当年资产负债率。Growth$_t$ 是企业主营业务收入增长率。Loss$_t$ 是当年净利润，负则为 1，否则为 0。以上变量都是标准化后的变量。此外，本章还控制了行业固定效应和年度固定效应。***、**、* 分别表示在 1%、5%、10% 水平上显著，括号内数值表示对应系数的 t 统计量。回归采用了 Gow 等（2010）的方法，按公司和年度做了聚类。

表 8-14　配对后表 8-8 的稳健性检验

| 变量 | (1) | (2) | (3) | 系数对比 |
| | 全样本 | 高息委托贷款组 | 无高息委托贷款组 | |
	P$_t$	P$_t$	P$_t$	(2) = (3)
Income2$_t$	7.444 ***	3.837 ***	8.232 ***	−4.395 ***
	(4.78)	(3.58)	(4.94)	(8.11)

续表

变量	(1) 全样本 P_t	(2) 高息委托贷款组 P_t	(3) 无高息委托贷款组 P_t	系数对比 (2) = (3)
Income3$_t$	7.938*** (3.20)	7.231*** (3.49)	13.276*** (2.69)	6.045 (1.33)
Bv$_t$	0.952*** (2.85)	0.874** (2.30)	0.989*** (3.67)	
Size$_t$	−2.169*** (−3.21)	−0.919*** (−4.73)	−3.213*** (−2.99)	
常数项	52.239*** (3.20)	22.036*** (6.87)	78.299*** (2.88)	
年度固定效应	控制	控制	控制	
行业固定效应	控制	控制	控制	
观测值	258	129	129	
调整后的 R^2	0.593	0.603	0.684	

注：表 8-14 描述了配对后表 8-8 的稳健性检验的回归。回归中被解释变量为 P_t，是企业下一年 4 月 30 日收盘价。解释变量是 Income2$_t$，是企业当年每股营业利润。Income3$_t$ 是企业当年每股税前利润与营业利润差值。Bv$_t$ 是企业当年每股净资产。本章还控制了行业固定效应和年度固定效应。***、**、* 分别表示在 1%、5%、10% 水平上显著，括号内数值表示对应系数的 t 统计量。回归采用了 Gow 等（2010）的方法，按公司和年度做了聚类。

8.6 本章主要结论

高息委托贷款的企业存在管理者短视的可能，这是一种代理问题的信号。近年来上市公司委托贷款的数额和家数都逐年上升，企业的高息委托贷款拥有极高的收益，但其具有不持续、可能牺牲企业自身持续经营能力、项目本身也具有极大的风险等特点，这些特点可能带来了企业依靠委托贷款的盈余不可持续的问题。会计信息是记录企业行为的数据，管理者行为会显著影响企业的会计信息质量，并影响企业向外界传递关于企业在会计期间内经营成果的信号。企业的盈余持续性是会计质量的重要组成部分，同时盈余质量也影响到企业盈余在股票价格中的价值相关性，所以，委托贷款的盈余不可持续问题会影响企业盈余在定价中的作用。

本章以 2007~2011 年上市公司为研究主体，研究了高息委托贷款企业的盈余持续性和企业盈余的价值相关性。研究发现，企业从事高息委托贷款降低了其盈余持续性，较低的盈余持续性是营业利润持续性较低造成的。同时从事高息委托贷款企业的营业利润的价值相关性较低，营业外利润并没有更高的定价作用。

代理问题对公司会计信息质量有着举足轻重的影响，本章针对高息委托贷款公司，研究了从事高息委托贷款对会计信息质量以及会计信息的价值相关性的影响，为以短视为代表的代理问题对会计信息质量和会计信息有用性的影响提供了认证。同时，本章的结果对于监管层更好地理解和监管上市公司高息委托贷款的经济后果也有所帮助。

第9章 高息委托贷款会让
会计信息不可比吗？

9.1 研究背景

会计信息可比性在资产定价、财报分析和公司估值等领域具有重要作用（Young & Zeng, 2015）。高水平的会计信息可比性可为投资者提供可比的财务信息（袁知柱和吴粒, 2012），在"会计信息质量—主体决策有效—资源配置有效"（逯东等, 2012）的会计信息资本市场传导路径下，最终提高资本市场资源配置效率。虽然更高的会计信息可比性能抑制应计盈余管理，但是却无法抑制真实盈余管理行为（胥朝阳和刘睿智, 2014）。真实盈余管理具有隐蔽性，能在不影响可比性指标的情况下，达到管理层的私有目的，导致管理层在盈余管理方式的选择上更多转向真实盈余管理，损害公司长期价值，最终降低会计信息可比性指标的作用，造成会计信息实际上不可比。因此，只有寻找合适的机制和渠道约束公司真实盈余管理行为，才能更好地发挥会计信息可比性的作用。

近几年来非正式金融系统方兴未艾。作为影子银行系统的重要组成部分，委托贷款总额占全社会融资总额的比例由 2007 年的 5.65% 上升到 2013 年的 14.7%，具有越来越重要的地位。上市公司也越来越多地介入委托贷款业务，据上海证券交易所资本市场研究所年报专题小组（2012）统计，委托贷款借款对象为独立第三方的委托贷款往往远高于同期贷款利率，最高能达到 20%~25%。对于整体 ROA 平均水平只有 7% 左右的上市公司来说，具有很大的吸引力。

高息委托贷款对于企业来说是一种正常的经营行为还是一种有损企业价值的行为存在争议。高息委托贷款可能有利于企业，将多余的资金对外拆借谋取超额利润的行为可能是一种很正常的资金投资行为，是企业在主业不佳的情况下做出的次优选择。但是过去的研究也表明，高息委托贷款也可能是企业牺牲企业长期投资，换取短期收益，并且通过营业外收入操纵盈余的一种方式（余琰和李怡宗，2016），即存在高息委托贷款是一种真实盈余管理行为的可能①。如果高息委托贷款是一种真实盈余管理行为，相对于没有从事高息委托贷款的企业而言，在相同的盈余水平下，从事高息委托贷款的企业其实有着更低的盈余质量，进而造成了会计信息之间的不可比。而会计信息可比性的初衷在于帮助企业的利益相关方比较各类投资机会，优化资本配置。高息委托贷款这类真实盈余管理带来的会计信息可比性的扭曲是一种对投资者利益的损害，误导投资者对于会计信息有用性的理解。

本章以 2005~2013 年的上市公司为研究主体，分析了高息委托贷款的真实盈余管理属性，并考察了上市公司从事高息委托贷款与会计信息可比性之间的关系。结果表明，上市公司从事高息委托贷款的同时有着更高的会计信息可比性指标，存在从事高息委托贷款会扭曲会计信息可比性的可能。一股独大、产权带来的低违约风险和外部更强的征税强度都会加强二者之间的相关关系，而管理层持股比例越高、外部公司治理环境越好都能显著约束从事高息委托贷款和会计信息可比性指标间的正相关关系。进一步分析表明，从事高息委托贷款的公司有着更高的真实盈余管理水平和更低的可操控应计，并且在更严格的内控环境下，从事高息委托贷款与会计信息可比性指标才表现出正相关关系。这些实证发现，从事高息委托贷款的公司有更高的会计信息可比性指标，这可能是源于高息委托贷款的真实盈余管理的隐蔽性。

本章的意义体现在：①本章对于投资者具有重要意义。一般而言，会计信息可比性较高的公司，其信息收集成本较低，精确性较高。但真实盈余管理行为可

---

① 真实盈余管理的主要手段包括了销售操控、费用操控、生产操控、处置资产、回购股票五个手段（Gunny，2010）。余琰和李怡宗（2016）的研究表明，从事高息委托贷款会减少未来的创新活动。因此该类行为是通过削减研发费用（即费用操控）并将资源投入高息委托贷款（即处置资产）来赚取快钱的行为，因此可以被视为一种真实盈余管理活动。

能损害公司长期价值（Kim & Sohn，2013；胥朝阳和刘睿智，2014；Sohn，2016），如果更高会计信息可比性的公司同时拥有更多的真实盈余管理行为，反而会降低可比性在公司定价和对公司会计信息理解中的作用。本章为投资者更好地理解会计信息可比性提供了启发。②过去对于真实盈余管理的研究，大多是通过模型回归得出数据。本章以高息委托贷款作为更直接的真实盈余管理活动测度条件，通过对高息委托贷款的分析，指出其具有真实盈余管理的隐蔽性，从而为真实盈余管理影响会计信息可比性指标的研究提供了新的角度。③对于监管者和政策制定者而言，本章加深了对公司介入影子银行的经济后果研究，公司介入影子银行的活动本质上脱离了主业，是一种真实盈余管理。同时也找到了合适的渠道去约束这类真实盈余管理行为。本章发现，更好的内外部公司治理机制能够显著降低从事高息委托贷款对会计信息可比性的影响。

9.2　文献回顾和研究假设

会计信息是公司向外界传递的关于公司在会计区间内经营成果的信号，由盈余构成的会计信息是投资者分析公司投资价值最为基础的信息，进而影响股价形成，并通过股价影响资源配置效率（Francis et al.，2004）。会计信息可比性是会计信息的一个重要特征，可比性使会计信息变得更加有用，能够使不同公司的相似信息或者同一公司不同期间的相似信息进行比较，有助于信息使用者识别和理解不同项目的相似和差异。过去的研究也表明，会计信息可比性的提高能够降低投资者收集与处理信息的成本，增加可使用信息的数量和质量（De Franco et al.，2011），增强并购后股东的长期财富效应（刘睿智等，2015），有助于更好地对公司进行估值等。

然而，会计信息可比性的提高可能促使管理层采用更为隐蔽的方式对公司的会计信息进行粉饰和操纵（胥朝阳和刘睿智，2014）。Sohn 认为，相对于应计盈余管理，真实盈余管理通过对销售价格、信贷政策、产量、研发支出等真实经营活动进行操纵，更加具有隐蔽性，能够在不会损害会计信息可比性的同时达到操控盈余的目的。因此，即便会计信息可比性指标水平较高，但是管理层真实盈余管理的机会主义仍然无法被有效识别，并且更高的会计信息可比性指标可能意味着管理层更多地选择真实盈余管理以替代应计盈余管理活动（胥朝阳和刘睿智，2014）。相较于应计盈余管理，真实盈余管理对于公司长期的影响更加负面，损害了公司基础价值（Kim & Sohn，2013），因此从应计盈余管理转向真实盈余管理带来更高会计信息可比性水平的同时，让公司承担了更大的盈余管理成本，对公司长期价值造成了更大的负面影响，并且导致投资者对于公司价值做出错误的判断。

国内委托贷款的利率远高于公司营业利润资产收益率，国内的上市公司能将获得成本较低的资金用于从事高息委托贷款，获取短期的收益，提升盈余水平。上海证券交易所资本市场研究所年报专题小组的统计结果显示，向独立第三方委托贷款的利率明显高于其他类型的委托贷款，最高能达到 20%～25%，远高于同期贷款基准利率，也高于上市公司整体的资产报酬率。同时，相关数据显示，上市公司在 2005～2013 年息税前利润占总资产比例在 3.5%～6%，但是同期一年期贷款基准利率却在 5% 以上浮动。有些项目付出的资金成本甚至能高达 20% 以上的年利率，委托贷款的利率远高于公司主营业务利润率，短时间内就可以为公司带来收入，这种收入是一种投机而来的"快钱"（quick money）。对于管理者而言，发放高息委托贷款是一种短期内提高业绩的好方法。这类委托贷款项目，本书称之为高息委托贷款。对于上市公司而言，这类非主营业务类的委托贷款成为主业之外极具吸引力的投资品种。

过去的研究表明，管理层公司股东利益不一致，因此上市公司管理层有动机进行盈余管理来操纵利润，其中较为典型的就是各类牺牲公司长期利益以提高短期业绩的真实盈余管理行为。管理层会为了满足市场期望的盈余预期进行真实盈余管理，尽管这种行为会使公司偏离最优的经营活动，损害投资者的长远利益，但是却能使管理层的短期利益得到满足（陈晖丽和刘峰，2014）。Asker 等（2011）的研究表明，上市公司会倾向于牺牲当期的研发活动以维持短期业绩。余琰和李怡宗（2016）的文章也发现，从事高息委托贷款降低了公司的创新活动，同时该公司未来的营业利润资产收益率更低和营业外利润资产收益率更高，说明介入高息委托贷款业务并非是由于公司业务已经不善，而更多可能源于管理层短视带来的真实盈余管理活动。

由此可见，上市公司低成本的资金优势和高息委托贷款业务的高收益提高了它们参与高息委托贷款的动机，给了管理层参与高息委托贷款这样真实盈余管理活动的机会，也提高了应计盈余管理的机会成本。一般而言，对于管理者构建的真实交易活动，投资者很难通过可比公司分析法判断是公司战略要求的正常交易活动，还是以操纵盈余为目的的机会主义行为，进行应计盈余管理的潜在风险远大于真实盈余管理的潜在风险（例如更高的税收、外部审计师的审查等）。在机会成本增加的情况下，应计盈余管理空间继续被压缩，最终表现为从事高息委托贷款的公司拥有更高的会计信息可比性水平。据此，我们提出假设1：

假设1：从事高息委托贷款业务与会计信息可比性水平之间存在正相关关系。

值得注意的是，本章所研究的委托贷款，仅限于上市公司对非合并报表范围内法人发放的委托贷款，下文也都以发放委托贷款给子公司以外的上市公司为研究对象。采取此研究对象的考虑主要在于：委托贷款是上市公司充分发挥融资平台并进行资金配置的一个重要手段或途径，其中发放给上市公司控制的下属公司（全资、控股子公司及其下属公司）的委托贷款大多具有数额高、利息低等特点，因此这类委托贷款与针对非合并报表范围内法人的高息委托贷款之间存在本质上的区别。而且对于全资、控股子公司或下属公司发放委托贷款所获得的收益属于报表合并的范围，上市公司无法通过这类委托贷款来增加自身的盈利。因此，其放款动机和发放委托贷款给非合并报表范围内法人的动机完全不同。基于上述考虑，我们将研究的对象确定为发放对象为非合并报表范围内的公司的委托贷款。

下面我们将在上述假设的基础上，进一步讨论内、外部因素对公司的会计信息可比性水平和是否从事高息委托贷款业务之间关系的调节效应。内部调节效应方面，我们考虑实际控制人的持股比例、产权带来的低违约风险和管理层持股三个方面；外部因素方面，我们考虑外部征税强度和外部投资者保护机制两个方面。

9.2.1 内部调节效应

9.2.1.1 实际控制人的持股比例

陈晖丽和刘峰（2014）的研究认为，当公司股权结构缺乏制衡时，盈余管理的程度可能更为严重，相比之下，若公司的股权结构较为合理，大股东能够受到一定的制衡，公司盈余管理活动就会受到约束。因此对于股权结构不合理的公司，其面对高息委托贷款的低成本和高收益时，更加有动机介入这类真实盈余管理活动中。此外，Fan 和 Wong（2002）、Haw 等（2004）认为，公司的股权结构缺乏制衡时，大股东掏空行为会更加严重，大股东也会试图通过盈余管理来掩盖其掏空行为。此外，在股权分置改革完成以及股份全流通的今天，二级市场的股价和大股东的财富水平也息息相关。股权质押可以通过二级市场减持使得大股东会关心二级市场的股价。高息委托贷款带来的短期高收益能形成短期的高利润来支撑股价，这种为了支撑股价用高息委托贷款带来的高额营业外收入管理盈余的行为，本质上也是一种掏空。因此，实际控制人持股比例在从事高息委托贷款和会计信息可比性水平之间存在正向调节效应。据此，我们提出假设 2：

假设 2：实际控制人的持股比例越高，从事高息委托贷款和会计信息可比性水平之间的正相关关系会更强。

9.2.1.2　产权带来的低违约风险

李增福等（2013）的研究表明，所有制的区别会导致严重的所有者缺位问题，进而导致内部人控制十分严重，所有者的缺位使得对管理层盈余管理活动的内部监督更为薄弱，公司治理机制难以真正起到作用，缺乏监督的内部人有更大的盈余管理的动机，导致内部人控制严重的企业的真实盈余管理水平显著高于其他企业[①]。同时其又能在财务上得到更多的支持，国有银行在信贷供给上也会严重偏向此类企业（Qian，1994）。一些国有企业即便不需要过多的贷款，仍然能以极低的资金价格从银行获得贷款（Brandt & Li，2003），这就给予了这类企业能通过资金间的投机来获得利润的机会。一方面它们能较为容易地获得低成本资金，另一方面它们能将资金以委托贷款的形式高利率转手给需要资金但不能从银行获得贷款却愿意付出极高资金成本的企业（比如房地产企业），使得它们真实盈余管理的成本极低，因此更有动机介入高息委托贷款，最终增强从事高息委托贷款和会计信息可比性水平之间的正相关关系。据此，我们提出假设 3：

假设 3：产权带来的低违约风险会加强从事高息委托贷款和会计信息可比性水平之间的正相关关系。

[①]　过去有研究表明，国有企业拥有更低的盈余管理水平。但是此类研究仅针对应计盈余管理，并未考虑真实盈余管理。

9.2.1.3　管理层持股

Roychowdhury（2006）的研究表明，管理层进行真实盈余管理活动是基于某些特定的盈余目标。Sohn（2016）的研究也表明，正常的经营活动是基于最优的经营决定，但是非正常的真实盈余管理活动来源于管理层的机会主义，其出于自身利益而阻碍财报信息的正常传递。管理层进行盈余管理的主要动机之一是获取更多的私人收益，比如更高的薪酬等。管理层能通过盈余管理获得的利益越多，对管理层真实盈余管理行为的诱导也越显著。同时由于管理层与股东存在较严重的信息不对称，即使管理层进行了真实活动业务操纵，他们也可能通过隐瞒相关重要信息使其不被发现，甚至可能利用其专有知识来说服股东其经营活动是最优的（Osma，2008），例如告诉股东发放高息委托贷款是一种低风险、高收益的经营活动。管理层有非常强烈的动机为达到自身利益最大化而进行真实盈余管理活动。

作为解决股东与管理者之间代理问题的一种机制，股权激励能够强化管理层与股东之间的利益共享和风险共担（Jensen & Meckling，1976）。管理层持有股份比例越高，其自身利益与股东利益分离程度就越小，利益契合度将会提高，也会让管理层更多地关注公司长远利益。当管理层持有公司股票时，是否进行真实盈余管理的动机也会发生改变：一方面，从事高息委托贷款这种损害公司长远利益的真实盈余管理方式同样也会减少高持股管理层自身的长远利益，因此会抑制他们介入此类活动的冲动；另一方面，股权激励的存在使得管理层能够内部化风险行为的收益（王亮亮，2014）。因此，在真实盈余管理动机下降的情况下，原有的应计盈余管理冲动会得到抑制，最终表现为降低从事高息委托贷款和会计信息可比性水平之间的正相关关系。据此，我们提出假设4：

假设4：管理层高持股比例会降低从事高息委托贷款和会计信息可比性水平之间的正相关关系。

9.2.2　外部调节效应

9.2.2.1　外部征税强度

李增福等（2011）认为，税率上升使公司更倾向于实施真实活动操控的盈余管理，而税率下降会使公司更倾向于实施应计项目操控的盈余管理。其根本原因在于高强度的税收征管显著提高了上市公司向上盈余管理的所得税成本，进而抑制了上市公司的应计盈余管理行为（叶康涛和刘行，2011）。上市公司的盈余管理决策往往需要在盈余管理收益和盈余管理成本之间进行权衡，而所得税成本构成了盈余管理一项很重要的成本（Hanlon & Heitzman，2010）。当公司向上操纵应计盈余有着更高成本时，理性的经理人会选择使用真实盈余管理进行替代。虽然真实盈余管理也需要缴税并会带来盈余管理的成本，但是相对于应计盈余管理没有产生收入还必须承担税款来说，真实盈余管理会产生真实的收入，因此短期内的机会成本比前者更小。在更低的机会成本下，企业会更多地从事真实盈余管理和减少应计盈余管理，最终带来了公司更高的会计信息可比性水平。据此，我们提出假设5：

假设5： 强外部征税强度会提高从事高息委托贷款和会计信息可比性水平之间的正相关关系。

9.2.2.2　外部投资者保护

一国法律体系在很大程度上决定了该国公司治理结构和水平，良好的公司治理必定要以有效的投资者法律保护为基础（La Porta et al.，1999）。Dyck 和 Zingales（2003）的研究表明，法律制度是保护投资者利益不受管理层侵占的有效治理机制，法律保护越强，内部人私有收益也就越低。夏立军和方轶强（2005）认为，在一个法治水平较高的地区，上市公司内部人对中小股东的利益侵害行为更可能会受到约束。Bozzolan 等（2015）也发现，在法律环境更加严格的国家，公司用真实盈余管理替代应计盈余管理的动机会更低。贺炎林等（2014）也认为，较高的投资者保护水平改善了公司治理，降低了股东与管理层间的代理成本，是一种对管理层监督的替代机制。

因此，市场中介组织的发育和法律制度环境较好的地区，该地区的公司也拥有更好的外部治理环境，法律体系也愈加完善，投资者保护水平也更高，管理层进行真实盈余管理活动受到的监督也越多，从而提高了其违法成本，降低了其通过真实盈余管理获得的收益，降低管理层进行真实盈余管理活动的冲动，最终表现为会降低从事高息委托贷款和会计信息可比性水平之间的正相关关系。据此，我们提出假设6：

假设6： 越强的外部投资者保护程度越会降低从事高息委托贷款和会计信息可比性水平之间的正相关关系。

9.3 研究设计、数据来源与描述性统计

9.3.1 研究设计

为了清晰地研究公司从事高息委托贷款与会计信息可比性水平之间的关系，我们采取横截面回归方法进行研究，回归采用了 Gow 等（2008）的方法，按公司和年度做了聚类。为了检验本章所提出的假设 1，我们建立了如下研究基本模型：

$$\text{AccComp}_{it} = \delta_0 + \delta_1 \text{EntrustedLoans}_{it} + \delta_i \text{ControlVariable}_{it} + \varepsilon_{it} \tag{9-1}$$

其中，AccComp_{it} 为本章主要关注的被解释变量，用于衡量公司会计信息的可比性水平。FASB（1980）认为，可比性使信息使用者能够比较两类经济现象之间的异同。De Franco 等（2011）采用股票收益率代表公司的经济业务，用会计盈余代表公司的会计信息，使用第 t 期前连续 16 个季度的数据（从 t-15 期到第 t 期），以会计盈余作为被解释变量，用季度股票收益率作为解释变量进行回归。模型如下：

$$\text{Earnings}_{it} = \alpha_i + \beta_i \text{Return}_{it} + e_{it} \tag{9-2}$$

考虑到公司对于好消息和坏消息确认的不对称性（Basu, 1997; Ball et al., 2000），我们参照胥朝阳和刘睿智（2014）的方法，在上述模型中引入股票收益虚拟变量（Neg_{it}）以及该虚拟变量与股票收益交乘项（$\text{Neg}_{it} \times \text{Return}_{it}$），改进后的模型如下：

$$\text{Earnings}_{it} = \alpha_i + \beta_{1i} \text{Return}_{it} + \beta_{2i} \text{Neg}_{it} + \beta_{3i} \text{Neg}_{it} \times \text{Return}_{i,} + e_{it} \tag{9-3}$$

式（9-3）中，如果该季度股票收益率为负，则 Neg_{it} 取值为 1，否则为 0。我们估计出式（9-3）中的系数 α_i、β_{1i}、β_{2i}、β_{3i}，并以此构造公司 i 的会计函数，类似地，我们求出所有公司 j 的会计函数 α_j、β_{1j}、β_{2j}、β_{3j}。为比较公司 i 与公司 j 的会计信息可比性，我们假定两家公司具有相同的经济业务（即 Return_{it} 相同），分别用各公司的会计函数来计算它们的预期盈余：

$$E(\text{Earnings}_{iit}) = \hat{\alpha}_i + \hat{\beta}_{1i} \text{Return}_{it} + \hat{\beta}_{2i} \text{Neg}_{it} + \hat{\beta}_i \text{Neg}_{it} \times \text{Return}_{it} \tag{9-4}$$

$$E(Earnings_{ijt}) = \hat{\alpha}_j + \hat{\beta}_{1j}Return_{it} + \hat{\beta}_{2j}Neg_{it} + \hat{\beta}_{3j}Neg_{it} \times Return_{it} \tag{9-5}$$

公司 i 和公司 j 在 t 时期的会计信息可比性（$AccComp_{i,j,t}$）定义如下。

$$AccComp_{ijt} = -\frac{1}{16} \times \sum_{t-15}^{t} \left| E(Earnings)_{iit} - E(Earnings)_{ijt} \right| \tag{9-6}$$

根据上述方法，我们可以计算出公司 i 与行业内其他公司的会计信息可比性。公司 i 第 t 年的会计信息可比性水平为：

$$AccComp_{it} = \frac{1}{N-1} \times \sum_{j=1}^{N(j \neq i)} (AccComp_{ijt}) \tag{9-7}$$

从概念上来说，$AccComp_{it}$ 衡量了经济业务相同的两家公司财务信息的相似程度。考虑到投资者在评估投资机会时仅会选取行业内某几家公司，我们遵照刘睿智等（2015）和 Sohn（2016）的做法，选取四个取值最大的均值作为公司 i 的会计信息可比性度量（$AccComp4_{it}$），在本章的稳健性检验中，我们取前 6 个公司、行业均值和行业中值作为公司 i 的会计信息可比性测度值。

解释变量是 $EntrustedLoans_{it}$（EL），对于高息委托贷款的界定，我们将其定义为当年公司是否存在有利率高于同期基准利率 20% 的委托贷款，是则取 1，否则取 0。这样定义主要出于两个原因考虑：①央行在 1998 年曾做出相应规定，商业银行、城市信用社对小公司的贷款利率最高上浮幅度由现行的 10% 扩大为 20%；②公司在财务报表中所披露的公司向外部取得的贷款利率大多在基准利率的 ±10% 的范围内，如果公司对外发放的委托贷款利率高于当期基准利率 20%，就已经远高于公司融得贷款的成本，因此我们采取这样的定义能将高息委托贷款业务与非高息委托贷款区分开来①。

针对假设 2 至假设 6，我们建立了如下基本模型：

$$AccComp_{it} = \delta_0 + \delta_1 EntrustedLoans_{it} + \delta_2 Char_{it} + \delta_3 EntrustedLoans_{it} \times Char_{it} + \delta_i ControlVariable_{it} + \varepsilon_{it} \tag{9-8}$$

$Char_{it}$ 包括了前文所讨论的特征变量，根据假设，我们分别讨论了内部和外

---

① 本章样本中针对非合并报表范围内的企业所发放的每笔委托贷款的放款平均利率为 10.76%，其中定义为高息委托贷款的放款平均利率为 13.60%，非高息委托贷款的放款平均利率仅为 5.61%。同时笔者还计算了 2005~2013 年所有上市企业的有息负债利息率，计算公式为利息支出／［（短期借款+应付票据+一年内到期的非流动负债+长期借款+应付债券）的年初年末均值］，这个数值为 5.16%，而这段时间的平均一年期贷款基准利率为 6.35%。可以看到，非高息委托贷款的利率和企业有息负债利率相近，而高息委托贷款的利率远高于企业的有息负债利息率，同时也高于同期一年期贷款基准利率。

部调节效应。其中，内部调节效应包括了实际控制人持股比例（Top_{it}）、公司产权性质（$State_{it}$）和管理层持股占公司总股本比例（Mag_{it}）。公司产权性质定义为最终控制人的背景，如果公司最终控制人是国有背景则取 1，否则取 0；管理层持股占公司总股本比例用当年期末管理层持股总数占公司股本来衡量。外部调节效应方面，我们采用所在地区税收征集强度（TE_{it}）来衡量，所在地区税收征集强度的测算按照叶康涛和刘行（2011）的做法，按照各个地区的税收征管强度排序，若位于当年样本中位数之上，则认定该地区的税收征管强度较高，将该地区公司视为应计盈余管理高成本组；否则为应计盈余管理低成本组。此外，我们还采用樊纲等（2011）编制的中国市场化指数中"中介组织发育和法律"指数来度量投资者保护程度（$Protect_{it}$），该指数越大意味着投资保护程度越强，公司真实盈余管理动机越可能受到约束。

控制变量方面，Lang 等（2010）认为，目前还尚未有成熟的控制变量来解释会计信息可比性，因此我们借鉴已有的相关研究（De Franco et al.，2011；Barth et al.，2012；Francis et al.，2014；谢盛纹和刘杨晖，2016），采取如下控制变量：

（1）公司规模，用公司当年总资产的自然对数（$Size_{it}$）表示。

（2）资产负债率，用公司的总负债占总资产的比例（Lev_{it}）表示。

（3）公司的流动性，用经营产生的现金流占资产总额（$Cash_{it}$）表示。

（4）账面市值比，用公司期末的市场价值与所有者权益合计期末值（MB_{it}）表示。

（5）公司绩效，用公司资产收益率（ROA_{it}）表示。

（6）公司的每股盈利，用归属于净利润除以总股本（Eps_{it}）表示。

（7）公司的投资支出比例，用公司当年实际新增投资支出占期末总资产比例（$Newinvt_{it}$）表示。

（8）公司在当年的非债务税盾，用当年固定资产折旧除以期末总资产（$Ndts_{it}$）表示。

我们还控制公司的行业固定效应和年度固定效应。本章的主要变量定义如表 9-1 所示。

表9-1 主要的变量定义

变量名称	变量定义
$AccComp4_{i,t}$	公司当年的会计信息可比性，值越大可比性越强
$EntrustedLoans_{it}$	公司当年放出的委托贷款利率是否超过同期基准利率的20%，是则取1，否则取0
$Size_{it}$	公司规模，用公司当年总资产的自然对数表示
Lev_{it}	资产负债率，用公司的总负债占总资产的比例表示
$Cash_{it}$	公司的流动性，用经营产生的现金流占资产总额表示
MB_{it}	公司账面市值比，用公司期末的市场价值与所有者权益合计期末值表示
ROA_{it}	公司绩效，用资产收益率表示
Eps_{it}	公司的每股盈利，用归属于净利润除以总股本表示
$Newinvt_{it}$	公司的投资支出比例，用公司当年实际新增投资支出占期末总资产比例表示
$Ndts_{it}$	公司在当年的非债务税盾，用当年固定资产折旧除以期末总资产表示
Top_{it}	实际控制人持股比例
$State_{it}$	最终控制人的背景，如果公司最终控制人是国有背景则取1，否则取0
Mag_{it}	管理层持股占公司总股本比例衡量
TE_{it}	所在地区税收征集强度，若位于当年样本中位数之上，则认定该地区的税收征管强度较高，取1，否则取0
$Protect_{it}$	中国市场化指数中"市场中介组织的发育和法律制度环境"指数

9.3.2 数据来源

本章选择2005~2013年A股上市公司作为样本。按照已有文献，我们去除了ST公司、上市金融机构以及财务数据不完整的公司。此外，为有效估计会计信息可比性，剔除前十六个季度股票收益或季报数据不完整或行业代码发生变化的样本及行业公司数量小于5的样本。委托贷款的数据来自手工收集的上市公司对外公告，我们从公告中收集了公司发放委托贷款的相关数据。公司所有财务指标来源于CSMAR数据库。同时，我们对所有的连续变量进行了1%和99%的缩尾（winsorized）处理，以保证结果不受极值的影响。

表9-2记录了样本描述性统计的结果。表中显示，平均来说，公司的会计信息可比性指标为-0.022，这与胥朝阳和刘睿智（2014）的结论较为一致。约有1.1%的样本公司在当年发放了高息委托贷款，由此可见从事高息委托贷款的公

司占上市公司样本的总体比例还不是很大。样本的平均资产负债率为 50.8%，公司总资产取自然对数后为 21.97。公司经营活动的现金流占公司总资产比例的均值为 11.7%，资产收益率为 3.3%，每股盈利平均为 0.277 元，新增投资占总资产的比例为 3.5%，公司非债务税盾的比率为 2.5%。

表 9-2　描述性统计

变量	观测数	均值	标准差	最小值	25%分位	50%分位	75%分位	最大值
$AccComp4_{i,t}$	7885	-0.022	0.026	-0.163	-0.024	-0.013	-0.008	-0.002
$EntrustedLoans_{it}$	7885	0.011	0.103	0.000	0.000	0.000	0.000	1.000
$Size_{it}$	7885	21.970	1.183	19.780	21.130	21.810	22.640	25.830
Lev_{it}	7885	0.508	0.184	0.073	0.379	0.522	0.645	0.887
$Cash_{it}$	7885	0.117	0.110	0.000	0.030	0.095	0.169	0.517
MB_{it}	7885	3.098	2.415	0.647	1.503	2.368	3.841	15.090
ROA_{it}	7885	0.033	0.057	-0.200	0.011	0.031	0.057	0.195
Eps_{it}	7885	0.277	0.447	-1.155	0.059	0.198	0.438	2.059
$Newinvt_{it}$	7885	0.035	0.074	-0.100	-0.008	0.014	0.058	0.346
$Ndts_{it}$	7885	0.025	0.016	0.000	0.012	0.021	0.034	0.077
Top_{it}	7885	0.279	0.199	0.002	0.103	0.275	0.429	0.737
$State_{it}$	7885	0.465	0.499	0.000	0.000	0.000	1.000	1.000
Mag_{it}	7885	0.020	0.079	0.000	0.000	0.000	0.000	0.546
TE_{it}	7885	0.627	0.484	0.000	0.000	1.000	1.000	1.000
$Protect_{it}$	7885	10.251	5.301	0.180	5.880	8.180	13.990	19.890

9.4　实证结果

9.4.1　高息委托贷款与会计信息可比性

前文假设 1 认为，公司从事高息委托贷款具有真实盈余管理的特征，从而替代应计盈余管理，并最终提高自身的会计信息可比性水平。因此在检验中，我们会发现，从事高息委托贷款的公司有着更高的会计信息可比性水平。表9-3的回归（1）记录了上述假设的检验结果，结果显示，AccComp4$_{i,t}$和EntrustedLoans$_{it}$之间的系数为0.0029，并且在5%的水平上显著，这意味着如果当期公司从事了高息委托贷款，公司的会计信息可比性水平比未从事的公司高0.29%。考虑到所有样本的会计信息可比性指标均值为-2.2%，从事高息委托贷款使会计信息可比性提高了13.8%（0.29%/2.2%），其数值还是相当可观的。这个结果符合假设1的设想，即从事高息委托贷款的公司，会计信息可比性水平也更高。

表9-3 高息委托贷款与会计信息可比性

变量	（1）全样本	（2）综合配对
	AccComp4$_{i,t}$	AccComp4$_{i,t}$
EntrustedLoans$_{it}$	0.0029**	0.0107**
	(2.04)	(2.01)
Size$_{it}$	−0.0087***	−0.0125***
	(−6.55)	(−2.75)
Lev$_{it}$	0.0037	0.0398
	(0.86)	(1.54)
Cash$_{it}$	−0.0048	0.0305
	(−0.69)	(1.17)
MB$_{it}$	−0.0017***	−0.0006
	(−2.80)	(−0.48)
ROA$_{it}$	0.0784***	−0.1142
	(3.13)	(−1.47)
Eps$_{it}$	−0.0025	0.0179*
	(−1.51)	(1.83)
Newinvt$_{it}$	0.0137***	0.0677**
	(3.05)	(2.17)
Ndts$_{it}$	−0.1876***	0.0996
	(−3.87)	(0.33)
行业固定效应	控制	控制
年度固定效应	控制	控制

变量	（1）全样本	（2）综合配对
	$AccComp4_{i,t}$	$AccComp4_{i,t}$
常数项	0.1817 ***	0.2222 **
	（6.02）	（2.46）
观测值	7885	168
调整后的 R^2	0.253	0.362

注：表 9-3 的回归方程为 $AccComp_{it} = \delta_0 + \delta_1 EntrustedLoans_{it} + \delta_i ControlVariable_{it} + \varepsilon_{it}$。列（1）是全样本的回归结果，列（2）是采用公司规模、营利能力、股权制衡度（前十大股东股权比例的赫芬达尔指数）、自由现金流占总资产的比例等变量，用综合的方法进行配对后的结果。$AccComp4_{i,t}$ 是公司当年的会计信息可比性，值越大可比性越强；$EntrustedLoans_{it}$ 是公司当年放出的委托贷款利率是否超过同期基准利率的20%，是则取 1，否则取 0；$Size_{it}$ 是公司规模，用公司当年总资产的自然对数表示；Lev_{it} 是资产负债率，用公司的总负债占总资产的比例表示；$Cash_{it}$ 是公司的流动性，用经营产生的现金流占资产总额表示；MB_{it} 是公司账面市值比，用公司期末的市场价值与所有者权益合计期末值表示；ROA_{it} 是公司绩效，用资产收益率表示；Eps_{it} 是公司的每股盈利，用归属于净利润除以总股本表示；$Newinvt_{it}$ 是公司的投资支出比例，用公司当年实际新增投资支出占期末总资产比例表示；$Ndts_{it}$ 是公司在当年的非债务税盾，用当年固定资产折旧除以期末总资产表示。回归中还控制了年度和行业固定效应。*** 、** 、* 分别表示在1%、5%、10%水平上显著，括号内数值表示对应系数的 t 统计量。回归采用了 Gow 等（2010）的方法，按公司和年度做了聚类。

控制变量方面，公司的规模 $Size_{it}$ 以及市值账面比的 MB_{it} 和会计信息可比性负相关，这和 Brochet 等（2012）的结果相一致。这可以理解为，公司规模越大，业务复杂度越高，会计信息可比性也较低，同时市值账面比越高意味着公司发展水平越高，因此可比性也相对较低。此外，公司的盈利水平、ROA_{it} 和新增投资水平 $Newinvt_{it}$ 都与会计信息可比性水平显著正相关，这与谢盛纹和刘杨晖（2016）的发现相一致。

同时，我们也采取配对的方式重复假设 1 的检验，采用配对样本检验能显著减少样本规模不匹配方面的担忧。考虑到仅用单一变量（比如规模）作为配对依据可能不够全面，本章采用公司规模、盈利能力、股权制衡度（前十大股东股权比例的赫芬达尔指数）、自由现金流占总资产的比例等变量，用综合的方法进行配对。我们计算在样本期内从未发生高息委托贷款业务的公司的上述变量与发生高息委托贷款业务的公司的同类变量的平方差，并由低到高进行排序，选取所有变量中总排序最低（即加总上述所有变量平方差的顺位最小，与发生高息委托贷款业务的公司最接近）的公司作为配对样本。配对后的结果如表 9-3 中回归

（2）所示。从表中可以观察到，$EntrustedLoans_{it}$ 为 0.0107，在 5% 的水平上显著，配对样本的实证结果与全样本没有显著区别。

9.4.2 内部调节效应

本章假设 2 认为，随着股权集中度的提高，公司真实盈余管理的动机也越强。因此我们可以观察到股权集中度会加强从事高息委托贷款与会计信息可比性水平之间的正相关关系。表 9-4 中的回归（1）检验了相关结果。回归结果表明，终极控制人的持股比例和从事高息委托贷款变量的交乘项系数为 0.0111，并且在 10% 的水平上显著，这意味着，终极控制人持股比例提高 1%，同时从事高息委托贷款的公司的会计信息可比性指标会上升 1.11%，增加的数值相当显著。

表 9-4 内部调节效应

变量	(1) $AccComp4_{i,t}$	(2) $AccComp4_{i,t}$	(3) $AccComp4_{i,t}$
$EntrustedLoans_{it}$	0.0004	0.0009	0.0034 ***
	(0.18)	(0.52)	(2.58)
Top_{it}	−0.0121 ***		
	(−3.02)		
$Top_{it} \times EntrustedLoans_{it}$	0.0111 *		
	(1.91)		
$State_{it}$		0.0009	
		(0.88)	
$State_{it} \times EntrustedLoans_{it}$		0.0039 *	
		(1.78)	
Mag_{it}			−0.0310 ***
			(−3.84)
$Mag_{it} \times EntrustedLoans_{it}$			−0.0111 ***
			(−3.23)
$Size_{it}$	−0.0084 ***	−0.0088 ***	−0.0088 ***
	(−6.64)	(−6.58)	(−6.67)
Lev_{it}	0.0032	0.0037	0.0034
	(0.73)	(0.85)	(0.79)

续表

变量	(1)	(2)	(3)
	$AccComp4_{i,t}$	$AccComp4_{i,t}$	$AccComp4_{i,t}$
$Cash_{it}$	−0.0052	−0.0049	−0.0048
	(−0.75)	(−0.71)	(−0.70)
MB_{it}	−0.0017***	−0.0017***	−0.0017***
	(−2.77)	(−2.79)	(−2.79)
ROA_{it}	0.0806***	0.0790***	0.0794***
	(3.22)	(3.13)	(3.16)
Eps_{it}	−0.0027*	−0.0025	−0.0026
	(−1.65)	(−1.52)	(−1.54)
$Newinvt_{it}$	0.0133***	0.0140***	0.0146***
	(3.04)	(3.13)	(3.28)
$Ndts_{it}$	−0.1829***	−0.1885***	−0.1891***
	(−3.78)	(−3.87)	(−3.92)
行业固定效应	控制	控制	控制
年度固定效应	控制	控制	控制
常数项	0.1786***	0.1825***	0.1690***
	(6.15)	(6.03)	(5.54)
观测值	7885	7885	7885
调整后的 R^2	0.258	0.253	0.254

注：表9-4 的回归方程为 $AccComp_{it}=\delta_0+\delta_1 EntrustedLoans_{it}+\delta_2 Char_{it}+\delta_3 EntrustedLoans_{it}\times Char_{it}+\delta_i ControlVariable_{it}+\varepsilon_{it}$。$AccComp4_{i,t}$ 是公司当年的会计信息可比性，值越大可比性越强；$EntrustedLoans_{it}$ 是公司当年放出的委托贷款利率是否超过同期基准利率的20%，是则取 1，否则取 0。$Char_{it}$ 是内部调节变量，具体包括：Top_{it} 是实际控制人持股比例；$State_{it}$ 是最终控制人的背景，如果公司最终控制人是国有背景则取 1，否则取 0；Mag_{it} 是管理层持股占公司总股本比例衡量。其余控制变量与表 9-3 相同。回归中还控制了年度和行业固定效应。***、**、*分别表示在1%、5%、10%水平上显著，括号内数值表示对应系数的 t 统计量。回归采用了 Gow 等（2010）的方法，按公司和年度做了聚类。

　　本章假设 3 讨论了产权带来的低违约风险对从事高息委托贷款和会计信息可比性之间的正相关关系的影响。相关实证结果如表 9-4 中的回归（2）所示。结果显示，衡量产权带来的低违约风险的变量 $State_{it}$ 和从事高息委托贷款变量 $EntrustedLoans_{it}$ 之间的交乘项系数为 0.0039，在 10%的水平上显著。这意味着产权带来的低违约风险会加强公司从事高息委托贷款的冲动，其会计信息可比性水平将会更高，回归结果符合假设 3 的预期。

本章认为，更高的管理层持股比例能让管理层利益与股东相一致，从而降低他们真实盈余管理活动的动机，并且降低从事高息委托贷款和会计信息可比性之间的相关关系。表9-4 中的回归（3）汇报了相关检验结果。结果表明，管理层持股比例和高息委托贷款变量之间的交乘项系数为−0.0111，并且在1%的水平上显著。这表明管理层持股比例越高，从事高息委托贷款和会计信息可比性之间的相关关系越弱。

以上回归结果说明，更高的终极控制人持股比例和产权带来的低违约风险都会带来正向的调节效应，导致当期从事高息委托贷款活动和会计信息可比性水平相关关系的增强。但是，管理层持股比例越高，从事高息委托贷款和会计信息可比性之间的相关关系越弱。

9.4.3　外部调节效应

对于外部调节效应的考虑，本章主要从外部公司治理因素发挥作用的角度进行讨论。外部征税强度对于从事高息委托贷款和会计信息可比性水平之间的正相关关系的影响实证结果如表9-5 中的回归（1）所示。表中结果显示，$TE_{it} \times EntrustedLoans_{it}$ 的回归系数为0.0063，在5%的水平上显著。这说明，如果公司本身处于外部征税强度较高的区域，从事高息委托贷款和会计信息可比性水平之间的正相关关系会更强。这个结果也符合过去研究的发现，叶康涛和刘行（2012）认为，外部征税强度较高的地区，公司应计盈余管理成本过高。因此公司会转向更多的真实盈余管理，进而带来较高的会计信息可比性水平。

表 9-5　高息委托贷款与会计信息可比性——缓解因素

变量	(1)	(2)
	$AccComp4_{i,t}$	$AccComp4_{i,t}$
$EntrustedLoans_{it}$	0.0005	0.0110***
	(0.22)	(4.34)
TE_{it}	0.0000	
	(0.04)	
$TE_{it} \times EntrustedLoans_{it}$	0.0063**	
	(2.08)	

续表

变量	(1)	(2)
	AccComp4$_{i,t}$	AccComp4$_{i,t}$
Protect$_{it}$		-0.0003***
		(-2.81)
Protect$_{it}$×EntrustedLoans$_{it}$		-0.0006***
		(-3.35)
Size$_{it}$	-0.0087***	-0.0083***
	(-6.61)	(-7.27)
Lev$_{it}$	0.0038	0.0059
	(0.87)	(1.50)
Cash$_{it}$	-0.0049	-0.0065
	(-0.71)	(-0.98)
MB$_{it}$	-0.0017***	-0.0019***
	(-2.81)	(-3.27)
ROA$_{it}$	0.0786***	0.0875***
	(3.14)	(3.50)
Eps$_{it}$	-0.0025	-0.0035**
	(-1.52)	(-2.17)
Newinvt$_{it}$	0.0137***	0.0085*
	(3.05)	(1.79)
Ndts$_{it}$	-0.1875***	-0.1654***
	(-3.87)	(-3.17)
行业固定效应	控制	控制
年度固定效应	控制	控制
常数项	0.1819***	0.1779***
	(6.03)	(6.49)
观测值	7885	7885
调整后的 R^2	0.253	0.303

注：表9-5的回归方程为：$AccComp_{it} = \delta_0 + \delta_1 EntrustedLoans_{it} + \delta_2 Char_{it} + \delta_3 EntrustedLoans_{it} \times Char_{it} + \delta_i ControlVariable_{it} + \varepsilon_{it}$。$AccComp4_{i,t}$ 是公司当年的会计信息可比性，值越大可比性越强；$EntrustedLoans_{it}$ 是公司当年放出的委托贷款利率是否超过同期基准利率的20%，是则取1，否则取0。$Char_{it}$ 是外部调节变量，具体包括：TE_{it} 是所在地区税收征集强度，若位于当年样本中位数之上，则认定该地区的税收征管强度较高，取1，否则取0；$Protect_{it}$ 是中国市场化指数中"市场中介组织的发育和法律制度环境"指数。其余控制变量与表9-3相同。回归中还控制了年度和行业固定效应。***、**、*分别表示在1%、5%、10%水平上显著，括号内数值表示对应系数的t统计量。回归采用了 Gow 等（2010）的方法，按公司和年度做了聚类。

表9-5中的回归（2）讨论了外部法律中介监督治理机制对于从事高息委托贷款和会计信息可比性水平之间的相关关系的约束作用。表中显示，$Protect_{it} \times EntrustedLoans_{it}$ 的系数为-0.0006，t 值等于-3.35。结果表明，公司处于"中介组织发育和法律"指数较高的地区会削弱从事高息委托贷款和会计信息可比性水平之间的相关关系。这意味着市场信息中介的监督作用越好，投资者保护程度越高，越能约束公司通过真实盈余管理提高会计信息可比性的作用，回归结果符合本章假设6的预期。

总体而言，公司从事高息委托贷款与公司当期的会计信息可比性水平正相关。同时公司终极控制人股权比例越高、产权带来的低违约风险以及外部征税强度越强都会提高公司从事高息委托贷款与公司当期的会计信息可比性水平之间的正相关关系。但是公司管理层的持股比例和外部投资者保护水平则会降低从事高息委托贷款与公司当期的会计信息可比性水平之间的正相关关系。

9.5　进一步分析

9.5.1　两组公司两类盈余管理的情况

如果说公司从事高息委托贷款是一种真实盈余管理活动，为的是替代应计盈余管理，从而带来公司较高的会计信息可比性，那么从事高息委托贷款的公司的真实盈余管理也应该有更高的水平，同时有着更低的应计盈余。下面我们将进一步考察两组公司可操控应计盈余管理和真实盈余管理水平。可操控应计盈余管理（Discretionary Accrual Earnings Management or DEM）的测度，本章按照 Dechow 等（1995）的建议，采用修正后的 Jones（1991）模型来估算。真实盈余管理（Real Earnings Management or REM）的衡量，我们借鉴 Roychowdhury（2006）的方法来估计。我们用这两个变量来衡量公司两类盈余管理的情况。

首先，表9-6汇报了相关变量的均值与 Wilcoxon 秩和检验比较。均值结果显示，未发放高息委托贷款组应计盈余管理总值的均值为1.4%，而发放组仅为-1.1%；未发放组真实盈余管理总额的均值为-5.3%，而发放组的均值为3.1%，这意味着相对于未发放组，发放组有着更高的真实盈余管理水平和更低的应计，Wilcoxon 秩和检验结果也较为类似。这个结果初步印证了我们的判断，不论从均值还是中值而言，从事高息委托贷款的公司都有着更高的真实盈余管理水平和更低的可操控应计盈余管理。

表 9-6　应计盈余管理与真实盈余管理总额均值与 Wilcoxon 秩和检验比较

变量名称	未发放组	均值	发放组	均值	均值差异显著性（t 值）
DEM	7801	0.014	84	-0.011	(1.780)*
REM	7801	-0.053	84	0.031	(-4.603)***
变量名称	未发放组	均值	发放组	中值	均值差异显著性（Chi2 值）
DEM	7801	0.012	84	-0.013	(3.894)**
REM	7801	-0.002	84	0.051	(6.937)***

注：***、**、* 分别表示在 1%、5%、10% 水平上显著，括号内数值表示对应系数的 t 或 Chi2 统计量。

其次，我们用回归的方式考察高息委托贷款与不同类型盈余管理水平的关系。结果如表 9-7 所示，回归（1）中，$EntrustedLoans_{it}$ 和 DEM_{it} 的回归系数为 -0.0180，在 10% 的水平上显著；回归（2）中，$EntrustedLoans_{it}$ 和 REM_{it} 的回归系数为 0.0666，在 1% 的水平上显著。这说明，在控制其他因素的情况下，发放高息委托贷款的公司具有更高的真实盈余管理水平和更低的应计盈余管理。

表 9-7　高息委托贷款与公司盈余管理水平

变量	(1)	(2)
	DAC_{it}	REM_{it}
$EntrustedLoans_{it}$	-0.0180*	0.0666***
	(-1.73)	(2.80)
$Size_{it}$	0.0088***	-0.0032
	(4.01)	(-0.44)
Lev_{it}	-0.0806***	0.0205
	(-7.80)	(0.33)
$Cash_{it}$	-0.1922***	-0.2783***
	(-5.44)	(-4.30)

续表

变量	(1) DAC$_{it}$	(2) REM$_{it}$
MB$_{it}$	-0.0022^{***}	-0.0166^{***}
	(-3.52)	(-3.43)
ROA$_{it}$	0.3667^{***}	-1.1610^{***}
	(8.17)	(-4.97)
Eps$_{it}$	0.0055	0.0171
	(0.77)	(0.63)
Newinvt$_{it}$	-0.1900^{***}	-0.0385
	(-7.46)	(-0.65)
Ndts$_{it}$	0.0259	-2.4786^{***}
	(0.19)	(-6.36)
行业固定效应	控制	控制
年度固定效应	控制	控制
常数项	-0.2061^{***}	-0.9140^{**}
	(-3.30)	(-2.28)
观测值	7885	7885
调整后的 R^2	0.092	0.116

注：表9-7的回归方程为 DAC$_{it}$（REM$_{it}$）$= \delta_0 + \delta_1$EntrustedLoans$_{it}$ + δ_iControlVariable$_{it}$ + ε_{it}。本章按照 Dechow 等（1995）的建议，采用修正后的 Jones（1991）模型来估算。REM$_{it}$ 的衡量，借鉴 Roychowdhury（2006）的方法来估计。EntrustedLoans$_{it}$ 是公司当年放出的委托贷款利率是否超过同期基准利率的 20%，是则取 1，否则取 0。其余控制变量与表 9-3 相同。回归中还控制了年度和行业固定效应。***、**、* 分别表示在 1%、5%、10% 水平上显著，括号内数值表示对应系数的 t 统计量。回归采用了 Gow 等（2010）的方法，按公司和年度做了聚类。

9.5.2　《内部控制基本规范》实施的影响

上文分析的过程中同时包含一个假设，即公司从事高息委托贷款与会计信息可比性水平之间的正相关关系是由于真实盈余管理更低的成本带来的，我们下面将针对这个假设进行检验。

Cohen 和 Zarowin（2010）发现，《萨班斯法案》通过以后，外部监管趋于严厉，公司更多地选择真实盈余管理替代应计盈余管理。我们借鉴类似的思路，采用《内部控制基本规范》颁布的 2008 年作为分界点。这样区分的原因在于，

2008年后中国开始进入内部控制规范体系制度建设的关键时期，建设成效逐渐显现（胥朝阳和刘睿智，2014）。表9-8显示，2008年前从事高息委托贷款变量 EntrustedLoans$_{it}$ 的系数并不显著，但是在2008后 EntrustedLoans$_{it}$ 的系数显著为正。以上结果说明，在《内部控制基本规范》实施后，公司更多地进行真实盈余管理，更少地进行应计盈余管理，因此表现出从事高息委托贷款与会计信息可比性正相关的现象。这个结果符合过去的研究，Ewert 和 Wagenhofer（2005）认为，在标准较严的监管环境中，公司会更多地选择真实盈余管理而非应计盈余管理。

表 9-8 《内部控制基本规范》实施的影响

变量	(1) AccComp4$_{i,t}$（规范实施前）	(2) AccComp4$_{i,t}$（规范实施后）
EntrustedLoans$_{it}$	0.0000 (0.00)	0.0033*** (2.88)
Size$_{it}$	-0.0131*** (-9.79)	-0.0072*** (-6.26)
Lev$_{it}$	-0.0011 (-0.21)	0.0056 (1.41)
Cash$_{it}$	0.0029 (0.32)	0.0015 (0.39)
MB$_{it}$	-0.0032** (-2.09)	-0.0008** (-2.20)
ROA$_{it}$	0.1104** (2.23)	0.0486*** (3.87)
Eps$_{it}$	0.0036 (0.72)	-0.0030** (-2.18)
Newinvt$_{it}$	0.0096 (1.33)	0.0177*** (4.60)
Ndts$_{it}$	-0.0131*** (-9.79)	-0.0072*** (-6.26)
行业固定效应	控制	控制
年度固定效应	控制	控制

续表

变量	（1）	（2）
	$AccComp4_{i,t}$（规范实施前）	$AccComp4_{i,t}$（规范实施后）
常数项	0. 2681***	0. 1452***
	(8. 07)	(5. 80)
观测值	2344	5541
调整后的 R^2	0. 243	0. 226

注：表 9-8 的回归方程为 $AccComp_{it} = \delta_0 + \delta_1 EntrustedLoans_{it} + \delta_i ControlVariable_{it} + \varepsilon_{it}$。采用《内部控制基本规范》颁布的 2008 年作为分界点，区分为 2008 年前后分别进行回归。$AccComp4_{i,t}$ 是公司当年的会计信息可比性，值越大可比性越强；$EntrustedLoans_{it}$ 是公司当年放出的委托贷款利率是否超过同期基准利率的 20%，是则取 1，否则取 0。其余控制变量与表 9-3 相同。回归中还控制了年度和行业固定效应。***、**、* 分别表示在 1%、5%、10% 水平上显著，括号内数值表示对应系数的 t 统计量。回归采用了 Gow 等（2010）的方法，按公司和年度做了聚类。

综上所述，上述结果表明，从事高息委托贷款的公司有着更低的可操控应计，但是有着更高的真实盈余管理活动，并且在更严格的内控标准下，表现为更强的从事高息委托贷款与会计信息可比性的正相关关系。结合表 9-3 的结果表明，发放高息委托贷款的公司更高的会计信息可比性，更多是源于高息委托贷款的真实盈余管理属性。

9.6　稳健性检验

9.6.1　放宽高息委托贷款的界定标准

前文以高于基准利率 20% 作为界定高息委托贷款的标准，或多或少太过于主观。为了保证结果的可靠，我们设定不同的高息委托贷款的门槛值进行稳健性检验。处理过程如表 9-9 所示，回归（1）中，因变量定义为是否存在委托贷款的二元哑变量；回归（2）到回归（4），因变量定义为委托贷款利率是高于基准利率的 30%、40%、50% 的二元哑变量，回归的过程中都按公司和年度做了聚类。表 9-9 结果显示，回归（1）到回归（3）中 $EntrustedLoans_{it}$ 都显著为负，说明当期参与高息委托贷款的公司的会计信息可比性更强。回归（4）系数并不显著，但是系数仍然为正，这里不显著的原因可能是高于基准利率50%的样本过少。上述结果表明，本书对高息委托贷款的界定基本稳健。

表9-9 放宽高息委托贷款的界定标准

变量	(1) 是否存在委托贷款	(2) 高于基准利率30%	(3) 高于基准利率40%	(4) 高于基准利率50%
EntrustedLoans$_{it}$	0.0042***	0.0025*	0.0030**	0.0012
	(3.29)	(1.73)	(2.26)	(0.50)
Size$_{it}$	−0.0087***	−0.0087***	−0.0087***	−0.0087***
	(−6.59)	(−6.55)	(−6.56)	(−6.55)
Lev$_{it}$	0.0039	0.0037	0.0037	0.0037
	(0.89)	(0.86)	(0.86)	(0.85)
Cash$_{it}$	−0.0048	−0.0048	−0.0048	−0.0047
	(−0.69)	(−0.69)	(−0.69)	(−0.69)
MB$_{it}$	−0.0017***	−0.0017***	−0.0017***	−0.0017***
	(−2.80)	(−2.80)	(−2.79)	(−2.80)
ROA$_{it}$	0.0784***	0.0784***	0.0784***	0.0784***
	(3.12)	(3.13)	(3.13)	(3.13)
Eps$_{it}$	−0.0025	−0.0025	−0.0025	−0.0025
	(−1.49)	(−1.51)	(−1.51)	(−1.51)
Newinvt$_{it}$	0.0138***	0.0137***	0.0137***	0.0137***
	(3.04)	(3.05)	(3.05)	(3.04)
Ndts$_{it}$	−0.1864***	−0.1877***	−0.1877***	−0.1881***
	(−3.84)	(−3.87)	(−3.87)	(−3.89)
行业固定效应	控制	控制	控制	控制
年度固定效应	控制	控制	控制	控制
常数项	0.1824***	0.1655***	0.1655***	0.1654***
	(6.06)	(5.42)	(5.42)	(5.41)
观测值	7885	7885	7885	7885
调整后的 R^2	0.253	0.253	0.253	0.253

注：表9-9的回归方程为 AccComp$_{it}$ = δ$_0$ + δ$_1$EntrustedLoans$_{it}$ + δ$_i$ControlVariable$_{it}$ + ε$_{it}$。AccComp4$_{i,t}$是公司当年的会计信息可比性，值越大可比性越强；EntrustedLoans$_{it}$在回归（1）中定义为是否存在委托贷款的二元哑变量，回归（2）到回归（4）定义为委托贷款利率是高于基准利率的30%、40%、50%的二元哑变量。其余控制变量与表9-3相同。回归中还控制了年度和行业固定效应。***、**、*分别表示在1%、5%、10%水平上显著，括号内数值表示对应系数的t统计量。回归采用了Gow等（2010）的方法，按公司和年度做了聚类。

9.6.2　更多的会计信息可比性测度

进一步地，我们借鉴 De Franco 等（2011）的方法，选取每一年公司 i 与同行业内其他公司的会计信息可比性水平最大的前 6 个公司的均值（AccComp6$_{i,t}$）、当年分行业的中值（AccCompMedian$_{i,t}$）和分行业均值（AccCompMean$_{i,t}$）作为公司 i 的会计信息可比性测度值，重新对模型（1）进行回归，结果如表 9-10 所示。表中结果显示，不论是取最大的前 6 个公司的均值、当年分行业的中值或者是分行业均值作为公司 i 的会计信息可比性测度值，EntrustedLoans$_{it}$ 的系数都显著为正。以上结果表明会计信息可比性的衡量方式并不影响结果的稳健。

表 9-10　更多的会计信息可比性测度

变量	（1） AccComp6$_{i,t}$	（2） AccCompMedian$_{i,t}$	（3） AccCompMean$_{i,t}$
EntrustedLoans$_{it}$	0.0034 **	0.0049 **	0.0052 **
	(2.24)	(2.51)	(2.46)
Size$_{it}$	−0.0094 ***	−0.0123 ***	−0.0108 ***
	(−6.59)	(−6.72)	(−6.55)
Lev$_{it}$	0.0038	0.0080	0.0001
	(0.81)	(1.51)	(0.01)
Cash$_{it}$	−0.0058	−0.0085	−0.0082
	(−0.78)	(−0.91)	(−0.89)
MB$_{it}$	−0.0018 ***	−0.0023 ***	−0.0019 ***
	(−2.76)	(−2.79)	(−2.87)
ROA$_{it}$	0.0841 ***	0.1289 ***	0.1128 ***
	(3.21)	(3.89)	(4.24)
Eps$_{it}$	−0.0028	−0.0067 ***	−0.0059 ***
	(−1.55)	(−2.98)	(−2.91)
Newinvt$_{it}$	0.0148 ***	0.0153 **	0.0094
	(3.08)	(2.35)	(1.33)
Ndts$_{it}$	−0.2046 ***	−0.2638 ***	−0.2844 ***
	(−3.88)	(−3.95)	(−3.99)
行业固定效应	控制	控制	控制

续表

变量	(1)	(2)	(3)
	AccComp6$_{i,t}$	AccCompMedian$_{i,t}$	AccCompMean$_{i,t}$
年度固定效应	控制	控制	控制
常数项	0.1998 ***	0.2423 ***	0.2153 ***
	(6.09)	(5.70)	(5.62)
观测值	7885	7885	7885
调整后的 R^2	0.267	0.349	0.519

注：表 9-10 的回归方程为 AccComp$_{it}$ = δ_0 + δ_1EntrustedLoans$_{it}$ + δ_iControlVariable$_{it}$ + ε_{it}。因变量是公司当年的会计信息可比性，借鉴 DeFranco 等（2011）的方法，选取每一年公司 i 与同行业内其他公司的会计信息可比性水平最大的前 6 个公司的均值（AccComp6$_{i,t}$）、当年分行业的中值（AccCompMedian$_{i,t}$）和分行业均值（AccCompMean$_{i,t}$）作为公司 i 的会计信息可比性测度值。EntrustedLoans$_{it}$ 是公司当年放出的委托贷款利率是否超过同期基准利率的 20%，是则取 1，否则取 0。其余控制变量与表 9-3 相同。回归中还控制了年度和行业固定效应。*** 、** 、* 分别表示在 1%、5%、10% 水平上显著，括号内数值表示对应系数的 t 统计量。回归采用了 Gow 等（2010）的方法，按公司和年度做了聚类。

9.6.3 自选择和内生性问题

前文存在一定的内生性问题，可能有公司本身会计信息具有较高的可比性水平，因此对应计盈余管理行为产生了抑制作用，最终不得不转向真实盈余管理以维持较高的会计信息可比性。为了解决上述回归存在的自选择问题，我们尝试采用 Heckman 模型来排除。高息委托贷款通常是较短期的贷款，所依据的往往是对短期利率的判断，而会计信息的可比性并不受短期利率影响。所以以 Heckman 模型中第一阶段选取工具变量的思路应当遵循选取影响短期利率的变量。郭涛和宋德勇（2008）认为，当货币政策扩张时，短期内市场流动性高，短期利率受到显著影响，货币政策会通过影响短期利率直接影响公司发放高息委托贷款的意愿，因此在工具变量的选择方面，我们参考饶品贵和姜国华（2013）的定义方法，采取年均日上海银行间同业拆放利率（Shibor）作为工具变量。Shibor 的利率在 2007 年基本维持在 2.5% 左右，这个趋势在 2008 年保持延续，但是 2008 年 10 月 Shibor 的利率急剧下降到 1% 左右，低位的趋势延续到 2010 年 6 月，2010 年 11 月 Shibor 的利率急剧上升到 8%，后续几年延续了在 2%~4% 震荡的态势。因此我们按照上述的走势将 2008~2009 年定义为货币宽松的年度（MP$_{it}$），并以此作为第一阶段的工具变量。

在实证分析的第一阶段里，我们在原有的变量基础上将 MP_{it} 作为工具变量纳入模型中，表 9-11 中回归（1）显示，MP_{it} 和 $EntrustedLoans_{it}$ 之间显著正相关，说明公司确实更愿意在货币政策扩张的年度发放高息委托贷款。在第一阶段回归之后，我们求出逆米尔斯值（Inverse Mills Ratio，IMR），再将其加入表 9-3 的回归中，以控制自选择问题。结果如表 9-11 中回归（2）所示，两阶段模型的结果中，本章的主要结果没有发生改变。

表 9-11　采用 Heckman 两阶段控制内生性后的结果

变量	（1）	（2）
	$EntrustedLoans_{it}$	$AccComp4_{i,t}$
$EntrustedLoans_{it}$		0.0027*
		(1.88)
MP_{it}	0.2984***	
	(3.19)	
$Size_{it}$	0.0914*	−0.0038
	(1.82)	(−0.76)
Lev_{it}	−0.3761	−0.0164
	(−1.19)	(−0.75)
$Cash_{it}$	1.2963***	0.0646
	(3.12)	(0.86)
MB_{it}	−0.1129***	−0.0079
	(−3.25)	(−1.12)
ROA_{it}	0.2866	0.0944**
	(0.18)	(2.56)
Eps_{it}	−0.2824	−0.0177
	(−1.40)	(−1.04)
$Newinvt_{it}$	−0.9217	−0.0359
	(−1.29)	(−0.65)
$Ndts_{it}$	−9.9367***	−0.7241
	(−2.67)	(−1.18)
IMR		0.0591
		(0.90)

续表

变量	(1)	(2)
	$EntrustedLoans_{it}$	$AccComp4_{i,t}$
行业固定效应	控制	控制
年度固定效应	未控制	控制
常数项	−4.4375***	−0.0887
	(−4.09)	(−0.31)
观测值	7885	7885
调整后的 R^2	0.0934	0.253

注：表9-11 描述了控制内生后的回归，表中第一阶段的被解释变量为 $EntrsutedLoans_t$，工具变量为货币政策，本章将 2008~2009 年定义为货币宽松的年度。第二阶段的创新活动的被解释变量为 $AccComp4_{i,t}$，是公司当年的会计信息可比性，值越大可比性越强；解释变量为 $EntrustedLoans_t$，表示企业在 t 年放出的委托贷款利率是否超过同期基准利率的20%，是则取 1，否则取 0。其余控制变量与表 9-3 相同。回归中还控制了年度和行业固定效应。***、**、* 分别表示在1%、5%、10%水平上显著，括号内数值表示对应系数的 t 统计量。回归采用了 Gow 等（2010）的方法，按公司和年度做了聚类。

我们进一步采用了 Rosenbaum 和 Rubin（1983）的倾向评分比配比法（PSM）解决内生性问题。首先，我们按照表9-11 中第一阶段的模型估计公司选择从事高息委托贷款的倾向评分（Propensity Score）；其次，为每一个有高息委托贷款的公司寻找倾向评分最接近的公司作为参照样本；最后，我们得出了 168 个样本。在此基础上，我们重新对模型进行回归，结果如表9-12 所示。可以发现，回归系数的正负符号基本和表9-11 中回归（2）的结果一致，以上结果表明，自选择和内生性并不改变结果。

表 9-12　采用 PSM 配对后的结果

变量	$AccComp4_{i,t}$
$EntrustedLoans_{it}$	0.0065***
	(2.59)
$Size_{it}$	−0.0051
	(−1.64)
Lev_{it}	0.0059
	(0.35)
$Cash_{it}$	0.0002
	(0.02)

续表

变量	$AccComp4_{i,t}$
MB_{it}	-0.0003
	(-0.31)
ROA_{it}	0.0134
	(0.31)
Eps_{it}	-0.0020
	(-0.53)
$Newinvt_{it}$	-0.0266
	(-1.53)
$Ndts_{it}$	-0.2143*
	(-1.90)
行业固定效应	控制
年度固定效应	控制
常数项	0.0900
	(1.44)
观测值	168
调整后的 R^2	0.308

注：表9-12的回归方程为 $AccComp_{it} = \delta_0 + \delta_1 EntrustedLoans_{it} + \delta_i ControlVariable_{it} + \varepsilon_{it}$。模型中的因变量为 $AccComp4_{i,t}$，是公司当年的会计信息可比性，值越大可比性越强；自变量为 $EntrustedLoans_{it}$，是公司当年放出的委托贷款利率是否超过同期基准利率的20%，是则取1，否则取0。其余控制变量与表9-3相同。回归中还控制了年度和行业固定效应。***、**、* 分别表示在1%、5%、10%水平上显著，括号内数值表示对应系数的 t 统计量。回归采用了 Gow 等（2010）的方法，按公司和年度做了聚类。

9.7　本章主要结论

会计信息可比性高代表可方便投资者对财务信息进行比较，从而提高资本市场资源配置效率。但是由于真实盈余管理具有隐蔽性，并没有降低会计信息可比性水平，导致管理层在盈余管理方式的选择上容易倾向于真实盈余管理。因此，寻找合适的机制和渠道控制公司真实盈余管理动机，才能更好地发挥可比性的作用。近年来上市公司委托贷款数额和家数都逐年上升，虽然短期内可以给公司带来极高的收益，但其更多的是基于管理者短视和机会主义而产生的，并且会减少公司创新活动，导致主业空心化，损害公司的长期价值，是一种真实盈余管理活动，其对于会计信息可比性水平的影响值得关注。

本章以 2005~2013 年的上市公司作为研究主体，从高息委托贷款的真实盈余管理属性出发，分析了上市公司是否从事高息委托贷款与会计信息可比性水平的相关关系。结果表明，上市公司从事高息委托贷款的同时有着更高的会计信息可比性水平。一股独大、产权带来的低违约风险和外部更强的征税强度都会加强二者之间的相关关系，而管理层持股比例越高、外部公司治理环境越好，就越能约束从事高息委托贷款和会计信息可比性水平之间的正相关关系。进一步分析表明，从事高息委托贷款的公司有着更高的真实盈余管理水平和更低的可操控应计，并且在真实盈余管理机会成本更低的环境下才表现为从事高息委托贷款与会计信息可比性水平的正相关关系，说明从事高息委托贷款公司更高的会计信息可比性水平可能与高息委托贷款的真实盈余管理隐蔽性有关。并且这种权衡替代后，会带来表面上会计信息可比性水平的提高，会误导投资者对于会计信息有用性的理解。

本章针对从事高息委托贷款公司，研究了从事高息委托贷款对会计信息可比性水平的影响，为市场的会计信息使用者更好地理解从事高息委托贷款业务公司的会计信息提供了参考。同时，本章的结果对于监管层更好地理解上市公司高息委托贷款的经济后果及其监管行为也有所帮助。

第10章 本书的主要发现、贡献与相关思考

10.1 本书的主要发现

从前文的论述中，我们得出了如下七大发现：

（1）相对于高风险企业，低风险企业对外委托贷款的规模更大、期限更长、利率更低。从贷款方的政治层级来看，地方国有企业是对外发放委托贷款的主力。这种规模、期限和利率的差异带来了市场对于委托贷款公告的认知差异。从市场认同度的角度来看，投资者更偏向于认同高风险企业对外发放委托贷款，对低风险企业对外发放委托贷款的行为有着更为负面的市场反应。从某种程度上而言，市场认为，规模大、低息且长期对外高额委托贷款更像是特定目的的非市场化资源调配，而不是纯粹的市场行为，所以其发放行为并非是从企业价值最大化的角度考虑的，更多可能是从自身所处的资源优势地位出发，对自身资源所做的非市场化安排。

（2）现金持有的投机动机是上市公司参与高息委托贷款的主要动机。我们发现，企业现金持有与上市公司高息委托贷款之间的正相关关系符合现金持有投机动机的预期。同时从公司治理结构和外部特征出发讨论了相应的影响因素。本书发现，企业独立董事积极作为和机构投资者持股比例提高能显著降低企业现金持有的投机动机。外部因素方面，货币政策宽松和产品市场资产报酬率更低的时

候，上市公司现金持有水平和是否从事高息委托贷款之间的正关系更强，而企业更多的经营目标会降低这种相关关系。进一步分析表明，企业现金持有的投机动机与当期发放高息委托贷款的笔数正相关；现金持有的投机动机越高，也越倾向于放款给非关联方，但是和贷款期限负相关，从事高息委托贷款也会挤出企业正常投资。

（3）考虑高息委托贷款与企业现金持有水平之间的反向因果关系，我们还采用两阶段结构模型（2SLS）的估计方法进一步分析企业现金持有与上市公司高息委托贷款之间的关系。我们发现，企业持有现金越多，发放的高息委托贷款就越多，而高息委托贷款的增加会减少企业的现金持有水平。这一发现支持了我们的假设，即公司持有现金是出于投机目的。同时我们还发现，高息委托贷款对企业长期绩效没有显著的正向影响。这一结果支持了我们的主张，高息委托贷款主要是为了短期利润。在研究高息委托贷款的决定因素时，我们发现在宽松的货币政策时期，企业会产生更多的高息委托贷款。出人意料的是，我们发现 CEO 年龄与高息委托贷款之间存在正相关关系。具有更好的成长机会和更高的机构持股比例的公司会较少地发放高息委托贷款。

（4）高息委托贷款的主要动机是基于现金持有的投机动机，但是不可否认其动机的多重性和复杂性，企业是否从事高息委托贷款是企业内、外部因素综合作用的结果。委托贷款可以提高企业集团内部资源配置的效率，为企业提供获取利润的机会。与子公司或关联方的贷款利率通常较低不同，非子公司或关联方的高息委托贷款以利润为导向、信息不对称水平高、贷款违约风险大。我们从企业风险承担的角度进一步总结了高息委托贷款的决定因素。我们的研究结果表明，在货币政策宽松、现金充裕但核心业务缺乏增长机会的时期，企业更有可能提供高息委托贷款。这些结果支持了我们的观点，即高息委托贷款主要是为了短期利润。然而，短期利润并不是高息委托贷款的唯一推动力。与高层梯队理论强调高管特征对风险接受能力和风险承担行为的影响的预期相一致，CEO 的个人特质，特别是他们的教育水平和金融背景会影响是否提供高息委托贷款的决定。由受过大学教育的 CEO（有金融背景的 CEO）经营的公司提供高息委托贷款的可能性更小（更大）。此外，符合金融创新理论预期，高息委托贷款在一定程度上是市场不完善的结果。市场化指数和政府信贷资源配置政策的影响表明，高息委托贷款能够缩小地区差异，帮助企业规避非市场化的信贷资源配置政策。

（5）高息委托贷款项目的高收益率无疑加强了企业从事这项业务的动机，而创新活动的风险性高、投资周期长和投资规模大等特点，也提高了企业管理者出现短视行为的可能，出现占用企业的现金、牺牲企业创新活动以博取委托贷款的高收益的现象。我们发现，从管理层短视的角度来看，上市公司从事高息委托贷款降低了企业的创新活动，同时这也意味着未来更低的经常性损益资产报酬率和更高的非经常性损益资产报酬率。此外，未发放高息委托贷款的企业和发放高息委托贷款企业的前一年、当年以及下一年的销售利润率和营业利润率都没有显著差异。两者之间主营业务和非经常损益的差别也未在发放高息委托贷款的上一年显现出来。说明企业介入高息委托贷款业务并非由于公司业务已经不善，而更多可能是源于管理层的短视。

（6）高息委托贷款具有业务持续性差、可能牺牲企业自身持续经营能力、项目本身具有极大的风险等特征，存在降低企业会计信息质量的可能。我们从会计信息的持续性和价值相关性两个角度进行，研究了高息委托贷款企业从事相关业务之后的财报后果，我们发现：①高息委托贷款存续期间的企业有着较低的盈余持续性，较低盈余持续性是营业利润持续性较低造成的；②从事高息委托贷款的企业，营业利润的价值相关性较低，营业外利润并没有更高的价值相关性，说明对于投资者而言，高息委托贷款的收益并未带来实质上对企业股价看法的改变。

（7）从会计信息使用者的角度来看，从事高息委托贷款可以理解成一种真实盈余管理行为，并且这种真实盈余管理行为的出现是公司权衡应计和真实盈余管理这两种盈余管理方法的成本后的结果。这种权衡替代后，会带来表面上会计信息可比性水平的提高，存在误导投资者对于会计信息有用性的理解的可能。我们发现，这种误导在企业一股独大、产权带来的低违约风险和外部更强的征税强度情形下都会加强，而管理层持股比例越高、外部公司治理环境越好，就越能约束这种误导关系。

10.2　本书的主要贡献

本书的理论贡献体现在以下两个方面：

（1）补充了对影子银行参与主体的讨论。过去研究中对于影子银行问题的讨论，主要从宏观金融系统和制度的角度讨论影子银行的成因、作用、影响和经济后果，对于参与影子银行的主体的讨论，局限于银行体系和借款方。对于影子银行中资金的提供者，比如委托贷款的借出方进行讨论的文献不多。本书从委托贷款资金借出方的角度出发，丰富了影子银行参与主体的讨论，补充了对影子银行系统的研究。

（2）全面了解从事高息委托贷款的行为动机、驱动因素和经济后果。在影子银行体系高速发展的背景下，目前仍缺乏影子银行体系发展的相关微观机制研究。本书以发放高息委托贷款为切入点，将发放委托贷款的上市公司作为影子银行业务参与方，从从事高息委托贷款的行为动机和内外部驱动因素出发，结合介入后的经济后果和对企业价值的影响，分析了从事高息委托贷款对发放主体的影响，全面梳理了以上市公司为代表的微观主体作为影子银行业务的资金提供方的行为动机以及相应的行为后果，是对企业从事高息委托贷款相关研究在理论上的深化和外延上的拓展。

（3）丰富和拓展了转型经济体中金融体系变革对于企业影响的理论。高息委托贷款方兴起于非正式金融市场的繁荣发展时期，是金融体系发展和金融创新的重要形式，关于其对企业影响的讨论以正面观点居多。例如黄益平等（2012）就认为，以委托贷款为代表的影子银行作为一种"自下而上"的利率市场化的形式，会提高资本配置效率。Schumpeter（1934）也认为，一国的金融市场发展程度对于公司的创新和经营有至关重要的作用。但是在中国，在以间接融资为主要融资方式的金融体系背景下，现有的银行信贷配给和信贷歧视行为会误导信贷资源的配置。容易取得资金的企业（例如上市公司、大公司）依托其融资成本低、融资数额大的优势，从事高息委托贷款，做资金的投机，可能降低信贷的配置效率，拉高实体经济利率，影响经济体的健康发展，并且造成自身创新活动减少、经营效率低下、"主业空心化"等经济后果。因此本项目对于上市公司从事高息委托贷款经济后果的讨论，丰富和拓展了转型经济体中金融体系变革对于企业影响的理论。

本书的现实贡献体现在以下两个方面：

（1）对于推进利率市场化有重要启示。党的十八大报告提出，要进一步深化金融体制改革，健全促进宏观经济稳定、支持实体经济发展的现代金融体系。其中，深化金融体制改革最重要的一环就是利率市场化。上市公司坐拥其上市地位和声誉光环，本身就具有极大的融资优势。利率市场化后，这类公司或有更多的筹码来获取条件优惠的贷款，而银行也将加大中小企业融资成本以平衡收益，这都将加剧企业贷款利率的两极分化。更有可能出现大企业将融得资金挪作他用、当"资金投机客"现象出现。本项目通过针对高息委托贷款动机的研究，分析其背后的行为动机和驱动因素，为这类问题的监管提供了理论支持与决策依据。

（2）对于规范高息委托贷款行为和优化资本市场资源配置提供重要借鉴。高息委托贷款涉及上市公司对于自身现金资源的使用。上市公司资金的使用效率关系到资本市场资源配置效率。上市公司的融资便利能使其较为容易地获取资金，但是拥有现金的上市公司若同时存在资金的投机动机，短视的管理层有极大的可能从事高息委托贷款，博取高息回报。这种暴利行为背后的贷款能否如期收回的显性风险以及企业可能偏离主业，造成创新活动降低、抑制企业正常投资乃至"主业空心化"的隐性风险值得我们注意。本节帮助相关的监管部门更好地理解高息委托贷款对于借出方的风险和对借出方企业价值的影响，并为监管上市公司的资金使用提供了重要决策依据。

10.3　结论和建议

委托贷款涉及上市公司对于自身现金资源的使用，即上市公司资金使用效率的问题，而上市公司资金的使用效率也关系到资本市场资源配置效率的问题。上市公司的融资便利能使其较为容易地获取资金，但是拥有现金的上市公司若拥有套利的动机，存在短视的管理层就可能将持有的现金用于高息委托贷款等可以提升短期业绩却牺牲企业长期发展的活动中。因此本书的研究为证监会更好地监管上市公司的资金使用提供了理论支持与依据。

在利率市场化的浪潮下，本书也有重要的政策意义。在利率市场化下，上市公司坐拥上市地位和声誉光环。银行取消贷款利率的下限后，这类公司或有更多筹码来获取优惠贷款，而银行也将加大、中、小企业融资成本以平衡收益。这都将加剧企业贷款利率的两极分化。更有可能出现大企业将融得资金挪作他用的现象出现，本书的研究也为这类问题的监管提供了理论支持。但是我们也要充分认识到从事高息委托贷款动机的多重性和复杂性，这本质上也是金融创新的一种。因此在对其的监管方面，采取一种扬弃的思想也是至关重要的。

参考文献

英文参考文献

[1] Acharya V. , Davydenko S. A. , Strebulaev I. A. "Cash holdings and credit risk", *Review of Financial Studies*, Vol. 25, 2012, pp. 3572-3609.

[2] Allen F. , Qian J. , Qian M. "Law, finance, and economic growth in China", *Journal of Financial Economics*, Vol. 77, 2005, pp. 57-116.

[3] Allen F. , Qian M. , Xie J. "Understanding informal financing", *Journal of Financial Intermediation*, Vol. 39, 2019, pp. 19-33.

[4] Allen F. , Qian Y. , Tu G. , Yu F. "Entrusted loans: A close look at China's shadow banking system", *Journal of Financial Economics*, Vol, 133, No. 1, 2019, pp. 18-41.

[5] Al-Najjar B. "The financial determinants of corporate cash holdings: Evidence from some emerging markets", *International Business Review*, Vol. 22, 2013, pp. 77-88.

[6] Asker J. , Farre-Mensa J. , Ljungqvist A. "Comparing the investment behavior of public and private firms", *National Bureau of Economic Research*, No. 17394, 2011.

[7] Atkinson A. B. , Stiglitz J. E. *Lectures in public economics*, New York and London: McGraw-Hill Publishing Company, 1980.

[8] Ayyagari M. , Demirgüç-Kunt A. , Maksimovic V. "Formal versus informal finance: Evidence from China", *Review of Financial Studies*, Vol. 23, No. 8, 2010,

pp. 3048-3097.

[9] Bai C. , Lu J. , Tao Z. "Multitask theory of state enterprise reform: Empirical evidence from China", *The American Economic Review*, Vol. 96, No. 2, 2006, pp. 353-357.

[10] Balkin D. B. , Markman G. D. , Gomez-Mejia L. R. "Is CEO pay in high-technology firms related to innovation?", *Academy of Management Journal*, Vo. 43, No. 6, 2000, pp. 1118-1129.

[11] Ball R. , Robin A. , Wu, J. S. "Incentives versus standards: Properties of accounting income in four East Asian countries", *Journal of Accounting and Economics*, Vol. 36, No. 1, 2003, pp. 235-270.

[12] Ball R. , Shivakumar L. "Earnings quality in UK private firms: Comparative loss recognition timeliness", *Journal of Accounting and Economics*, Vol. 39, No. 1, 2005, pp. 83-128.

[13] Ball R. , Kothari S. P. , Robin A. "The effect of institutional factors on properties of accounting earnings: International evidence", *Journal of Accounting and Economics*, Vol. 29, 2000, pp. 1-52.

[14] Bantel K. A. , Jackson S. E. "Top management and innovations in banking: Does the composition of the top team make a difference?" *Strategic Management Journal*, Vol. 19, 1989, pp. 107-124.

[15] Barker V. , Mueller G. "CEO characteristics and firm R&D spending", *Management Sciences*, Vol. 48, 2002, pp. 782-801.

[16] Barth M. E. , Landsman W. R. , Lang M. , Christopherm W. "Are IFRS-based and US GAAP-based accounting amounts comparable?", *Journal of Accounting and Economics*, Vol. 54, No. 1, 2012, pp. 68-93.

[17] Barth M. E. , Clinch G. "Revalued financial, tangible, and intangible assets: Evidence from U. K. , Australian, and Canadian firms", *Journal of Accounting Research*, Vol. 36, 1998, pp. 199-233.

[18] Baskin J. "Corporate liquidity in games of monopoly power", *The Review of Economics and Statistics*, Vol. 69, No. 2, 1987, pp. 312-319.

[19] Basu S. "The conservatism principle and the asymmetric timeliness of earn-

ings", *Journal of Accounting and Economics*, Vol. 24, No. 3, 1997, pp. 3-37.

[20] Baysinger B. , Hoskisson R. E. "The composition of board of directors and strategic control: Effects on corporate strategy", *Academy of Management Review*, Vol. 15, 1990, pp. 72-87.

[21] Benner M. J. "Securities analysts and incumbent response to radical technological change: Evidence from digital photography and internet telephony", *Organization Science*, Vol. 21, No. 1, 2010, pp. 42-62.

[22] Benner M. J. , Ranganathan R. "Offsetting illegitimacy? How pressures from securities analysts influence incumbents in the face of new technologies", *Academy of Management Journal*, Vol. 55, No. 1, 2012, pp. 213-233.

[23] Berger P. , Ofek E. , Swary I. "Investor valuation and abandonment option", *Journal of Financial Economics*, Vol. 42, 1996, pp. 257-287.

[24] Bernile G. , Bhagwat V. , Rau P. R. "What doesn't kill you will only make you more risk-loving: Early-life disasters and CEO behavior", *Journal of Finance*, Vol. 72, 2017, pp. 167-206.

[25] Bessembinder H. , Zhang F. "Firm characteristics and long-run stock returns after corporate Events", *Journal of Financial Economics*, Vol. 109, 2013, pp. 83-102.

[26] Bhagat S. , Welch I. "Corporate research and development investments international comparisons", *Journal of Accounting and Economics*, Vol. 19, No. 2, 1995, pp. 443-470.

[27] Bozzolan S. , Fabrizi M. , Mallin C. A. , Michelon G. "Corporate social responsibility and earnings quality: International evidence", *International Journal of Accounting*, Vol. 50, No. 4, 2015, pp. 361-396.

[28] Brandt L. , Li H. "Bank discrimination in transition economies: Ideology, information, or incentives?", *Journal of Comparative Economics*, Vol. 31, No. 3, 2003, pp. 387-413.

[29] Brochet F. , Jagolinzer A. D. , Riedl E. J. "Mandatory IFRS adoption and financial statement comparability", *Contemporary Accounting Research*, Vol. 30, No. 4, 2012, pp. 1373-1400.

［30］ Bushee, Brian J. "The influence of institutional investors on myopic R&D investment behavior", *The Accounting Review*, Vol. 73, 1998, pp. 305–333.

［31］ Cao Y., Y. Qian, Weingast B. "From federalism, Chinese style, to privatization, Chinese style", *Economics of Transition*, No. 7, 1999, pp. 3–31.

［32］ Chen C. J., Chen S., Su X. "Is accounting information value–relevant in the emerging Chinese stock market?", *Journal of International Accounting, Auditing and Taxation*, Vol. 10, No. 1, 2001, pp. 1–22.

［33］ Chen H., Chen J. Z., Lobo G. J., Wang Y. "Effects of audit quality on earnings management and cost of equity capital: Evidence from China", *Contemporary Accounting Research*, Vol. 28, 2011, pp. 892–925.

［34］ Chen K. C., Yuan H. "Earnings management and capital resource allocation: Evidence from China's accounting–based regulation of rights issues", *The Accounting Review*, Vol. 79, No. 3, 2004, pp. 645–665.

［35］ Chen Q., Chen X., Schipper K., Xu Y., Xue J. "The sensitivity of corporate cash holdings to corporate governance", *The Review of Financial Studies*, Vol. 25, 2012, pp. 3610–3644.

［36］ Chen S., Sun S. Y., Wu D. "Client Importance, institutional improvements, and audit quality in China: An office and individual auditor level analysis", *The Accounting Review*, Vol. 85, 2010, pp. 127–158.

［37］ Chen X., Harford J., Li K. "Monitoring: Which institutions matter?", *Journal of Financial Economics*, Vol. 86, No. 2, 2007, pp. 279–305.

［38］ Chung K. H., Kim J. C., Kim Y. S., Zhang H. "Information asymmetry and corporate cash holdings", *Journal of Business Finance & Accounting*, Vol. 42, 2015, pp. 1341–1377.

［39］ Coffee J. C. "Shareholders versus managers: The strain in the corporate web", *Michigan Law Review*, Vol. 85, No. 1, 1986, pp. 1–109.

［40］ Cohen A., Dey A., Lys T. Z. "Real and accrual– based earnings management in the pre–and post–Sarbanes– Oxley periods", *The Accounting Review*, Vol. 83, No. 3, 2008, pp. 757–787.

［41］ Cohen D., Zarowin P. "Accrual–based and real earnings management activities around seasoned equity offerings", *Journal of Accounting and Economics*, Vol. 50, No. 1, 2010, pp. 2-19.

[42] Cohen W. M., Levinthal D. A. "Innovation and learning: The two faces of R&D", *The Economic Journal*, Vol. 99, No. 397, 1989, pp. 569-596.

[43] Coles J. L., Daniel N. D., Naveen L. "Managerial incentives and risk-taking", *Journal of Financial Economics*, Vol. 79, No. 2, 2006, pp. 431-468.

[44] Cornaggia J., Mao Y., Tian X., Wolfe B. "Does banking competition affect innovation?", *Journal of Financial Economics*, Vol. 115, No. 1, 2015, pp. 189-209.

[45] Custódio C., Metzger D. "Financial expert CEOs: CEO's work experience and firm's financial policies", *Journal of Financial Economics*, Vol. 114, 2014, pp. 125-154.

[46] Cyert R. M., March J. G. "A behavioral theory of the firm", *American Economic Review*, Vol. 54, No. 2, 1969, pp. 144-148.

[47] David P., O'Brien J. P., Yoshikawa T. "The implications of debt heterogeneity for R&D investment and firm performance", *Academy of Management Journal*, Vol. 51, No. 1, 2008, pp. 165-181.

[48] Davila A., Foster G., Oyon D. "Accounting and control, entrepreneurship and innovation: Venturing into new research opportunities", *European Accounting Review*, Vol. 18, No. 2, 2009, pp. 281-311.

[49] De Franco G., Kothari S. P., Verdi R. S. "The benefits of financial statement comparability", *Journal of Accounting Research*, Vol. 49, No. 4, 2011, pp. 895-931.

[50] Dechow P. M., Dichev I. D. "The quality of accruals and earnings: The role of accrual estimation errors", *The Accounting Review*, Vol. 77, No. s-1, 2002, pp. 35-59.

[51] Dechow P., Ge W., Schrand C. "Understanding earnings quality: A review of the proxies, their determinants and their consequences", *Journal of Accounting and Economics*, Vol. 50, No. 2, 2010, pp. 344-401.

[52] Dechow P. M., Sloan R. G., Sweeney A. P. "Detecting earnings manage-

ment", *The Accounting Review*, Vol. 70, No. 2, 1995, pp. 193-225.

[53] Dichev I. D., Tang V. W. "Earnings volatility and earnings predictability", *Journal of Accounting and Economics*, Vol. 47, No. 1, 2009, pp. 160-181.

[54] Dittmar A., Marhrt-Smith J. "Corporate governance and the value of cash holdings", *Journal of Financial Economics*, Vol. 83, 2007, pp. 599-634.

[55] Drobetz W., Grüninger M. C. "Corporate cash holdings: Evidence from Switzerland", *Financial Markets and Portfolio Management*, Vol. 21, 2003, pp. 293-324.

[56] Dyck A., Zingales L. "Private benefit of corporate control: An international comparison", *Journal of Finance*, Vol. 59, No. 2, 2003, pp. 537-600.

[57] Ethan K. "Bias in conditional and unconditional fixed effects logit estimation", *Political Analysis*, Vol. 9, No. 4, 2001, pp. 379-384.

[58] Ewert R., Wagenhofer A. "Economic effects of tightening accounting standards to restrict earnings management", *The Accounting Review*, Vol. 80, 2005, pp. 1101-1124.

[59] Faccio M., Marchica M. T., Mura R. "CEO gender, corporate risk-taking, and the efficiency of capital allocation", *Journal of Corporate Finance*, Vol. 39, 2016, pp. 193-209.

[60] Fairfield P. M., Whisenant J. S., Yohn T. L. "Accrued earnings and growth: Implications for future profitability and market mispricing", *The Accounting Review*, Vol. 78, No. 1, 2003, pp. 353-371.

[61] Fama E. F., Jensen M. C. "Agency problems and residual claims", *Journal of Law and Economics*, Vol. 26, 1983, pp. 327-350.

[62] Fan G., Wang X., Zhang L. "Marketization index for China's provinces", *Economic Research Journal*, No. 5, 2000, pp. 3-8.

[63] Fan J. P. H., Wong T. J. "Corporate ownership structure and the informativeness of accounting earnings in East Asia", *Journal of Accounting and Economics*, Vol. 33, 2002, pp. 401-425.

[64] Fang V. W., Tian X., Tice S. "Does stock liquidity enhance or impede firm innovation?", *Journal of Finance*, Vol. 69, 2014, pp. 2085-2125.

［65］ Farag H. , Mallin C. "The Influence of CEO demographic characteristics on corporate risk－taking: Evidence from Chinese IPOs", *The European Journal of Finance*, Vol. 24, 2018, pp. 1528-1881.

［66］ Fauver L. , Houston J. , Naranjo A. "Capital market development, international integration, legal systems, and the value of corporate diversification: A cross－country analysis", *Journal of Financial and Quantitative Analysis*, Vol. 38, 2003, pp. 135-158.

［67］ Fazzari S. M. , Hubbard R. G. , Petersen B. "Financing constraints and corporate investment", *Brookings Papers on Economic Activity*, Vol. 19, 1998, pp. 141-195.

［68］ Feltham G. A. , Ohlson J. A. "Valuation and clean surplus accounting for operating and financial activities", *Contemporary Accounting Research*, Vol. 11, No. 2, 1995, pp. 689-731.

［69］ Financial Accounting Standards Board (FASB) "Statement of financial accounting concepts No. 2: Qualitative characteristics of accounting information", Norwalk, CT, 1980.

［70］ Financial Accounting Standards Board (FASB), "Statement of financial accounting concepts No. 8. Conceptual framework for financial reporting", Norwalk, CT, 2010.

［71］ Foley C. F. , Hartzell J. C. , Titman S. , Twite G. "Why do firms hold so much cash? A tax－based explanation", *Journal of Financial Economics*, Vol. 86, 2007, pp. 579-607.

［72］ Francis J. , LaFond R. , Olsson P. M. "Costs of equity and earnings attributes", *The Accounting Review*, Vol. 79, No. 4, 2004, pp. 967-1010.

［73］ Francis J. R. , Pinnuck M. L. , Watanabe O. "Auditor style and financial statement comparability", *The Accounting Review*, Vol. 89, No. 2, 2014, pp. 605-633.

［74］ Frankel R. , Kothari S. P. , Weber J. "Determinants of the informativeness of analyst research", *Journal of Accounting and Economics*, Vol. 41, No. 1, 2006, pp. 29-54.

[75] Fresard L. "Financial strength and product market behavior: The real effects of corporate cash holdings", *Journal of Finance*, Vol. 65, 2010, pp. 1098–1122.

[76] Fresard L., Salva C., "The value of excess cash and corporate governance: Evidence from US cross–listings", *Journal of Financial Economics*, Vol. 98, 2010, pp. 359–384.

[77] Gao H., Harford J., Li K. "Determinants of corporate cash policy: Insights from private firms", *Journal of Financial Economics*, Vol. 109, 2013, pp. 623–639.

[78] Gow I. D., Ormazabal G., Taylor D. J. "Correcting for cross–sectional and time–series dependence in accounting research", *The Accounting Review*, Vol. 85, No. 2, 2010, pp. 483–512.

[79] Graham J. R., Harvey C. R., Puri M. "Managerial attitudes and corporate actions", *Journal of Financial Economics*, Vol. 109, 2013, pp. 103–121.

[80] Grossman S. J., Hart O. D. "Takeover bids, the free–rider problem, and the theory of the corporation", *The Bell Journal of Economics*, Vol. 11, 1980, pp. 42–64.

[81] Guariglia A., Liu X., Song L. "Internal finance and growth: Microeconometric evidence on Chinese firms", *Journal of Development Economics*, Vol. 96, No. 1, 2011, pp. 79–94.

[82] Gunny K. A. "The relation between earnings management using real activities manipulation and future performance: Evidence from meeting earnings benchmarks", *Contemporary Accounting Research*, Vol. 27, No. 30, 2010, pp. 855–888.

[83] Hall B. H. *Innovation and market value*, Cambridge: Cambridge University Press, 2000.

[84] Hall B. H., Jaffe A., Trajtenberg M. "Market value and patent citations", *RAND Journal of Economics*, Vol. 36, 2005, pp. 16–38.

[85] Hambrick D. C. "Upper echelons theory: An update", *Academy of Management Review*, Vol. 32, 2007, pp. 334–343.

[86] Hambrick D. C., Mason P. A. "Upper echelons: The organization as a

reflection of its top managers", *Academy of Management Review*, Vol. 9, No. 2, 1984, pp. 193–206.

[87] Han S. , Qiu, J. "Corporate precautionary cash holdings", *Journal of Corporate Finance*, Vol. 13, No. 1, 2007, pp. 43–57.

[88] Hana H. B. , Manry D. "The value–relevance of R&D and advertising", *The International Journal of Accounting*, Vol. 39, 2004, pp. 155–173.

[89] Hanlon M. , Heitzman S. "A review of tax research", *Journal of Accounting and Economics*, Vol. 50, 2010, pp. 127–178.

[90] Harford J. , Klasa S. , Maxwell W. F. "Refinancing risk and cash holdings", *Journal of Finance*, Vol. 69, 2014, pp. 975–1012.

[91] Hasan I. , Kobeissi N. , Wang H. , Zhou, M. "Banking structure, marketization and small business development: Regional evidence from China", *Pacific Economic Review*, Vol. 20, 2015, pp. 487–510.

[92] Haw I. , B. Hu, L. Hwang, W. Wu. "Ultimate ownership, income management and legal and extra–legal institutions", *Journal of Accounting Research*, Vol. 42, No. 2, 2004, pp. 423–462.

[93] He J. J. , Tian X. "The dark side of analyst coverage: The case of innovation", *Journal of Financial Economics*, Vol. 109, No. 3, 2013, pp. 856–878.

[94] He Q. , Lu L. , Ongena S. "Who gains from credit granted between firms? Evidence from inter–corporate loan announcements made in China", *CFS Working Paper*, No. 529, 2016.

[95] Hirshleifer D. "Managerial reputation and corporate investment decisions", *Financial Management*, Vol. 22, 1993, pp. 145–160.

[96] Holmstrom B. "Agency costs and innovation", *Journal of Economic Behavior and Organization*, Vol. 12, No. 3, 1989, pp. 305–327.

[97] Holthausen R. W. , Watts R. L. "The relevance of the value–relevance literature for financial accounting standard setting", *Journal of Accounting and Economics*, Vol. 31, No. 1, 2001, pp. 3–75.

[98] Hoskisson R. E. , Chirico F. , Zyung J. , Gambeta E. "Managerial risk taking: A multitheoretical review and future research agenda", *Journal of Management*,

Vol. 43, 2017, pp. 137-169.

[99] Hsu P. H., Tian X., Xu Y. "Financial development and innovation: Cross-country evidence", *Journal of Financial Economics*, Vol. 112, No. 1, 2014, pp. 116-135.

[100] Huang J., Kisgen D. J. "Gender and corporate finance: Are male executives overconfident relative to female executives?", *Journal of Financial Economics*, Vol. 108, 2013, pp. 822-839.

[101] Jensen M. C. "Agency costs of free cash flow, corporate finance, and takeovers", *The American Economic Review*, Vol. 76, No. 2, 1986, pp. 323-329.

[102] Jensen M. C. "The modern industrial revolution, exit, and the failure of internal control systems", *The Journal of Finance*, Vol. 48, No. 3, 1993, pp. 831-880.

[103] Jensen M. C., Meckling W. H. "Theory of the firm: Managerial behavior, agency costs and ownership structure", *Journal of Financial Economics*, Vol. 3, 1976, pp. 305-360.

[104] Jiang W., Xiao M., You J. "Managerial overconfidence and debt maturity structure of firms: Analysis based on China listed companies", *China Finance Review International*, Vol. 1, 2011, pp. 262-279.

[105] Jin H., Qian Y. "Public versus private ownership of firms: Evidence from rural China", *The Quarterly Journal of Economics*, Vol. 113, 1998, pp. 774-808.

[106] Jones J. "Earnings management during import relief investigations", *Journal of Accounting Research*, Vol. 29, 1991, pp. 193-228.

[107] Kalcheva I., Lins, K. "International evidence on cash holdings and expected managerial agency problems", *Review of Financial Studies*, Vol. 20, 2007, pp. 1087-1112.

[108] Keynes J. M. *The general theory of employment, interest and money*, London: Harcourt Brace, 1936.

[109] Khan M., Watts R. L. "Estimation and empirical properties of a firm-year measure of accounting conservatism", *Journal of Accounting and Economics*,

Vol. 48, No. 2, 2009, pp. 132-150.

[110] Kim J. , Sohn B. "Real earnings management and cost of capital", *Journal of Accounting Public Policy*, Vol. 32, No. 6, 2013, pp. 518-543.

[111] Klasa S. , Maxwell W. F. , Ortiz-Molina H. "The strategic use of corporate cash holdings in collective bargaining with labor unions", *Journal of Financial Economics*, Vol. 92, 2009, pp. 421-442.

[112] Komendi R. , Lipe R. "Earnings innovations, earning persistence, and stock returns", *Journal of Business*, Vol. 60, No. 3, 1987, pp. 323-346.

[113] Kortum S. , Lerner J. "Assessing the contribution of venture capital to innovation", *RAND Journal of Economics*, Vol. 31, No. 4, 2000, pp. 674-692.

[114] La Porta R. , Lopez-de-Silanes F. , Shleife A. "Corporate ownership around the world", *Journal of Finance*, Vol. 54, No. 2, 1999, pp. 471-517.

[115] Landsman W. R. , Maydew E. L. , Thornoek J. R. "The information content of annual earnings announcements and mandatory adoption of IFRS", *Journal of Accounting and Economics*, Vol. 53, No. 1, 2012, pp. 34-54.

[116] Lang M. , Maffett M. , Owens, E. "Earnings comovement and accounting comparability: The effects of mandatory IFRS adoption", *SSRN ELectronic Journal*, Vol. 46, 2010.

[117] Lerner J. , Wulf J. "Innovation and incentives: Evidence from corporate R&D", *The Review of Economics and Statistics*, Vol. 89, No. 4, 2007, pp. 634-644.

[118] Lev B. , Sougiannis T. "The capitalization, amortization and value-relevance of R&D", *Journal of Accounting and Economics*, Vol. 21, 1996, pp. 107-138.

[119] Li Q. Y. , Wang H. J. "Monetary policy, asset collateral, cash flow and corporate investment - Empirical evidence from Chinese manufacturing listed companies", *Financial Research*, Vol. 6, 2013, 2005, pp. 31-45.

[120] Lin Y. , Hu S. , Chen M. "Managerial optimism and corporate investment: Some empirical evidence from Taiwan", *Pacific-Basin Finance Journal*, Vol. 13, 2005, pp. 523-546.

[121] Lins K. V. , Servaes H. , Tufano P. "What drives corporate liquidity? An international survey of cash holdings and lines of credit", *Journal of Financial Econo-*

mics, Vol. 98, 2010, pp. 160-176.

[122] Lipe R. "The relation between stock returns and accounting earnings given alternative information", *The Accounting Review*, Vol. 17, 1990, pp. 49-71.

[123] Lundstrum L. L. "Corporate investment myopia: A horserace of the theories", *Journal of Corporate Finance*, Vol. 8, 2012, pp. 353-371.

[124] Malmendier U., Tate G. "CEO overconfidence and corporate investment, *The Journal of Finance*, Vol. 60, No. 6, 2005, pp. 2661-2700.

[125] Manso G. "Motivating innovation", *The Journal of Finance*, Vol. 66, No. 5, 2011, pp. 1823-1860.

[126] Mather M., Mazar N., Gorlick M. A., Lighthall N. R., Burgeno J., Schoeke A., Ariely D. "Risk preference and aging: The certainty effect in older adult's decision making", *Psychology and Aging*, Vol. 27, 2012, pp. 801-816.

[127] Maug E. "Large shareholders as monitors: Is there a trade-off between liquidity and control?", *Journal of Finance*, Vol. 53, 1998, pp. 65-98.

[128] Mikkelson W., Partch M. "Do persistent large cash reserves hinder performance", *Journal of Financial and Quantitative Analysis*, Vol. 38, 2014, pp. 275-294.

[129] Miller M. H., Orr D. "A model of the demand for money by firms", *The Quarterly Journal of Economics*, Vol. 80, 1966, pp. 413-435.

[130] Mulligan C. B. "Scale Economies, the value of time, and the demand for money: Longitudinal evidence from firms", *Journal of Political Economy*, Vol. 105, 1997, pp. 1061-1079.

[131] Myers S. C. "The capital structure puzzle", *The Journal of Finance*, Vol. 39, No. 3, 1984, pp. 574-592.

[132] Myers S. C., Majluf N. S. "Corporate financing and investment decisions when firms have information that investors do not have", *Journal of Financial Economics*, Vol. 13, No. 2, 1984, pp. 187-221.

[133] Myers S. C., Rajan R. "The paradox of liquidity", *Quarterly Journal of Economics*, Vol. 113, 1998, pp. 733-771.

[134] Nikolov B., Whited T. N. "Agency conflicts and cash: Estimates from a

dynamic model", *Journal of Finance*, Vol. 69, 2014, pp. 1883–1921.

［135］Nelson R. , Winter S. *An evolutionary theory of economic change*, Cambridge: Harvard University Press, 1982.

［136］O' Brien J. P. "The capital structure implications of pursuing a strategy of innovation", *Strategic Management Journal*, Vol. 24, No. 5, 2003, pp. 415–431.

［137］Ohlson J. A. , "Earnings, book values, and dividends in equity valuation", *Contemporary Accounting Research*, Vol. 11, No. 2, 1995, pp. 661–687.

［138］Opler T. C. , Titman S. "Financial distress and corporate performance", *The Journal of Finance*, Vol. 49, No. 3, 1994, pp. 1015–1040.

［139］Opler T. , Pinkowitz L. , Stulz R. , Williamson R. "The determinants and implications of corporate cash holdings", *Journal of Financial Economics*, Vol. 52, 1999, pp. 3–46.

［140］Osma B. G. "Board independence and real earnings management: The case of R&D expenditure", *Corporate Governance: An International Review*, Vol. 16, No. 2, 2008, pp. 116–131.

［141］Porter M. E. "Capital disadvantage: America's failing capital investment system", *Harvard Business Review*, Vol. 70, No. 5, 1992, pp. 65–82.

［142］Qian Y. "A theory of shortage in socialist economies based on the soft budget constraint", *The American Economic Review*, Vol. 84, No. 1, 1994, pp. 145–156.

［143］Ramakrishnan R. T. S. , Thomas J. K. "Valuation of permanent, transitory, and price–irrelevant components of reported earnings", *Journal of Accounting, Auditing and Finance*, Vol. 13, No. 3, 1998, pp. 301–336.

［144］Richardson S. A. "Over–investment of free cash flow", *Review of Accounting Studies*, Vol. 11, No. 2–3, 2006, pp. 159–189.

［145］Richardson S. A. , Sloan R. G. , Soliman M. T. , Tuna I. "Accrual reliability, earnings persistence and stock prices", *Journal of Accounting and Economics*, Vol. 39, No. 3, 2005, pp. 437–485.

［146］Rosenbaum P. , Rubin D. "The central role of the propensity score in observational studies for causal effects", *Biometrika*, Vol. 70, No. 1, 1983, pp. 41–55.

［147］ Roychowdhury S. "Earnings management through real activities manipulation", *Journal of Accounting and Economics*, Vol. 42, No. 3, 2006, pp. 335-370.

［148］ Ryan H. E., Wiggins R. A. "The interactions between R&D investment decisions and compensation policy", *Financial Management*, Vol. 31, No. 1, 2002, pp. 5-29.

［149］ Schipper K., Vincent L. "Earnings quality", *Accounting Horizons*, Vol. 17, 2003, pp. 97-110.

［150］ Scholes M., Benston G. J., Smith C. W. "A transactions cost approach to the theory of financial intermediation", *The Journal of Finance*, Vol. 31, No. 2, 1976, pp. 215-231.

［151］ Schumpeter J. A. *The theory of economic development*, Cambridge, Mass: Harvard University Press, 1934.

［152］ Shao Y., Hernandez R., Liu P. "Government intervention and corporate policies: Evidence from China", *Journal of Business Research*, Vol. 68, 2015, pp. 1205-1215.

［153］ Shleifer A., Vishny R. W. "Large shareholders and corporate control", *Journal of Political Economics*, Vol. 94, 1986, pp. 461-488.

［154］ Sloan R. G. "Do stock prices fully reflect information in accruals and cash flows about future earnings?" *The Accounting Review*, Vol. 71, No. 3, 1996, pp. 289-315.

［155］ Solow R. M. "Technical change and the aggregate production function", *The Review of Economics and Statistics*, Vol. 39, No. 3, 1957, pp. 312-320.

［156］ Stein J. C. "Efficient capital markets, inefficient firms: A model of myopic corporate behavior", *The Quarterly Journal of Economics*, Vol. 104, No. 4, 1989, pp. 655-669.

［157］ Stiglitz J. E., Weiss A. "Credit rationing in markets with imperfect information", *The American Economic Review*, Vol. 71, 1981, pp. 393-410.

［158］ Subrahmanyam M. G., Tang Y., Wang Q. "Credit default swaps, exacting creditors and corporate liquidity management", *Journal of Financial Economics*, Vol. 124, No. 2, 2017, pp. 395-414.

［159］ Teece D. J. "Profiting from technological innovation: Implications for integration, collaboration, licensing and public policy", *Research Policy*, Vol. 15, No. 6, 1986, pp. 285-305.

［160］ Tian X., Wang T. Y. "Tolerance for failure and corporate innovation", *Review of Financial Studies*, Vol. 27, No. 1, 2014, pp. 211-255.

［161］ Tobin J. *Asset accumulation and economic activity: Reflections on contemporary macroeconomic theory*, Chicago: University of Chicago Press, 1982.

［162］ Tong Z. "CEO risk incentives and corporate cash holdings", *Journal of Business Finance & Accounting*, Vol. 37, 2010, pp. 1248-1280.

［163］ Tosi H. L., Werner S., Katz J. P., Gomez-Mejia L. R. "How much does performance matter? A meta-analysis of CEO pay studies", *Journal of Management*, Vol. 26, No. 2, 2000, pp. 301-339.

［164］ Tufano P. "Financial Innovation", *Handbook of the Economics of Finance*, Vol. 1a, 2003, pp. 307-336.

［165］ Wang C. J. "Board size and firm risk-taking", *Review of Quantitative Finance & Accounting*, Vol. 38, No. 4, 2012, pp. 519-542.

［166］ White H. "A heteroskedasticity-consistent covariance matrix estimator and a direct test for heteroskedasticity", *Econometrica*, Vol. 48, 1980, pp. 817-838.

［167］ Xie H. "The mispricing of abnormal accruals", *The Accounting Review*, Vol. 76, No. 3, 2001, pp. 357-373.

中文参考文献

［1］ 陈晖丽、刘峰:《融资融券的治理效应研究——基于公司盈余管理的视角》,《会计研究》2014 年第 9 期,第 45-52 页。

［2］ 陈剑、张晓龙:《影子银行对我国经济发展的影响》,《财经问题研究》2012 年第 8 期,第 66-72 页。

［3］ 陈小悦、肖星、过晓艳:《配股权与上市公司利润操纵》,《经济研究》2000 年第 1 期,第 30-36 页。

［4］ 陈晓、陈小悦、刘钊:《A 股盈余报告的有用性研究》,《经济研究》1999 年第 6 期,第 21-28 页。

［5］董祺：《中国企业信息化创新之路有多远？——基于电子信息企业面板数据的实证研究》，《管理世界》2013年第7期，第123-129页。

［6］杜兴强、王丽华：《高层管理当局薪酬与上市公司业绩的相关性实证研究》，《会计研究》2007年第1期，第58-65页。

［7］樊纲、王小鲁、朱恒鹏：《中国市场化指数——各地区市场化相对进程2011年报告》，北京：经济科学出版社，2011。

［8］付磊、马元驹：《论会计信息质量的公正性特征》，《会计研究》2005年第5期，第14-18页。

［9］葛家澍：《制定中国会计准则如何借鉴国际经验》，《会计研究》1992年第2期，第16-19页。

［10］郭涛、宋德勇：《中国利率期限结构的货币政策含义》，《经济研究》2008年第3期，第39-47页。

［11］贺炎林、张瀛文、莫建明：《不同区域治理环境下股权集中度对公司业绩的影响》，《金融研究》2014年第12期，第148-163页。

［12］黄益平、常建、杨灵修：《中国的影子银行会成为另一个次债》，《国际经济评论》2012年第2期，第42-51页。

［13］江龙、刘笑松：《经济周期波动与上市公司现金持有行为研究》，《会计研究》2011年第9期，第40-46页。

［14］姜付秀、陆正飞：《多元化与资本成本的关系》，《会计研究》2006年第6期，第48-55页。

［15］李波、伍戈：《影子银行的信用创造功能及其对货币政策的挑战》，《金融研究》2011年第12期，第77-84页。

［16］李春涛、宋敏：《中国制造业企业的创新活动：所有制和CEO激励的作用》，《经济研究》2010年第5期，第55-67页。

［17］李增福、董志强、连玉君：《应计项目盈余管理还是真实活动盈余管理？——基于我国2007年所得税改革的研究》，《管理世界》2011年第1期，第121-134页。

［18］李增福、林盛天、连玉君：《国有控股、机构投资者与真实活动的盈余管理》，《管理工程学报》2013年第3期，第35-44页。

［19］李争光、赵西卜、曹丰、刘向强：《机构投资者异质性与会计稳健

性——来自中国上市公司的经验证据》，《南开管理评论》2015 年第 3 期，第 111-121 页。

［20］刘睿智、刘志恒、胥朝阳：《主并企业会计信息可比性与股东长期财富效应》，《会计研究》2015 年第 11 期，第 34-40 页。

［21］刘少波、马超：《经理人异质性与大股东掏空抑制》，《经济研究》2016 年第 4 期，第 129-145 页。

［22］卢文彬、官峰、张佩佩、邓玉洁：《媒体曝光度、信息披露环境与权益资本成本》，《会计研究》2014 年第 12 期，第 66-71 页。

［23］陆正飞、张会丽：《所有权安排、寻租空间与现金分布——来自中国 A 股市场的经验证据》，《管理世界》2010 年第 5 期，第 150-158 页。

［24］逯东、孙岩、杨丹：《会计信息与资源配置效率研究述评》，《会计研究》2012 年第 6 期，第 19-24 页。

［25］罗琦、王悦歌：《真实盈余管理与权益资本成本——基于公司成长性差异的分析》，《金融研究》2015 年第 5 期，第 178-191 页。

［26］罗琦、秦国楼：《投资者保护与公司现金持有》，《金融研究》2009 年第 10 期，第 162-178 页。

［27］罗婷、朱青、李丹：《解析 R&D 投入和公司价值之间的关系》，《金融研究》2009 年第 6 期，第 100-110 页。

［28］马金城、王磊：《系族控制人掏空与支持上市公司的博弈——基于复星系的案例研究》，《管理世界》2009 年第 12 期，第 150-163 页。

［29］孟焰、袁淳、吴溪：《非经常性损益、监管制度化与 ST 公司摘帽的市场反应》，《管理世界》2008 年第 8 期，第 33-39 页。

［30］钱雪松、李晓阳：《委托贷款操作机理与金融风险防范：源自 2004-2013 年上市公司公告数据》，《改革》2013 年第 10 期，第 125-134 页。

［31］钱雪松、袁梦婷、孔东民：《股权关联影响了企业间信贷价格吗——基于我国上市公司委托贷款数据的经验分析》，《金融研究》2013 年第 9 期，第 165-179 页。

［32］曲晓辉、黄霖华：《投资者情绪、资产证券化与公允价值信息含量——来自 A 股市场 PE 公司 IPO 核准公告的经验证据》，《会计研究》2013 年第 9 期，第 14-21 页。

［33］曲晓辉、邱月华：《强制性制度变迁与盈余稳健性》，《会计研究》2007 年第 7 期，第 21-28 页。

［34］饶品贵、姜国华：《货币政策、信贷资源配置与企业业绩》，《管理世界》2013 年第 3 期，第 12-22 页。

［35］饶品贵、姜国华：《货币政策波动、信贷与会计稳健性》，《金融研究》2011 年第 3 期，第 51-71 页。

［36］饶品贵、姜国华：《货币政策对银行信贷与商业信用互动关系影响研究》，《经济研究》2013 年第 1 期，第 68-82 页。

［37］邵红霞、方军雄：《我国上市公司无形资产价值相关性研究——基于无形资产明细分类信息的再检验》，《会计研究》2006 年第 12 期，第 25-32 页。

［38］邵帅、吕长江：《实际控制人直接持股可以提升公司价值吗？——来自中国民营上市公司的证据》，《管理世界》2015 年第 5 期，第 134-146 页。

［39］孙谦：《盈余持续性研究综述及启示》，《厦门大学学报（哲学社会科学版）》2010 年第 1 期，第 30-37 页。

［40］王本哲、邵志燊：《上市公司委托贷款，蜜糖还是鸩酒？》，《财务与会计》2008 年第 10 期，第 11-12 页。

［41］王福胜、宋海旭：《终极控制人、多元化战略与现金持有水平》，《管理世界》2012 年第 7 期，第 124-136 页。

［42］王亮亮：《税制改革与利润跨期转移——基于"账税差异"的检验》，《管理世界》2014 年第 11 期，第 105-118 页。

［43］王彦超：《融资约束、现金持有与过度投资》，《金融研究》2009 年第 7 期，第 121-133 页。

［44］魏明海：《会计信息质量经验研究的完善与运用》，《会计研究》2005 年第 3 期，第 28-35 页。

［45］魏涛、陆正飞、单宏伟：《非经常性损益盈余管理的动机、手段和作用研究——来自中国上市公司的经验证据》，《管理世界》2007 年第 1 期，第 113-121 页。

［46］温军、冯根福、刘志勇：《异质债务、企业规模与 R&D 投入》，《金融研究》2011 年第 1 期，第 167-181 页。

［47］吴敬琏：《中国应当走一条什么样的工业化道路》，《管理世界》2006

年第 8 期，第 1-7 页。

[48] 吴延兵：《中国工业产业创新水平及影响因素——面板数据的实证分析》，《产业经济评论》2006 年第 2 期，第 151-171 页。

[49] 解维敏、清泉、陆姗姗：《政府 R&D 资助、企业 R&D 支出与自主创新——来自中国上市公司的经验证据》，《金融研究》2009 年第 6 期，第 86-99 页。

[50] 夏立军、方轶强：《政府控制、治理环境与公司价值》，《经济研究》2005 年第 5 期，第 40-51 页。

[51] 肖华、张国清：《内部控制质量、盈余持续性与公司价值》，《会计研究》2013 年第 5 期，第 73-80 页。

[52] 谢盛纹、刘杨晖：《审计师变更、前任审计师任期和会计信息可比性》，《审计研究》2016 年第 2 期，第 82-89 页。

[53] 辛清泉、谭伟强：《市场化改革、企业业绩与国有企业经理薪酬》，《经济研究》2009 年第 11 期，第 68-81 页。

[54] 辛宇、徐莉萍：《公司治理机制与超额现金持有水平》，《管理世界》2006 年第 5 期，第 136-141 页。

[55] 胥朝阳、刘睿智：《提高会计信息可比性能抑制盈余管理吗》，《会计研究》2014 年第 7 期，第 50-57，97 页。

[56] 薛云奎、王志台：《无形资产信息披露及其价值相关性研究——来自上海股市的经验证据》，《会计研究》2001 年第 11 期，第 40-47 页。

[57] 杨华军、胡奕明：《制度环境与自由现金流的过度投资》，《管理世界》2007 年第 9 期，第 99-106 页。

[58] 姚铮、金列：《多元化动机影响企业财务绩效机理研究：以浙江民企雅戈尔为例》，《管理世界》2009 年第 12 期，第 137-149 页。

[59] 叶康涛、刘行：《税收征管、所得税成本与盈余管理》，《管理世界》2011 年第 5 期，第 140-148 页。

[60] 叶康涛、祝继高、陆正飞、张然：《独立董事的独立性：基于董事会投票的证据》，《经济研究》2011 年第 6 期，第 82-83 页。

[61] 叶康涛、张姗姗、张艺馨：《企业战略差异与会计信息的价值相关性》，《会计研究》2014 年第 5 期，第 44-51 页。

［62］于玉林：《论会计的真实性》，《山西财经学院学报》1990 年第 1 期，第 25-29 页。

［63］余琰、李怡宗：《高息委托贷款与企业创新》，《金融研究》2016 年第 4 期，第 99-114 页。

［64］俞红海、徐龙炳、陈百助：《终极控股股东控制权与自由现金流过度投资》，《经济研究》2010 年第 8 期，第 103-114 页。

［65］袁知柱、吴粒：《会计信息可比性研究评述及未来展望》，《会计研究》2012 年第 9 期，第 9-14 页。

［66］张会丽、吴有红：《内部控制、现金持有及经济后果》，《会计研究》2014 年第 3 期，第 71-78 页。

［67］张会丽、吴有红：《超额现金持有水平与产品市场竞争优势——来自中国上市公司的经验证据》，《金融研究》2012 年第 2 期，第 183-195 页。

［68］周黎安、罗凯：《企业规模与创新：来自中国省级水平的经验证据》，《经济学（季刊）》2005 年第 3 期，第 623-638 页。

［69］朱红军、何贤杰、陶林：《中国的证券分析师能够提高资本市场的效率吗？——基于股价同步性和股价信息含量的经验证据》，《金融研究》2007 年第 2 期，第 110-121 页。

［70］祝继高、陆正飞：《货币政策、企业成长与现金持有水平变化》，《管理世界》2009 年第 3 期，第 152-158 页。